加強判解研究

推進司法改革

肖揚

二〇〇〇年七月一日

2024 年第 1 辑
总第 107 辑

判解研究

中国人民大学民商事法律科学研究中心　主办

王利明·主编

人民法院出版社

图书在版编目（CIP）数据

判解研究．总第107辑 / 王利明主编． -- 北京：人民法院出版社，2025．5． -- ISBN 978-7-5109-4403-1

Ⅰ．D920.5-55

中国国家版本馆CIP数据核字第2025EA2984号

判解研究

总第 107 辑（2024 年第 1 辑）
中国人民大学民商事法律科学研究中心　主办
王利明　主编

策划编辑	兰丽专	
责任编辑	路建华	
出版发行	人民法院出版社	
地　　址	北京市东城区东交民巷 27 号　邮编　100745	
电　　话	（010）67550682（责任编辑）　67550558（发行部查询）	
	65223667（读者服务部）	
客 服 QQ	2092078039	
网　　址	http：//www．courtbook．com．cn	
E－mail	courtpress@sohu．com	
印　　刷	三河市国英印务有限公司	
经　　销	新华书店	
开　　本	787 毫米×1092 毫米　1/16	
字　　数	219 千字	
印　　张	14.75	
版　　次	2025 年 5 月第 1 版　2025 年 5 月第 1 次印刷	
书　　号	ISBN 978-7-5109-4403-1	
定　　价	68.00 元	

《判解研究》丛书编委会

编委会主任：王利明
编委会副主任：杨立新
编委会成员：(按姓氏笔画排序)
    王　轶　　龙翼飞　　叶　林　　刘凯湘
    李永军　　李　剑　　吴汉东　　吴兆祥
    余茂玉　　沈红雨　　陈宜芳　　姚　辉
    高晓力　　郭　禾　　郭明瑞　　崔建远

主　　　编：王利明
执行主编：姚　辉　袁登明
编　　　辑：兰丽专　雷震文　刘宇晗　焦清扬
    阙梓冰　金骑锋

目录 CONTENTS

◇ 法官与学者对话论坛专题

《民法典侵权责任编解释(一)》的深度理解与适用 …………… 杨立新(1)
监护人责任制度的三个维度及其利益平衡
　　——民法典第1188条监护人责任制度释评 …………… 陈现杰(28)
民法典时代：体系整合与实务分歧的多维审视 …… 向昱洁　郭　悦(62)

◇ 法官论坛

公司司法解散问题研究 ………… 江苏省高级人民法院民二庭课题组(81)
非破产情形股东出资加速到期制度的审判实务研究 ………… 傅志君(101)

◇ 法学专论

国家机关处理个人信息告知义务法律问题研究 …… 李　岩　王晓雪(117)
论违约金酌减适用民间借贷利率上限规则 ………… 吴旭莉　郑小敏(136)
地理标志保护法律规则适用研究 ………………… 吕方园　宋唱畅(154)
论独立保函独立性原则的新型例外及国内法因应 ……………… 邵　辉(172)
破产衍生诉讼中管理人诉讼地位的困境与重塑 ………………… 杜若薇(190)
论自甘冒险规则中"一定风险的文体活动"的规范内涵 ……… 李洪健(205)

编辑后语 ……………………………………………………………… (225)

【法官与学者对话论坛专题】

《民法典侵权责任编解释（一）》的深度理解与适用[*]

杨立新[**]

《最高人民法院关于适用〈中华人民共和国民法典〉侵权责任编的解释（一）》[以下简称《民法典侵权责任编解释（一）》]是民法典实施以来最高人民法院对民法典侵权责任编进行的首次系统解释，共有 26 个条文，除了最后一个条文系有关时间效力的规定外，有关实质性侵权责任规则的解释共 25 条，涉及九个侵权责任类型的法律适用问题。这些解释中都蕴含了深刻的侵权法法理，具有实务上的可操作性。本文对《民法典侵权责任编解释（一）》规定的九种侵权责任类型进行深度法理解读，说明具体的裁判规则。

---

[*] 本文系北京市社会科学研究基金重点研究项目"民法典实施中的疑难问题研究"（项目编号：21FXA004）的阶段性研究成果。

[**] 中国人民大学民商事法律科学研究中心研究员、法学院教授。

一、非法使被监护人脱离监护的损害责任

非法使被监护人脱离监护责任，是一种侵害身份权的侵权行为类型，侵害的是亲权、亲属权或者配偶权。2001年《最高人民法院关于确定民事侵权精神损害赔偿责任若干问题的解释》（以下简称《精神损害赔偿解释》）第2条就对这种侵权行为类型作了规定，但一直没有引起学术界和司法实务的重视。检索学术资料发现，专门研究非法使被监护人脱离监护的文献，只有程啸教授在2024年发表的一篇文章①，其他数篇文章对此有所涉及，但都没有展开深入论述②。对非法使被监护人脱离监护的侵权行为类型主要说明以下三个问题。

（一）《民法典侵权责任编解释（一）》第1条至第3条与《精神损害赔偿解释》第2条的关系

从表面上看，《精神损害赔偿解释》第2条规定非法使被监护人脱离监护解决的是精神损害赔偿问题，《民法典侵权责任编解释（一）》与其对应的是第2条，第1条则是关于非法使被监护人脱离监护造成财产损失的赔偿规则，第3条规定的是致被监护人死亡的人身损害赔偿，与《精神损害赔偿解释》第2条好像没有太大关系。其实，这样理解是不准确的。

《精神损害赔偿解释》第2条的落脚点虽然是规定这种侵权行为的精神损害赔偿责任，但是其真正的解释目的，在于确认非法使被监护人脱离监护这种侵权行为的类型和责任构成。从这个角度去理解这一条文时，《精神损害赔偿解释》第2条与《民法典侵权责任编解释（一）》第1条至第3条的关系可以理解为"总—分"结构：《精神损害赔偿解释》第2条虽然说的是精神损害赔偿责任，但对非法使被监护人脱离监护责任作了

---

① 参见程啸：《论侵害监护权的损害赔偿责任》，载《现代法学》2024年第4期。
② 参见杨立新、杨帆：《最高人民法院〈关于确定民事侵权精神损害赔偿责任若干问题的解释〉释评》，载《法学家》2001年第5期；张新宝：《从司法解释到侵权责任法草案：精神损害赔偿制度的建立与完善》，载《暨南学报（哲学社会科学版）》2009年第2期。

高度概括，规定了侵权责任类型和构成要件，是一个"总"的规定。《民法典侵权责任编解释（一）》第 1 条至第 3 条是"分"的规定，分别规定非法使被监护人脱离监护侵权行为的财产损害赔偿、精神损害赔偿和人身损害赔偿的规则。如此理解，就可以把两部司法解释这四个条文整合到一起，形成完整的非法使被监护人脱离监护侵权责任的规则体系，无论是在理论研究上还是在司法实践操作中，都会有清晰的理念和统一的裁判规则。

（二）两部司法解释的四个条文与民法典第 1165 条的关系

侵权责任法的基本逻辑是把侵权行为分成两部分，一是一般侵权行为，二是特殊侵权行为；一般侵权行为适用侵权行为一般条款，特殊侵权行为适用特别规定。非法使被监护人脱离监护这种侵权行为不是特殊侵权行为，尽管司法解释对其专门进行规定，也不能改变其一般侵权行为的性质。按这个思路推导，规定内容与两部司法解释四个条文对应的是民法典第 1165 条第 1 款。

在司法实践中，审理非法使被监护人脱离监护纠纷案件，特别是拐卖未成年儿童行为的民事责任，应当用上述规则处理，还应当援引民法典第 1165 条第 1 款，然后再引用《精神损害赔偿解释》第 2 条，涉及财产损害赔偿、精神损害赔偿和人身损害赔偿的，分别引用《民法典侵权责任编解释（一）》第 1 条、第 2 条和第 3 条。

（三）是否应当对被监护人的权益进行保护

《民法典侵权责任编解释（一）》第 1 条至第 3 条规定的规则都是对监护人权益的保护，两部司法解释的四个条文都没有提到对被监护人的权益损害是否应当予以全面保护。

不过，任何身份权的权利主体都是相对应的双方近亲属，例如，配偶权的权利主体是夫和妻，亲权的权利主体是父母和未成年子女，等等。监护权的权利主体也是对应的监护人和被监护人，双方互为权利义务主体。在非法使被监护人脱离监护中，监护人的身份权和身份利益受到损害，被监护人的身份权和身份利益也必然受到损害。例如，被监护人的身体受到强制，本身就会造成精神损害，在逃离行为人设置的困境时必定遭受财产损失或者人身损害，对这些损害也应该予以赔偿。对此，可以采取两种办法：一是被监护人与监护人一起请求行使损害赔偿请求权的，作为共同诉讼处理；二是被监护人单独请求行使损害赔偿请求权的，应当依照民法典第 1165 条第 1 款的规定予以支持。

二、监护人责任和受托监护责任

《民法典侵权责任编解释（一）》第 4 条至第 10 条的七个条文，是对民法典第 1188 条和第 1189 条规定的监护人责任和受托监护责任这两种侵权责任类型的法律适用规则的规定。本文选择三个重要问题进一步探讨。

（一）民法典第 1188 条第 1 款和第 2 款之间的关系

《民法典侵权责任编解释（一）》第 4 条和第 5 条，是对民法典第 1188 条第 1 款和第 2 款之间关系的规定，是争论较大的问题。查阅文献资料可知，很多学者关注监护人责任，从民法通则第 133 条开始，到侵权责任法第 32 条，再到民法典第 1188 条，对两款（民法通则第 133 条是一款两句）之间的关系看法各异。[①]

民法通则第 133 条和侵权责任法第 32 条是民法典第 1188 条的前身，具体内容没有太大变化。在起草侵权责任法时，很多学者反对民法通则第 133 条的这种规定，特别是青年学者的反对态度更坚决，[②] 建议修改，原因是没有遵从大陆法系侵权法规定这种侵权行为的传统。传统侵权法对此

[①] 参见张新宝：《中国民法典释评·侵权责任编》，中国人民大学出版社 2020 年版，第 91—92 页；邹海林、朱广新主编：《民法典评注·侵权责任编》，中国法制出版社 2020 年版，第 285 页；祝颖：《我国监护人责任诉讼形态的反思与厘定》，载《河北法学》2020 年第 8 期；郑晓剑：《〈民法典〉监护人责任规则的解释论——以〈民法典〉第 1188 条为中心》，载《现代法学》2022 年第 4 期。

[②] 对这一做法的典型批判，参见姜战军：《未成年人致人损害责任承担研究》，中国人民大学出版社 2008 年版，第 129 页。

是以行为人的民事责任能力为基础规定的,行为人有责任能力的,应当自己承担赔偿责任,没有责任能力的,由其亲权人或者监护人承担替代责任。[①] 我国民法通则没有如此规定,而是以被监护人有无财产为基础,被监护人造成他人损害,虽然也是规定替代责任,但被监护人有财产的,就用他的财产去支付赔偿费用,财产不够或者没有财产的,就由监护人支付赔偿费用(其实是承担替代责任)。也有学者认为,民法通则第133条在司法实践中没有发现不好操作的问题,立法机关和最高人民法院对此也都持这种态度,故民法通则第133条规定的内容就被保留下来,成为侵权责任法第32条,民法典第1188条继续这样规定。

对于民法典第1188条规定的两款是何关系,应当作如下理解。

该条第1款规定的是监护人责任的构成,包括适用的归责原则、谁是责任人和责任人承担的责任形态等。首先,适用过错推定原则。其次,当监护人能够证明自己没有监护过失时,依照法律规定公平分担损失,监护人还是要承担一定的责任的。再次,监护人责任的形态是替代责任,是被监护人造成的损害由监护人承担责任。最后,规定监护人责任的构成要件。

该条第2款规定的是赔偿费用的支付方法,是具体操作规则,即在监护人的替代责任确定后,要看被监护人有没有财产。被监护人自己有财产的,就用被监护人的财产去支付赔偿费用。如果被监护人的财产不够支付赔偿费用,剩余部分赔偿费用当然还是替代责任的范围,还是由监护人支付赔偿费用。

按照这样的思路再去说民法典第1188条是补充责任,或者是相应的补充责任,或者是公平分担损失责任,就是不对的。最起码的依据是,公平分担损失是规定在民法典第1188条第1款的最后一句,而不是在第2款中规定的,因此,公平分担损失只是在监护人没有监护过失的情况下,依照

[①] 参见郑晓剑:《侵权责任能力与监护人责任规则之适用》,载《法学》2015年第6期。

民法典第 1178 条的规定，对权益保护进行衡平的结果。

只有把民法典第 1188 条这两款的关系搞清楚后，才能正确适用监护人责任的规则。《民法典侵权责任编解释（一）》第 4 条主要规定如何列当事人，即应当将监护人和被监护人都列为共同被告，纠正了实践中存在的不当做法。① 第 5 条是被监护人造成他人损害，被侵权人请求监护人承担全部责任（替代责任）的，法院应该支持。这是对民法典第 1188 条第 1 款规则的正确解释。作判决时，被监护人有财产的，应当写明赔偿费用先从有财产的被监护人的财产中支付，不足部分由监护人支付。② 这就是赔偿费用的支付方法，不是责任构成问题。

（二）父母承担监护人责任的三种情形

《民法典侵权责任编解释（一）》第 6 条至第 8 条规定的都是父母承担监护人责任的情形，具体分为以下三种方法。

1. 夫妻实行婚后所得财产共同制的替代责任承担方法

在正常的夫妻家庭生活中，夫妻和未成年子女在一起共同生活。未成年子女造成他人损害，夫妻之间是婚后所得财产共同制即法定财产制的，就用夫妻共同财产承担责任。从理论上说，虽然夫和妻是共有权的权利主体，共同享有一个财产权利，但是他们作为民事主体是两个自然人，财产是共有关系而人不可能成为一个主体。在这种情况下，是他们两个人用共有财产承担替代责任，这是夫妻对未成年子女致人损害承担责任的典型情形。在这里留下了一个伏笔，就是夫和妻既然是两个人，为未成年子女致人损害承担赔偿责任就会发生下面两种情形。

2. 夫妻约定实行婚后财产分别所有的替代责任承担方法

如果夫妻约定财产 AA 制时，承担责任的规则就会发生变化。既然父和母是两个主体、财产是约定 AA 制，父母各方是自己财产的单独所有权

---

① 参见傅强：《监护人责任归责原则：基于〈侵权责任法〉第三十二条的解读与思考》，载《中山大学法律评论》2013 年第 11 期；冯德淦：《被监护人致人损害侵权解释论研究》，载《华侨大学学报（哲学社会科学版）》2019 年第 1 期。

② 参见杨立新：《侵权责任法》，法律出版社 2021 年版，第 287 页。

人,这时的情形就是两个主体用各自的财产承担同一个替代责任,变成了两个主体承担一个赔偿责任,两个监护人对同一个被监护人致害承担替代责任。这种情形在侵权责任法领域类似于共同侵权行为,只不过未尽监护职责的行为都是不作为行为,但是,不作为行为也能构成共同侵权行为,在后果上也要承担连带责任。

3. 离异夫妻承担监护人替代责任的承担方法

《民法典侵权责任编解释(一)》第8条规定的是夫妻离异后对未成年子女致人损害承担替代责任的规则。

夫妻离异后,未成年子女与一方共同生活,另一方不能与未成年子女共同生活,该方就与未成年子女没有直接监护关系,尽管仍然被共同亲权原则约束,但是监护职责必然会有所不同。

《民法典侵权责任编解释(一)》第8条提到的是双方要共同承担责任,不区分谁是有抚养权的一方、谁是无抚养权的一方。这里的基础仍然是共同亲权原则,父和母共同行使亲权,离异的父或者母仍然是未成年子女的监护人,仍然要对其进行监护,要对其致人损害承担替代责任。① 不过,此种情形下的父或者母与未成年子女的关系毕竟有所不同,与未成年子女共同生活的一方履行监护职责比较方便,未与未成年子女共同生活的一方履行监护职责存在一定困难。对此,父或者母都要承担赔偿责任当然没有问题;但是,各自的责任份额应当有所区别,因为不仅监护职责有所区别,而且不作为的未尽监护职责行为的原因力也有差别。人民法院在判决离异夫妻对共同监护的未成年子女致人损害承担责任时,应当有责任份额的区别。

说到这里,再回头看前文提到的这三种情况,共同特征都是父母作为监护人,对造成他人损害的未成年子女承担替代责任,其实都是一种共同侵权行为,夫妻作为责任主体承担的是连带责任。差别在于夫妻财产制的

---

① 参见邹海林、朱广新主编:《民法典评注·侵权责任编》,中国法制出版社2020年版,第285页。

状态。实行夫妻共同财产制的，用共同财产承担；约定财产 AA 制，以及夫妻离异后财产为独立财产权的，都是两个主体用自己的财产承担同一个责任，既是连带承担，又有责任份额的区别。约定财产 AA 制的夫妻，承担的责任份额是平均的，每个人承担一半的责任份额；如果是离异夫妻，承担连带责任的份额应当有区别，但不能过于悬殊，具体由人民法院裁量，与未成年子女共同生活的一方要承担较大的责任份额，没有与未成年子女共同生活的一方承担较小的责任份额。

（三）受托监护责任的监护人与受托监护人的责任形态是混合责任

按照民法典第 1189 条规定，受托监护人在受托监护时被监护人致人损害没有过错的，那就是监护人责任，与受托监护人没有关系。但是，这种侵权行为的常态是监护人要承担责任，受托监护人对被监护人也有监护过失。此时，监护人承担的是侵权人应当承担的全部责任，受托监护人承担的是相应的责任，这种侵权责任形态应当怎么解释呢？《民法典侵权责任编解释（一）》第 10 条对此作出回应。

两个以上的行为人实施的侵权行为造成他人损害的，侵权法学理称之为多数人侵权行为，多数人承担侵权责任的方式被称为多数人侵权责任。在受托监护责任中，监护人承担侵权责任，受托监护人承担相应的责任，这种侵权行为是多数人侵权行为，这种责任形态是多数人侵权责任。不过，这种侵权行为和责任分担形态到底是何种多数人侵权行为，是何种多数人侵权责任，是从侵权责任法实施以后就出现的问题，学者的看法也都不一样。[1]

笔者原来的想法是，民法典侵权责任编规定的"相应的责任"很多，概括起来，这种部分行为人承担侵权责任，部分行为人承担相应的责任，是单向连带责任。[2] 在解释民法典第 1169 条第 2 款即下面将要说到的教

---

[1] 参见朱广新：《论监护委托下被监护人致人损害的责任承担》，载《法律适用》2023 年第 6 期；程啸：《我国侵权法上的"相应的责任"的体系解释》，载《环球法律评论》2024 年第 3 期。

[2] 参见杨立新：《侵权责任法》，法律出版社 2021 年版，第 108 页。

唆、帮助被监护人实施侵权行为时，教唆人、帮助人要承担侵权责任，监护人有过错时应当承担与过错程度相应的责任，也是这种侵权行为和责任形态，即多数人侵权责任中的单向连带责任。

最高人民法院法官认为，认定这种责任形态是单向连带责任对保护受害人是有利的。但问题在于，民法典第1169条并没有认定这种责任是连带责任。既然民法典规定连带责任就是两种，一是法定的，二是约定的，而法律没有规定也没有约定相应的责任是连带责任，就不能认为它是连带责任。他们解释说，这是一种"混合侵权"。① 也有人在解释《民法典侵权责任编解释（一）》时认为，这是一种不真正连带责任。② 对此，应当展开说明。

第一，明确相应的责任是什么责任形态，可以考虑借鉴美国侵权法重述（第三次）关于责任分担部分的说法，称为混合责任。这与最高人民法院法官所称混合侵权相似。美国法中的混合责任，就是在一个多数人侵权行为中，一个人要承担全部责任，另一个人要承担按份责任。"混合责任"的说法与我国侵权法的"相应的责任"规则基本上是一样的。

第二，在这种责任分担的形态中，必须界定相应的责任是什么责任。受托监护人有过失的，就要承担相应的责任，且责任与他的过错和原因力程度相适应，有多大过错就承担多少责任，有多大的原因力就承担多少责任，所以，一定是按份责任。

第三，监护人承担侵权人应承担的全部责任。在侵权人应承担的全部责任中，一定包括受托监护人的按份责任。要注意的是，两个责任主体实际支付的赔偿费用的总和不应超出被侵权人应受偿的损失数额，也就是两个责任主体的赔偿数额加到一起，不能超过损失的100%，不能违反填平原则。监护人一方要对整个损害全部负责，受托监护人有过错的要承担按

---

① 参见最高人民法院民法典贯彻实施工作领导小组编著：《中国民法典适用大全·侵权责任卷》，人民法院出版社2022年版，第101、104页。
② 参见《最高法民一庭负责人就民法典侵权责任编司法解释（一）答记者问》，载微信公众号"最高人民法院"，2024年9月26日上传。

份责任,直接相加,一定会违反填平原则;遵守填平原则就应当认为监护人承担的责任是连带责任,要对整个损害负全责;作为多数人侵权行为中的一人,在连带责任中又必须有自己的责任份额,被侵权人请求他承担全部责任,他就得承担全部责任,受托监护人有过错的应承担按份责任,侵权人可以向其追偿;如果是两个责任主体一起参加诉讼,受托监护人承担了按份责任,剩下的责任就是监护人的责任份额,必定不是全部赔偿。如此认识这个问题,与连带责任的规则不是一样的吗?笔者在提出单向连带责任概念时就想到,被侵权人要监护人承担赔偿责任,可以请求其承担全部责任,性质就是连带责任;被侵权人找受托监护人承担赔偿责任,就是按份责任,超过的部分不承担责任。这不就是一种单向的连带责任吗?不过,单向连带责任的说法不如美国的混合责任说法准确,对于这种一人承担全部责任、另一人承担按份责任的形态,混合责任是比较令人满意的概念。

第四,为什么说侵权责任形态不是不真正连带责任。按照侵权责任法的逻辑,多数人侵权行为是两个人以上实施的侵权行为,分为三种类型:(1)当数个行为人实施侵权行为有共同意志或者具有客观关联时,构成共同侵权行为,责任形态是连带责任。(2)数个侵权行为人中,每一个人的行为都构成单独侵权行为,分别实施,最后造成同一个损害结果,每一个人的行为对损害的发生都具有各自的原因力,是分别侵权行为,责任形态是按份责任(也包括民法典第1170条规定的原因力叠加的分别侵权行为承担连带责任),每个人的行为和责任基本上都是单独的,自己承担自己的责任。(3)数个人实施的数个行为,有的行为对损害的发生是直接原因,有的行为对损害的发生是间接原因,两个不同原因力行为发生竞合,就是竞合侵权行为,责任形态是不真正连带责任。最典型的不真正连带责任是产品责任:生产缺陷产品的行为是消费者损害发生的直接原因,销售者出售缺陷产品的行为是损害发生的间接原因,因而生产者和销售者承担不真正连带责任。被侵权人请求销售者承担责任,销售者必须承担全部责任,但这个责任是中间性责任,销售者赔偿后,有权向生产者追偿。不真正连带责任的行为的构成，一个是直接原因，一个是间接原因，间接原因的行为对直接原因的行为起了辅助的、条件性的作用。受托监护责任不是这样的行为结构。没有受托监护人的过错行为，就不能造成被监护人致人损害的后果，这是直接原因，直接原因产生最终责任；间接原因产生中间责任，而不是最终责任。这就是连带责任和不真正连带责任的区别。

三、教唆、帮助被监护人实施侵权行为损害责任

《民法典侵权责任编解释（一）》第11条至第13条这三个条文，规定的是教唆、帮助无民事行为能力人或者限制民事行为能力人实施侵权行为损害责任，简称为教唆、帮助被监护人实施侵权行为责任，解释的是民法典第1169条第2款。这个问题比较复杂，主要说明以下三个问题。

（一）行为性质：非典型共同侵权行为

教唆、帮助被监护人实施侵权行为，首先是一种多数人侵权行为。这种多数人侵权行为是何种类型，特别值得研究。受托监护责任中也存在这种情形，前文只是简单提到，在这里详细展开说明。

多数人侵权行为的基本类型包括分别侵权行为、共同侵权行为和竞合侵权行为。首先，教唆、帮助被监护人实施侵权行为不是分别侵权行为。由于教唆人、帮助人教唆、帮助被监护人实施侵权行为中有一种单向的意思联络，因而其与竞合侵权行为不同，当然与分别侵权行为也不同。比较的结论是，教唆、帮助被监护人实施侵权行为的类型是共同侵权行为。其次，教唆、帮助被监护人实施侵权行为又与典型共同侵权行为有所不同。典型共同侵权行为是两个以上行为人实施侵权行为，不管是主观上的结合还是客观上的结合，总是要有关联，或者是主观关联，或者是客观关联，正是这种关联将两个以上行为人的行为结合成一个侵权行为，造成同一个损害，所以，数个行为人一定要承担连带责任。而非典型共同侵权行为是两个以上的行为人中，一个人的行为是造成损害的主要原因，另一个人的行为是造成损害的次要原因，一个是主导的行为、另一个是辅助的行为；在意思联络上，主导的行为人在主观上是单方故意，并且可以联络到辅助

的行为人。由于被监护人不具有民法上的辨别能力,不存在认定过错的基础,因而形成的意思联络是单向的,而不是双向的。最后,教唆、帮助被监护人实施侵权行为是区别于典型共同侵权行为的非典型共同侵权行为(半共同侵权行为)。它的后果是产生混合责任即单向连带责任,就是民法典规定的相应的责任。概括起来,单方意思联络构成非典型共同侵权行为,后果是成立单向连带责任。[①] 这样解释对承担相应的责任的侵权行为的性质,能够解释得比较简单,也比较贴切。

民法典第1168条规定的是共同侵权行为,共同侵权行为的责任是连带责任。接下来,民法典第1169条第1款规定的是教唆人、帮助人的共同侵权行为,当然是连带责任。该条的第2款规定的是教唆人、帮助人教唆、帮助无民事行为能力人或者限制民事行为能力人实施侵权行为应当承担侵权责任,其中包含两种意思:一是监护人没有过失时,教唆人、帮助人单独承担责任;二是监护人有过失时,教唆人、帮助人承担连带责任。而监护人有过失的责任,是就其过失承担相应的责任。那么,怎样看待其中没有规定教唆人、帮助人承担连带责任的规定呢?民法典第1169条是一个整体,规定的就是教唆人、帮助人应当承担的是连带责任,第1款规定的是共同侵权行为要承担连带责任,第2款也是教唆人、帮助人为责任主体,难道就不承担连带责任了吗?所以,民法典第1169条第2款规定与第1款规定的共同侵权行为和连带责任相衔接,第2款规定的也是教唆人与帮助人的责任,当然也是连带责任,只不过共同侵权行为发生变形、连带责任的规则也有所变化,因而是非典型共同侵权行为,承担的责任形态是单向连带责任。

为了更好地理解民法典第1169条第2款,应当观察这一规定是怎么演变过来的。

民法通则第130条规定共同侵权行为,由于没有规定教唆人、帮助人

---

① 参见杨立新:《非典型共同侵权行为与混合责任——以〈民法典侵权责任编解释(一)〉对"相应的责任"的解释为中心》,载《财经法学》2025年第1期。

的侵权责任,因而《最高人民法院关于贯彻执行〈中华人民共和国民法通则〉若干问题的意见(试行)》(以下简称《民通意见》)第 148 条规定:"教唆、帮助他人实施侵权行为的人,为共同侵权人,应当承担连带民事责任。教唆、帮助无民事行为能力人实施侵权行为的人,为侵权人,应当承担民事责任。教唆、帮助限制民事行为能力人实施侵权行为的人,为共同侵权人,应当承担主要民事责任。"其中第 1 款演变为民法典第 1169 条第 1 款,第 2 款和第 3 款演变为民法典第 1169 条第 2 款。

这后一个演变首先发生在侵权责任法制定过程中。立法机关认为,教唆、帮助被监护人实施侵权行为的责任是应当规定的,但是《民通意见》第 148 条的规定过于烦琐,也存在一定问题,因而改成现在这样的规定,民法典第 1169 条继续这样规定。[①]

对《民通意见》第 148 条规定进行分析,可以肯定的是,教唆、帮助无民事行为能力人实施侵权行为,或者教唆、帮助限制民事行为能力人实施侵权行为,都是共同侵权行为,只是承担责任的方式有所区别。规定教唆无民事行为能力人实施侵权行为,教唆人为侵权人,要承担全部责任当然是对的,因为这时的教唆人是将无民事行为能力人作为自己的侵权工具;但是,帮助无民事行为能力人实施侵权行为,帮助人不应当承担全部责任,应当承担的是主要责任,因为监护人是有过失的。规定教唆限制民事行为能力人实施侵权行为要承担主要责任,教唆人承担主要责任是对的,但帮助人承担主要责任欠妥,因为毕竟是帮助行为,监护人的过失较重。对其中的监护人的责任形态虽然没有明说,但"主要责任"的表述包含的是连带责任,因为是共同侵权行为,当然承担连带责任。

侵权责任法第 9 条第 2 款进行的改造,使用了比较抽象的表述方法,改变了《民通意见》第 148 条的具体规定,同时也避免了该条规定中存在的不当,只是不易理解。民法典第 1169 条第 2 款同样存在这样的问题。概

---

① 参见黄薇主编:《中华人民共和国民法典侵权责任编释义》,法律出版社 2020 年版,第 21 页。

括出来的规则应是：（1）教唆无民事行为能力人实施侵权行为，教唆人就是侵权人，应当承担全部赔偿责任；监护人没有过错，不承担责任。（2）帮助无民事行为能力人实施侵权行为，或者教唆限制民事行为能力人实施侵权行为，教唆人和帮助人的过错程度是相等的，都是损害发生的主要原因，应当承担主要责任；监护人存在未尽监护职责的过失，应当承担次要责任。（3）帮助限制民事行为能力人实施侵权行为，帮助人的故意和监护人未尽监护职责的过失相等，双方应当承担同等责任。

《民法典侵权责任编解释（一）》第11条对民法典第1169条第2款的解释是没有问题的，但是不能将这种责任形态称为不真正连带责任。教唆、帮助被监护人实施侵权行为是共同侵权行为，只是与一般的共同侵权行为相比有一定的变形，因而将其称为非典型共同侵权行为，承担的也是连带责任，只不过是单向连带责任。

（二）责任形态：不是部分连带责任

在解读《民法典侵权责任编解释（一）》关于教唆、帮助被监护人实施侵权行为的责任形态时，程啸教授认为这是部分连带责任。① 笔者认为，这个看法否定其不真正连带责任的说法是正确的，但认为这是部分连带责任则不完全正确。

部分连带责任是日本的教授川井健提出来的学术主张，引进这种观点，能够为我国的侵权责任形态理论提供支持。《最高人民法院关于审理生态环境侵权责任纠纷案件适用法律若干问题的解释》将其规定在第7条。

部分连带责任是指在多数人侵权行为中，对一个完整的损害，一部分由全体行为人承担连带责任，另一部分由单独行为人承担单独责任的侵权连带责任形态。部分连带责任有三个特征：一是承担部分连带责任的侵权行为形态是多数人侵权行为，而不是单独侵权行为；二是多数人侵权行为

---

① 参见程啸：《我国侵权法上的"相应的责任"的体系解释》，载《环球法律评论》2024年第3期。

所造成的同一个完整的损害分成两个部分,一部分要承担连带责任,另一部分要承担单独责任;三是对于应当承担连带责任的部分,应当由全体连带责任人承担,对于单独承担赔偿责任的部分,由承担单独责任的行为人自己承担。① 因此,部分连带责任与典型连带责任的规则不同。

部分连带责任的最典型事例,是民法典第1195条规定的"对损害的扩大部分与该网络用户承担连带责任"。网络用户在网络上实施侵权行为,就已经给权利人造成损害,这个损害一直在持续,权利人通知后如果网络服务提供者采取必要措施,网络服务提供者就进入避风港,不承担侵权责任;网络服务提供者没有及时采取必要措施,损害还在扩大,直至最终确定侵权责任之时,接到通知没有及时采取必要措施的这种损害扩大部分,要与网络用户承担连带责任,网络用户和网络服务提供者共同承担扩大部分损害的赔偿责任。也就是说,就网络用户利用网络实施侵权行为造成的同一个损害分成两部分,一部分由网络用户承担责任,另一部分由网络用户和网络服务提供者承担连带责任,这就是部分连带责任。

部分连带责任与单向连带责任不一样。单向连带责任是一个人就全部损失承担连带责任,另一个人只承担与自己的过错程度相应的按份责任,其中确实有重合的部分,但是重合的部分对承担相应责任的人而言不是连带责任,只有对侵权人应承担的全部责任这一部分才是连带责任,是单向连带责任,而不是双向连带责任。部分连带责任是对原因力重合部分损害双方承担连带责任,只有原因力不重合的损害部分才由一个人自己负责,因而称作部分连带责任。

(三)认定无民事行为能力人、限制民事行为能力人适用客观标准

《民法典侵权责任编解释(一)》第11条规定认定被教唆、帮助人是否为无民事行为能力人或者限制民事行为能力人时采用客观标准。如果采用主观标准,教唆人、帮助人以自己不知道或者不应当知道被教唆、帮助人是无民事行为能力人或者限制民事行为能力人为由抗辩且能够证明的,

---

① 参见杨立新:《侵权责任法》,法律出版社2021年版,第109页。

就可以免责或者减责。这显然对教唆人、帮助人有利，而对监护人不利，对保护被侵权人也不利。采用客观标准，虽然对教唆人、帮助人不利，但是公平的。同样，《民法典侵权责任编解释（一）》第 20 条规定非法转让拼装车、报废车也采用客观标准，也是正确的。

四、教育机构责任中的第三人责任

《民法典侵权责任编解释（一）》第 14 条是对适用民法典第 1201 条规定所作的解释，应当着重理解以下四个问题。

第一，未成年学生在教育机构受到第三人侵害，第三人承担全部赔偿责任，教育机构有过错的承担相应的补充责任。这种行为也是多数人侵权行为，属于竞合侵权行为的变形。学者通常将相应的补充责任认定为单独的责任形态，其实不是这样的，而是不真正连带责任的变形。其形成的机理是，第三人的行为是造成损害的全部原因，因此应当对全部损害承担赔偿责任；教育机构的过失行为不是损害发生的直接原因，而是间接原因，而且这种间接原因也不可能造成全部损害，因而教育机构承担的责任并非全部补充责任，而是部分补充责任，即与自己的过失相适应的补充责任。相应的责任与相应的补充责任的区别是：相应的责任是按份责任，承担了按份责任份额的人，只要没有超过自己应当承担的责任份额，就不存在追偿权；相应的补充责任人在承担了补充责任后，对造成损害的第三人享有全额追偿权，可以追偿其承担的全部补充责任。[1] 其原理在于，第三人侵权时，第三人的行为是造成损害的全部原因，具有 100% 的直接原因力；教育机构有过失应当承担相应的补充责任时，其行为对造成的损害是间接原因力，对具有 100% 直接原因力的行为人当然有追偿权。相应的责任中的主要侵权人和次要侵权人的行为，对损害的发生都是直接原因，不存在间接原因，因此承担的相应的责任是连带责任的变形，并且承担按份责任

---

[1] 参见吴越：《安全保障义务人侵权补充责任的理论反思》，载《法学研究》2024 年第 4 期。

后不得追偿。

第二，教育机构与第三人在诉讼中为共同被告。《民法典侵权责任编解释（一）》第14条第2款规定的是，因教育机构责任中第三人侵权发生纠纷诉讼到法院的，应当将第三人和教育机构列为共同被告，这是因为这种侵权行为的性质为多数人侵权行为。不过，也还是有以下区别：（1）被侵权人起诉第三人的，列第三人为被告，不必追加教育机构为共同被告，第三人有财产但无法承担全部责任的，可以追加教育机构为共同被告；（2）被侵权人起诉教育机构的，教育机构可以申请追加第三人为共同被告，如果没有申请追加第三人，法院应当向原告释明申请追加第三人为共同被告；（3）被侵权人直接起诉第三人和教育机构，列二者为共同被告。

第三，教育机构承担补充责任后享有对第三人的追偿权。第三人不能确定的，判决教育机构承担相应的补充责任且予以执行的，应当根据民法典第1201条明确教育机构对第三人享有追偿权。

第四，适用民法典第1198条第2款可以参照适用本条解释的规定。《民法典侵权责任编解释（一）》第14条单独对民法典第1201条规定进行解释，未对1198条第2款进行解释。由于这两个条款规定的规则都是相应的补充责任，因此，适用民法典第1198条第2款，可以参照适用《民法典侵权责任编解释（一）》第14条的规定。①

五、用人单位责任、劳务派遣责任和定作人指示过失责任

《民法典侵权责任编解释（一）》规定的第五种侵权责任类型，是用人者责任，着重解释了民法典第1191条规定的用人单位责任和劳务派遣责任，以及第1193条规定的定作人指示过失责任，共有四个条文。

（一）扩展用人单位责任中用人单位范围和工作人员的范围

《民法典侵权责任编解释（一）》第15条规定的主要规则有两个：一

---

① 参见杨立新：《论补充债务与先诉抗辩权——以〈民法典侵权责任编解释（一）〉第十四条规定为视角》，载《河南财经政法大学学报》2025年第1期。

是扩展用人单位的范围；二是扩展用人单位的工作人员的范围。

通常认为，用人单位是指依法成立的法人和非法人组织。也有观点认为，还包括法人、非法人组织之外的个体经济组织，如个体工商户和农村承包经营户。①《民法典侵权责任编解释（一）》第 15 条规定，除了法人和非法人组织是用人单位（有与用人单位形成劳动关系的工作人员）之外，个体工商户也是用人单位，因为个体工商户不管是个人还是家庭，总有一定的组织形式，雇用从业人员要签署劳动合同，确定双方的权利义务关系，还要有工伤保险，因而具有雇主责任的特征。② 而农村承包经营户则不具有这些特征，即使使用他人劳动，也不能认为是用人单位。

《民法典侵权责任编解释（一）》第 15 条规定用人单位的工作人员，除了与用人单位形成劳动关系的工作人员之外，还包括执行用人单位的工作任务的其他人员，以及个体工商户雇用的从业人员。"执行用人单位工作任务的其他人员"这个概念，在以往对民法典第 1191 条第 1 款的研究和适用中并不被经常使用。对这类人员判断的基本标准，是用人单位与其不存在劳动关系，而是通过合同方式确定双方之间在承担用人单位工作任务中的权利和义务，其依照合同履行执行用人单位工作任务的义务，用人单位承担给予其约定的薪酬和待遇的义务。这样的人员主要包括：一是与用人单位存在劳务关系的人员；二是与用人单位存在聘用合同关系的临时聘用工作人员；三是用人单位返聘的已经超过退休年龄的退休员工；四是用人单位特聘的其他单位的退休员工。例如，受聘为境外院校授课的教师，自离开自己家门开始，至返回自己家门为止，都在该院校的劳动保险合同的保护之下，在这个期间依照合同约定执行受该院校的教学任务，享受用人单位的薪酬待遇，就是典型的执行用人单位工作任务的其他人员。

个体工商户的从业人员也是工作人员，对此不再详述。

---

① 参见王利明主编：《中国民法典评注·侵权责任编》，人民法院出版社 2021 年版，第 170 页。
② 参见程啸：《我国侵权法规则的发展与完善》，载《中国法律评论》2024 年第 6 期。

（二）劳务派遣责任的侵权责任形态

《民法典侵权责任编解释（一）》第16条对劳务派遣责任的两个问题作出解释：一是劳务派遣单位过错的认定方法；二是劳务派遣单位和接受派遣的用工单位的责任分担规则。

1. 劳务派遣单位过错的认定方法

在劳务派遣关系存续期间，被派遣的工作人员因执行工作任务造成他人损害，接受派遣的用工单位应当承担侵权责任，有过错的派遣单位承担相应的责任。对于派遣单位的过错如何认定，应注意：（1）应当确定民法典第1191条第2款规定的"过错"是过失，不包括故意。如果劳务派遣单位故意派遣劳务人员致害他人，就是刑事犯罪。（2）对劳务派遣单位的过失作出定义，是指劳务派遣单位不当选派工作人员、对工作人员存在培训教育等方面的未尽职责的主观形态。

2. 劳务派遣单位和接受派遣的用工单位的责任分担规则

根据《民法典侵权责任编解释（一）》第16条的规定，接受劳务派遣的用工单位应当承担侵权人应承担的全部责任。劳务派遣单位在不当选派工作人员或未依法履行培训义务等过失范围内，与接受劳务派遣的用工单位共同承担责任，但责任主体实际支付的赔偿费用总和不应超过被侵权人应受偿的损失。劳务派遣单位先行支付赔偿费用后，超出自己相应责任的部分，向接受劳务派遣的用工单位追偿的，法院予以支持，另有约定的除外。这仍然是混合责任的规则，不再作具体说明。

（三）执行工作任务的行为构成犯罪时用人单位仍应承担替代责任

《民法典侵权责任编解释（一）》第17条规定，工作人员在执行工作任务中实施的违法行为造成他人损害，构成自然人犯罪的，工作人员承担刑事责任不影响用人单位依法承担民事责任。也就是说，即使工作人员利用职务之便实施犯罪行为，造成他人损害，用人单位仍须承担赔偿责任。依照民法典第1191条的规定，用人单位应当承担侵权责任的，在刑事案件中已经完成的追缴、退赔，可以在民事判决书中明确并扣减，也可以在执行程序中予以扣减。

首先，这涉及法规竞合理论。民事法律与刑事法律竞合属于非冲突性法规竞合，民事责任和刑事责任可以各自依法进行追究。用人单位或者接受派遣的用工单位的工作人员在执行工作任务中造成他人损害，不仅触犯刑事法律构成犯罪，同时也应当依照民法典第1191条规定追究用人单位的侵权责任，这是非冲突性法规竞合，对民事责任和刑事责任都应当依法予以追究。

其次，刑事判决追缴、退赔被害人的损失，不妨碍民事判决对赔偿范围的认定，应当依照民法典第1179条和第1182条至第1184条的规定，确定应当承担的全部损害赔偿的范围，不受刑事判决的影响，也为将来的执行或者扣减确定范围。犯罪所得已在刑事案件中追缴或者退赔，返还给被害人的，应当在用人单位的赔偿责任中予以扣减。

最后，按照行文的逻辑，《民法典侵权责任编解释（一）》第17条规定的上述规则，应当是针对民法典第1191条规定的用人单位责任和劳务派遣责任规定的规则。但是，民法典第1192条第1款前段规定的提供劳务一方因劳务造成他人损害的，接受劳务一方承担替代责任的规则，与用人单位责任的规则是一样的，因而可以参照适用《民法典侵权责任编解释（一）》第17条的规定，提供劳务一方因劳务致害他人的行为构成刑事犯罪的，也不影响接受劳务一方承担替代责任。

（四）定作人指示过失责任的责任分担规则

1. 我国的定作人指示过失责任与传统规则的区别

定作人指示过失责任的认定，主要是须将其区别于承揽人执行承揽任务造成第三人损害的责任。承揽人执行承揽任务致第三人损害，承揽人承担侵权责任，这就是独立契约或者独立合同的要旨。构成定作人指示过失责任，必须有定作人对于定作、指示的过失，只有定作人有过失，才能构成定作人指示过失责任。

我国的定作人指示过失责任由《民法典侵权责任编解释（一）》第18条作了规定，与该司法解释对其他"相应的责任"的解释基本相同。传统的定作人指示过失责任规则是替代责任。例如，日本民法典第716条规定，"定作人对承揽人因工作而对第三人造成的损害不负赔偿责任"，这与我国的规定是一样的；区别在于，"但若定作人有过错，则不在免责范围内"。① 这与我国"被侵权人合并请求定作人和承揽人承担侵权责任的，依照民法典第1165条、第1193条的规定，造成损害的承揽人承担侵权人应承担的全部责任；定作人在定作、指示或者选任过错范围内与承揽人共同承担责任，但责任主体实际支付的赔偿费用总和不应超出被侵权人应受偿的损失数额"的规则，是完全不一样的。

2. 定作人的过失为100%原因力的责任承担

《民法典侵权责任编解释（一）》第18条有一个没有注意到的问题，即定作人的过失是造成损害发生的100%原因力时的责任承担规则。按照民法典第1193条的规定，定作人因指示等过失承担的责任是按份责任（相应的责任）。如果定作人的过错是损害发生的100%的原因，定作人承担的责任肯定就不是按份责任，而是全部责任。这时，就回到了传统的定作人指示过失责任的规则上来。定作人承担的也不是相应的责任，而是全部赔偿的替代责任。因此，不再适用民法典第1193条规定的规则，也不适用《民法典侵权责任编解释（一）》第18条的规定，应当按照传统定作人指示过失责任的规则，由定作人对承揽人造成的他人损害承担替代责任，对全部损害予以赔偿。

六、产品责任损害赔偿包括产品自损

《民法典侵权责任编解释（一）》第19条是对民法典第1202条和第1203条规定的"损害"范围的解释，核心是产品自损是否属于产品责任的损害。

民法通则对产品责任的表述，仅限于"因产品质量不合格造成他人财

---

① 参见《日本民法典（2017年大修改）》，刘士国、牟宪魁、杨瑞贺译，中国法制出版社2018年版，第175页。

产、人身损害的,产品制造者、销售者应当依法承担民事责任",并未明确损害是否包括固有利益的损害即产品本身的损失。传统产品责任法认为,产品自身损害不是产品责任的损害,只有缺陷产品造成产品以外的财产损失或者人身损害的,才是产品责任的损害。产品自身损害是属于合同法的问题,用违约损害赔偿对消费者进行保护。对此,产品质量法第41条第1款对此作出了明确规定:"因产品存在缺陷造成人身、缺陷产品以外的其他财产(以下简称他人财产)损害的,生产者应当承担赔偿责任。"

起草侵权责任法时提出的问题是,为什么受害人因购买产品遭受损害须提起侵权和违约两个诉讼才能获得全面赔偿呢?而且这两个案件有可能不在同一个法院管辖,两个法院的判决出现不一致该怎么办?因此,考虑将产品自损包含在产品责任的损害之内。

侵权责任法采取的办法是,不明确说产品责任损害包括产品自损,而是采取与产品质量法第41条规定不同的表述,删除了产品质量法第41条的限制语,只规定"造成损害",以此将产品自损包含在产品责任的损害之内。民法典第1202条(包括第1203条)也是这样规定的。正因为如此规定,学术界发生了对这一"损害"的不同理解,有的认为包括产品自损,有的否认包含产品自损。①

《民法典侵权责任编解释(一)》第19条明确规定,民法典规定的产品责任的损害包括产品自损,为学术上的争论和司法实务上的不同做法作了最终结论。虽然确认产品自损是产品责任损害,被侵权人可以一并向法院起诉请求违约损害赔偿和侵权损害赔偿,但是实际上,这并不是一个诉,而是两个诉,即侵权之诉和违约之诉,应当采用诉的合并的方法进行

---

① 参见朱晓喆、冯洁语:《产品自损、纯粹经济损失与侵权责任——以最高人民法院(2013)民申字第908号民事裁定书为切入点》,载《交大法学》2016年第1期;达世亮:《论缺陷产品自损的法律救济》,载《中共青岛市委党校青岛行政学院学报》2017年第4期;王利明:《论产品责任中的损害概念》,载《法学》2011年第2期;李永军:《"产品自损"的侵权法救济置疑》,载《中国政法大学学报》2015年第3期。

审理，即因产品存在缺陷造成买受人损害的，买受人请求产品的生产者或者销售者赔偿缺陷产品本身损害以及其他财产损害的，法院应当支持。①

七、机动车交通事故责任

对民法典规定的机动车交通事故责任，《民法典侵权责任编解释（一）》第20条至第22条对三个问题作出了解释。

（一）对拼装车、报废车的认定标准

《民法典侵权责任编解释（一）》第20条规定，以买卖或者其他方式转让拼装或者已经达到报废标准的机动车，发生交通事故造成损害，转让人、受让人以其不知道或者不应当知道该机动车是拼装或者已经达到报废标准为由，主张不承担侵权责任的，法院不予支持。这就是采用客观标准，而不是采用主观标准确定出让人和受让人的认知。其基本理由有两个：一是保护交通参与人的安全；二是严厉制止这种非法交易行为。

民法典第1214条规定是绝对责任条款②，不得以任何理由减免赔偿责任③。对此，《民法典侵权责任编解释（一）》第20条没有规定，可以参照适用第23条关于禁止饲养的烈性犬等危险动物致人损害的责任规则，即饲养人或者管理人"主张不承担责任或者减轻责任的，人民法院不予支持"的规定。④

（二）未投保交强险的投保义务人和侵权人不是同一人的责任承担

研究《民法典侵权责任编解释（一）》第21条规定，应当与研究

---

① 参见杨立新：《产品责任损害赔偿范围问题研究——〈侵权责任编司法解释（一）〉第19条的理解与适用》，载《中国应用法学》2024年第5期。
② 参见刘沫茹、刘予桐：《论〈侵权责任法〉第十章损害责任的法律适用》，载《学术交流》2017年第8期。
③ 参见程啸：《最高人民法院民法典侵权责任编司法解释理解与适用》，中国法制出版社2024年版，第255页。
④ 参见黄薇主编：《中华人民共和国民法典侵权责任编释义》，法律出版社2020年版，第236页。

《最高人民法院关于审理道路交通事故损害赔偿案件适用法律若干问题的解释》（以下简称《审理交通事故案件解释》）第16条关于"未依法投保交强险的机动车发生交通事故造成损害，当事人请求投保义务人在交强险责任限额范围内予以赔偿的，人民法院应予支持。投保义务人和侵权人不是同一人，当事人请求投保义务人和侵权人在交强险责任限额范围内承担相应责任的，人民法院应予支持"的规定结合起来。后者规定的是，投保义务人和侵权人不是同一人，投保义务人和侵权人在交强险责任限额范围内承担连带责任。前者进一步规定，被侵权人合并请求投保义务人和交通事故责任人承担侵权责任的，交通事故责任人承担侵权人应承担的全部责任；投保义务人在机动车强制保险责任限额范围内与交通事故责任人共同承担责任，但责任主体实际支付的赔偿费用总和不应超出被侵权人应受偿的损失数额。可见，《民法典侵权责任编解释（一）》第21条的解释是对《审理交通事故案件解释》第16条规定的连带责任怎样承担作出的进一步解释，即这种连带责任是单向连带责任，也即混合责任。

《民法典侵权责任编解释（一）》第21条规定的规则包括四项：首先，投保义务人与交通事故责任人不一致的，交通事故责任人应承担全部责任；其次，投保义务人在强制保险责任限额内与交通事故责任人共同承担责任；再次，投保义务人承担的责任就是交强险范围内的限额赔偿数额，是按份责任；最后，投保义务人对自己承担的超出强制保险限额的部分，对交通事故责任人享有追偿权。

（三）交强险、第三者商业险中驾驶人离开本车后损害的责任

《民法典侵权责任编解释（一）》第22条规定的是，投保机动车的驾驶人在保险关系中发生身份转换后其保险责任随之转换的规则。交强险和第三者责任商业险，都是对交通事故中的第三人的保险。驾驶人在车上，是车上人员，不是第三者；如果离开本车，在一般情况下是可以认定为第三人的，但是，驾驶人离开本车后，因自己的过错受到本车的碰撞、碾压等造成损害的，既不适用交强险的理赔规则，也不适用第三者商业险的理赔规则。例如，机动车驾驶人在离开本车后，因未拉手刹或未采取制动措

施而使本车溜车，使自己受到本车的碰撞或碾压造成损害，向法院起诉请求保险公司理赔的，法院不予支持。这是因为被保险机动车的驾驶人的身份虽然转化为第三者，但是驾驶人因本车造成的损害是自己的过错造成的，保险公司不予理赔。

八、禁止饲养的烈性犬等危险动物损害的绝对责任条款

在普通的无过错责任中，如果受害人故意造成损害，动物饲养人或者管理人不承担赔偿责任。然而，对于民法典第1247条规定的禁止饲养的烈性犬等危险动物致人损害，确定责任适用绝对责任条款，就是要保障公众的权益和安全，因而饲养人或者管理人不得以受害人过错、不可抗力等任何事由进行抗辩，以免除或者减轻自己的责任。

《民法典侵权责任编解释（一）》第23条的规定确认了民法典第1247条规定的禁止饲养的烈性犬等危险动物损害责任的绝对责任条款的后果，即无论有何种原因，饲养人或管理人都必须全额赔偿，没有任何免责、减责的事由。例如，如果饲养人饲养藏獒，某人因故意挑逗而被藏獒咬伤，尽管受害人自己有过错，也不能减轻更不能免除饲养人的赔偿责任。

民法典第1214条和第1247条这两个条文都是绝对责任条款，但是条文并未写明不得适用任何理由减免责任的内容。《民法典侵权责任编解释（一）》第23条将绝对责任条款的这一含义明示出来，能够统一裁判规则，避免错误适用。

九、高空抛坠物损害责任中的物业管理人责任

侵权责任法第87条规定了高空抛坠物损害责任的规则后，并未发挥显著的防免作用。编纂民法典中，起初并未打算对侵权责任法第87条规定的规则进行重大修改。后来，《法治日报》集中报道了几个高空抛物致害案件，引起普遍关注，笔者应邀撰写了一篇文章进行评论，说明侵权责任法第87条的立法初衷是为无奈的受害人提供救济途径，体现公平原则和对受害人的人文关怀；一定程度上牺牲了未能证明自己不是实施高空抛物行为

的人的利益，因为要求他们在证据不足的情况下予以适当补偿类似于"连坐"。为何侵权责任法规定了责任规范而高空抛坠物行为仍屡禁不止，原因在于民法对此类行为作出规定，原本通过侦查手段可以查明，公安机关常以民法调整而不再介入。因此，应当规定对高空抛掷物致害事件采用刑事手段，一旦发生导致人员伤亡，首先应当由公安机关进行调查和处理，查清真正的侵权人或者犯罪嫌疑人后，就不会触发侵权责任法第87条的适用问题，同时也会产生更大的震慑力，预防高空抛坠物事件的发生。这篇文章受到重视。立法机关在侵权责任法第87条的基础上，拟定了详细的条文，最后形成了民法典第1254条，规定的基本规则包括：（1）禁止高空抛物是强制性法定义务，居住在建筑物内的人不得向外抛掷物品；（2）高空抛掷物造成他人损害的，侵权人须承担侵权责任；（3）无法查明侵权人的，由可能造成损害的建筑物使用人补偿；（4）一旦查清侵权人，承担补偿的人可以向侵权人追责；（5）建筑物管理人未尽安全保障义务造成损害的，应当承担相应的补充责任；（6）公安等机关对这种案件应当依法进行调查。①

《民法典侵权责任编解释（一）》第24条和第25条解释的是物业服务企业等建筑物管理人与具体侵权人、物业服务企业等建筑物管理人与可能加害的建筑物使用人之间的责任承担规则。

（一）建筑物管理人与具体侵权人的责任承担关系

《民法典侵权责任编解释（一）》第24条的核心问题在于，建筑物管理人在高空抛坠物行为中承担的是未尽安全保障义务的侵权责任。只有当建筑物管理人违反了安全保障义务时，才承担相应的补充责任。② 如果建筑物管理人没有过错，则不承担责任。

根据该条司法解释的规定，这种侵权责任有顺位关系，物业服务企业

---

① 参见杨立新：《侵权责任法》，法律出版社2021年版，第668-669页。
② 参见姚辉、金骑峰：《民法典高空抛物致人损害责任的解释论展开》，载《法律适用》2021年第7期。

等建筑物管理人未采取必要的安全保障措施防止从建筑物中抛掷物品或者从建筑物上坠落的物品造成他人损害的，经公安等机关调查，在民事案件一审法庭辩论终结前仍难以确定具体侵权人的，未采取必要安全保障措施的物业服务企业等建筑物管理人承担与其过错相应的补充责任。这就是侵权人与未尽安全保障义务的建筑物管理人的顺位关系，侵权人的责任在先，建筑物管理人的责任在后，且为补充责任。

（二）建筑物管理人与可能加害的建筑物使用人的责任关系

《民法典侵权责任编解释（一）》第25条规定的是，建筑物管理人应根据其过错程度承担相应的补充责任，而不是全额补充。既然如此，就会存在不能赔偿的部分，对此，要由有可能造成损害的建筑物使用人予以补偿。这两者的关系也有先后顺序，建筑物管理人的责任在先，有可能造成损害的建筑物使用人的补偿在后。高空抛坠物造成损害，通过公安调查无法找到真正加害人时，建筑物管理人和建筑物使用人存在顺位关系，首先由建筑物管理人承担相应的补充责任，剩余部分再由可能造成损害的建筑物使用人予以适当补偿。

总之，高空抛掷物损害责任的三个责任主体有顺位关系：第一顺位是侵权人，第二顺位是建筑物管理人，第三顺位是可能造成损害的建筑物使用人。首先，已经找到真正侵权人的，后面两个顺位的责任人都不承担责任。其次，找不到真正侵权人的，第二顺位的建筑物管理人承担相应的补充责任。再次，建筑物管理人承担了相应的补充责任后还有剩余损失没有赔偿的，由有可能造成损害的建筑物使用人予以补偿，这个补偿是适当补偿，斟酌补偿人的经济能力酌定。最后，当真正侵权人出现后，建筑物管理人对已经承担的补充责任可以向其追偿，承担适当补偿责任的建筑物使用人当然也有追偿权。①

（本文仅代表作者个人观点）

---

① 参见杨立新：《高空抛坠物致害中建筑物管理人的地位及责任——以〈侵权责任编解释（一）〉第24、25条为中心》，载《北方法学》2024年第6期。

监护人责任制度的三个维度及其利益平衡

——民法典第1188条监护人责任制度释评

陈现杰*

监护人责任，是指无民事行为能力人、限制民事行为能力人的监护人，对被监护人造成他人损害依法应当承担的民事责任。按照民法典第1188条规定，我国监护人责任制度的基本特征是责任主体与行为主体相分离，即立法采取由监护人对无民事行为能力人、限制民事行为能力人造成他人损害承担替代责任的制度。与此相应，我国的监护人责任被纳入民法典侵权责任编第3章"责任主体的特殊规定"中，作为广义特殊侵权行为的一种类型。①这种体系安排，与监护人责任系替代责任的立法意旨逻辑上一致，充分体现了我国侵权责任法中

---

* 苏州大学王健法学院兼职教授。

① 审判实务中，监护人责任纠纷是最高人民法院印发的《民事案件案由规定》确定的侵权责任三级案由之一。参见《民事案件案由规定》第九部分"侵权责任纠纷"之"364. 监护人责任纠纷"。

的监护人责任在制度设计上独具的中国特色。

一、监护人责任制度的三个维度

民法通则第 133 条对监护人责任首设如下规定:"无民事行为能力人、限制民事行为能力人造成他人损害的,由监护人承担民事责任。监护人尽了监护责任的,可以适当减轻他的民事责任。有财产的无民事行为能力人、限制民事行为能力人造成他人损害的,从本人财产中支付赔偿费用。不足部分,由监护人适当赔偿,但单位担任监护人的除外。"该规定确立了我国对不完全民事行为能力人致人损害由监护人承担替代责任的立法模式,并就监护人责任减轻及监护人与被监护人的利益平衡进行了框架设计。

侵权责任法第 32 条延续了民法通则的规定,但将第 2 款的"不足部分,由监护人适当赔偿"中的"适当"二字删除,同时删除了"但单位担任监护人的除外"的但书规定,以促使单位监护人尽职履行监护职责,并确保被侵权人获得更为充分的救济。① 该项修改完善进一步强化了监护人的替代责任。

民法典第 1188 条完整移植了侵权责任法第 32 条的规定,体现了法典编纂的继承性和在监护人责任制度上我国立法一以贯之的立场。这一立场的立法意旨,就是在发生被监护人(无民事行为能力人、限制民事行为能力人)致人损害的情况下,最大限度地平衡被侵权人与监护人、被监护人的利益。② 析言之,监护人责任制度须从以下三个维度均衡维护当事人各方的利益:首先,要确保被侵权人的损害获得公平的赔偿,以满足社会公众对安全的合理期待;其次,要贯彻最有利于被监护人保护的原则,不过分妨碍被监护人的生存利益,尤其是未成年人的人格成长;最后,要平衡

---

① 参见王胜明主编、全国人大常委会法制工作委员会编著:《中华人民共和国侵权责任法解读》,中国法制出版社 2010 年版,第 151-152 页。
② 参见邹海林、朱广新主编:《民法典评注·侵权责任编》,中国法制出版社 2020 年版,第 281 页。

监护人与被监护人之间的利益关系，以充分发挥和促进监护制度的效能。

质言之，交往安全与行为自由的合理平衡，是侵权责任法保护的核心价值，也是我国民法监护人责任制度立法保护的核心价值。被侵权人、监护人与被监护人三维主体及其利益平衡，是我国该项制度立法设计的三个维度。世界各国和地区立法亦无不着眼于这三个维度，以寻求利益平衡而又逻辑自洽的最佳制度。

二、比较法上监护人责任制度的三种模式

近代民法是以理性主义和个人本位为其思想坐标的民法，在侵权法上体现为，具有侵权责任能力的自然人民事主体，对因过错侵害他人民事权益的行为应当承担自己责任，亦即，自己责任是原则，替代责任是例外。

民法上所谓替代责任，① 是指责任主体基于与行为主体之间存在的监督、控制、照顾、保护等法律上的权利义务关系，对行为人实施的侵害他人人身、财产权益的行为依法承担的民事责任。简言之，替代责任就是行为主体所致损害的责任转由责任主体承担，故又称为转承责任。我国民法典第1188条第1款规定，无民事行为能力人、限制民事行为能力人致人损害的，由监护人承担侵权责任；监护人尽到监护职责的，可以减轻责任，但不能免责。依文义解释，即系由监护人承担无过错责任性质的替代责任。

根据立法机关的说明，被监护人侵权之所以采取由监护人承担替代责

---

① 替代责任（vicarious liability）是源自英美普通法系的侵权法概念，指基于当事人之间具有的某种关系，而由处于管理地位的一方当事人对处于从属地位的另一方当事人的可诉行为承担责任，是因他人行为而致的间接的法律责任。参见《元照英美法词典》，法律出版社2003年版，第1404页。在英美侵权法中，替代责任的代表类型为雇主责任，它是雇主负责（respondeat superior）、经由他人所为与本人亲自所为无异（que facit per alium facit per se）等法律格言的体现。

任的模式，是由监护人的职责所决定的①："由于大多数监护人与被监护人有着血缘等密切关系，监护人有责任通过教育、管理等方式来减少或者避免被监护人侵权行为的发生。"② 因此，无民事行为能力人或者限制民事行为能力人造成他人损害的，应当由监护人承担侵权责任。③

就此问题，我国立法与世界多数国家和地区的立法采取了不同的立场。普通法系国家通常采取过错责任原则规制被监护人侵权时的监护人责任。大陆法系国家和地区，尤其以德国法系为代表，监护人（监督义务人）责任一般采取过错推定责任。能证明监督无过失的，即无须承担责任。大陆法系的另一代表类型法国法系，则逐渐发展出亲权人承担无过错责任的特殊类型。

这种立场的不同，与监护人责任制度的立法意旨实现的路径有关。各国及地区民法监护人责任制度的设计都力图贯彻前述三个维度的利益平衡。但在实现路径上，各国及地区立法出现了分歧。从理论上分析，如何看待包括未成年人在内的被监护人的侵权责任能力，是采取何种监护人责任制度立法模式（实现路径）的重要分野。

（一）侵权责任能力的概念及其判断标准

大陆法系多数国家和地区，都以侵权责任能力（过错能力、识别能

---

① 此种理论被称为监护理论说。此外，还有控制理论说、危险理论说等，但该等理论阐释系针对雇主的替代责任等情形。参见最高人民法院民法典贯彻实施工作领导小组主编：《中华人民共和国民法典侵权责任编理解与适用》，人民法院出版社2020年版，第227页。
② 全国人大常委会法制工作委员会民法室编：《中华人民共和国侵权责任法条文说明、立法理由及相关规定》，北京大学出版社2010年版，第124页。此外，费孝通先生在《乡土中国 生育制度》中指出："在父权社会里，父亲对于孩子的行为通常要负担道德上和法律上连坐的责任。'子不教，父之过'，已成了我们家喻户晓的成语。"监护人替代责任被认为是这一传统在现代法律上的延伸与发展。转引自刘敏：《未成年人监护的责任减轻规则——以〈侵权责任法〉第32条第1款后段为中心的讨论》，载《财经法学》2016年第6期。
③ 参见黄薇主编：《中华人民共和国民法典侵权责任编释义》，法律出版社2020年版，第76页。

力）为依据，认可具有识别能力的未成年人就其侵权行为成立自己责任，而以法定代理人（监督义务人）的监督过失责任作为必要的补充。这与以理性主义原则为指导的个人本位的民法将理性（理智）作为行为自由与责任归属的依据有关。自由须以一定的理性或理智为前提。儿童（未成年人）属于具有渐进自治性的权利享有者；① 成年失能者则部分或者完全丧失自治能力。由此决定了他们在行为自由和责任归属方面在法律上受到限制和保护，而形成民法上的行为能力与责任能力制度，以符合理性决定自由、过错确定责任的法律伦理，保护和平衡相关当事人的利益。

传统的大陆法系民法理论区分民事行为能力和侵权责任能力，② 认为"行为能力者乃得以独立的意思，为法律行为（现实的取得权利或负担义务）之资格"③。也就是说，行为能力系针对民事主体以自己的独立的意思实施民事法律行为而言，不完全民事行为能力人实施民事法律行为，须由其监护人代理或者征得其监护人同意；行为能力的判断根据年龄和精神健康状况决定，年龄界限由法律明确规定。而侵权责任能力，是指行为人依法承担侵权民事责任应当具备的认知能力，通常以对于事物之是非利害有无认识辨别之能力即识别能力为判断标准。能认识其行为在法律上之利害关系者，为有识别能力，应就其侵权行为承担民事责任；至于损害之确切程度，则无认识之必要。④

传统民法概念上的侵权责任能力与民事行为能力既相联系又有区别。二者的联系在于均以自然人的理性能力（理智）为判断标准。二者的区别

---

① 参见联合国《儿童权利公约》第5条、第12条及第14条第2款。转引自朱广新：《未成年人保护的民法问题研究》，中国人民大学出版社2021年版，第11页。
② 从比较法上看，除法国民法典之外，鲜有国家或地区的民事立法或判例不对行为能力与侵权责任能力作出区分或不将侵权责任能力作为一个特别问题予以明确规定。参见朱广新：《未成年人保护的民法问题研究》，中国人民大学出版社2021年版，第249页。
③ 郑玉波：《民法总则》，中国政法大学出版社2003年版，第121页。
④ 参见王泽鉴：《民法学说与判例研究》，中国政法大学出版社1998年版，第328、329页。

在于前者属于一种"理智地形成意思的能力",① 是构成民事法律行为效力判断的重要依据;后者则是对自己行为可能造成他人损害的理性识别能力,是构成侵权行为主观过错要件的前提和责任归属的依据,故又称过错能力。立法上对民事行为能力通常根据年龄和精神健康状况,区分为无民事行为能力、限制民事行为能力和完全民事行为能力三级,理论上称为"三分法"。年龄界限由法律明确规定,符合未成年人意思能力渐进自治性的特征,但作统一和抽象的客观认定,② 而不就具体个案中主观意思能力之有无作特别认定(间歇性精神病等限制民事行为能力人则须考虑其行为时的主观状态,此为例外)。侵权责任能力特指对侵权行为的识别能力,即能认识或者识别自己行为的危害性。由于此种识别能力随年龄增长而不断提升,故各国和地区法律通常参照无民事行为能力和限制民事行为能力的规定,对侵权责任能力的认定也作出"三分法"(或者"二分法")的界分,同时赋权法官根据个案中行为的样态和不同年龄阶段的认知水平,对识别能力(责任能力)之有无作主观的、具体的个别认定的权力。因此,行为能力的年龄界分与对侵权责任能力的认定并不完全一致。③

---

① [德]迪特尔·梅迪库斯:《德国民法总论》,邵建东译,法律出版社2000年版,第409页。
② 民法典第17条规定"十八周岁以上的自然人为成年人",第18条规定"成年人为完全民事行为能力人",第19条规定"八周岁以上的未成年人为限制民事行为能力人",第20条规定"不满八周岁的未成年人为无民事行为能力人"。
③ 德国民法典第828条第2款规定:"已满七周岁但未满十八周岁的人,如果在采取加害行为时还不具有认识其责任所必要的理解力,对其施加于他人的损害,不负责任。"我国学者亦有认为,侵权责任是从刑事责任中分离出来的,其关于故意和过失的概念都几乎相同,故关于责任能力的年龄认定也应保持一致。参见李永军:《民法总则》,中国法制出版社2018年版,第182页。转引自朱广新:《未成年人保护的民法问题研究》,中国人民大学出版社2021年版,第236页。依照我国刑法第17条规定,已满16周岁的人犯罪,应当负刑事责任;已满14周岁未满16周岁的人,犯故意杀人、故意伤害致人重伤或者死亡等罪的,应当负刑事责任。即学者主张区分民事行为能力与侵权责任能力,侵权责任能力的年龄界分应与刑事责任能力的年龄界分保持一致。

按照识别能力标准，大陆法系国家和地区的民法对侵权责任能力之规定可以区别为以下三种类型。①

第一，以年龄界分结合具体识别能力认定侵权责任能力，即采取形式判断与实质判断相结合的标准。例如，德国民法典第 828 条规定，未满 7 周岁之人对其所加于他人的损害不负责任；已满 7 周岁未满 10 周岁之人，就其于动力车辆、轨道电车或空中缆车之事故所加于他人的损害，不负责任，但故意造成损害的除外；未满 18 周岁且其责任未依前上述规定排除之人，在为加害行为时未具识别其责任所必要之能力者，就其所加于他人的损害不负责任。

第二，纯粹以年龄界分作为判断标准，即采取纯粹的形式判断标准，类似于民事行为能力"三分法"（或"二分法"）的规定。1964 年的苏俄民法典和新荷兰民法典为典型。如后者规定，不满 14 周岁的未成年人的行为不能作为不法行为而承担责任；14 周岁或者 14 周岁以上的人的行为被认为是在智力障碍或者身体残疾影响下实施的，不妨碍作为侵权行为由其承担责任。

第三，以纯粹主观的辨识能力作为判断标准，不作具体的年龄界分，

---

① 参见朱广新：《未成年人保护的民法问题研究》，中国人民大学出版社 2021 年版，第 27 页。其实尚有第四种类型，即不承认侵权责任能力的制度，法国法采取该种制度。法国民法典于 1968 年增补第 489-2 条规定："处于精神紊乱状态之下的人给他人造成损失的，仍应负赔偿责任。"该规定确立了新的立法观念，即主观性缺陷不应成为构成责任的障碍。参见朱广新：《未成年人保护的民法问题研究》，中国人民大学出版社 2021 年版，第 239 页。

即采取纯粹的实质判断标准。① 例如,日本民法典第712条规定,未成年人对他人施加损害的情形,不具备足以辨识自己行为责任的智力时,对其行为不负赔偿责任。按此规定,未成年人是否承担侵权责任,须斟酌个案具体情形判断未成年人有无相应识别能力而决定。②

实际上,责任能力的年龄标准乃识别能力的抽象化、客观化,而纯粹的识别能力标准乃识别能力的具体化、主观化。我国民事立法向来不采识别能力标准,亦未引入侵权责任能力的概念,而是用民事行为能力的概念取代侵权责任能力的概念,亦可理解为采取了广义的民事行为能力的概念,即民事行为能力既包括从事民事法律行为的能力即狭义的行为能力,也包括对侵权行为的识别能力即侵权责任能力两个方面。③ 同时,将侵权责任能力的年龄界分与民事行为能力的年龄界分一体对待("三分法"),而不作个别认定。正是在此意义上,《最高人民法院关于贯彻执行〈中华人民共和国民法通则〉若干问题的意见(试行)》(以下简称《民通意见》)第148条第3款规定,限制民事行为能力人对教唆人、帮助人教唆、帮助其实施侵权行为有一定的认知能力,主观上有过错,因此,对其

---

① 我国台湾地区"民法"第187条规定:"无行为能力人或限制行为能力人,不法侵害他人之权利者,以行为时有识别能力为限,与其法定代理人连带负损害赔偿责任。行为时无识别能力者,由其法定代理人负损害赔偿责任。"学者认为,该规定的意旨,即责任能力的有无,概以行为时有无识别能力(意思能力)为断,"即须就其各个具体的行为,审查其有无识别能力,以决定其责任。法律上并未如行为能力制度,以年龄等设定其划一之标准,盖不法行为系应受制裁之问题,理宜就具体情形决定,不适于依抽象的标准判断之也。"参见郑玉波:《民法总则》,中国政法大学出版社2003年版,第122页。
② 但日本的判例、学说大致以12岁前后的能力为有责任辨识能力(虽然要作个别具体的判断)。参见于敏:《日本侵权行为法》,法律出版社2006年版,第90页。
③ 参见周大伟编:《佟柔中国民法讲稿》,北京大学出版社2008年版,第146页。梁慧星:《民法总论》,法律出版社2007年版,第68页。转引自朱广新:《未成年人保护的民法问题研究》,中国人民大学出版社2021年版,第226页。

侵权行为与教唆、帮助行为作为拟制的共同侵权处理，对外承担连带责任。①

《民通意见》的规定，其内在逻辑与我国民事立法采取广义的民事行为能力概念有关。但民法典第 1188 条（侵权责任法第 32 条）确立了我国不完全民事行为能力人侵权由监护人承担替代责任的制度，且不因侵权行为人是无民事行为能力人或者限制民事行为能力人而有所区别。解释上似宜认为，我国立法又重新回归了狭义民事行为能力的概念，不再将其作为确定侵权责任能力的依据，对不完全民事行为能力人原则上不认可其具有责任能力，其实施侵权行为的后果，由监护人承担。这在理念上与大陆法系民法对侵权责任能力的认定依据识别能力予以判断的传统，可说是大异其趣。大陆法系多数国家的民法，认为未成年人的识别能力符合渐进自治性的特征，应随年龄增长和认识能力的发展而有所区别；我国则在立法政策上对所有不完全民事行为能力人一体对待，均视为无侵权责任能力人，而纳入监护制度的保护范围，体现了我国立法对家庭伦理传统的倚重和对不完全民事行为能力人的倾斜保护。

（二）被监护人致人损害的归责原则与监护人责任的三种模式

与对侵权责任能力的认定相联系，依据归责原则，比较法上被监护人致人损害的责任承担存在以下三种立法模式。

1. 过错责任

英国、爱尔兰等普通法系国家采取这种模式。在英国，不满 18 周岁的未成年人造成他人损害的，不享有未成年人的抗辩，应当承担自己责任，仅其注意义务按照与其年龄相当的未成年人通常合理谨慎的注意义务标准

---

① 该款条文表述为："教唆、帮助限制民事行为能力人实施侵权行为的人，为共同侵权人，应当承担主要责任。"依文义，限制民事行为能力人应承担次要责任（由监护人承担）。该表述应为对内部责任承担份额的划分。作为共同侵权人，按照民法通则第 130 条规定，教唆人、帮助人与被教唆、帮助的限制民事行为能力人的监护人对外系承担连带责任。

予以衡量，而不要求达到成年人标准。在此前提下，父母无须为孩子的行为承担替代责任，仅在其没有以合理的注意来阻止孩子伤害他人时，才需要承担责任。①

2. 过错推定责任

德国、日本以及我国台湾地区等大陆法系国家和地区多数采取这种立法模式。例如，德国民法典第832条规定：依法对未成年人或者因精神或身体状态需要监督的人负有监督义务者，对受监督人非法施加于第三人的损害负有赔偿义务。监督人已尽监督义务，或者即使尽到必要注意义务仍难免发生损害的，不承担赔偿义务。根据合同实施监督的人，负有相同的责任。

过错推定责任，旨在贯彻过错责任原则，同时缓和受害人的举证责任。采取监督义务人过错推定责任的立法例，并不免除受监督人按照识别能力应当承担的自己责任。依德国法之规定，受监督人有识别能力的，得承担自己责任；受监督人无识别能力的，乃由监督义务人承担过错推定责任。我国台湾地区的"民法"则规定，受监督人有识别能力的，监督义务人按过错推定原则与其承担连带责任；受监督人无识别能力的，由监督义务人单独承担过错推定责任。监督义务人举证证明监督并无疏懈或者纵加以适当之监督，亦不能避免损害结果发生的，监督义务人不承担损害赔偿责任。在此情形，为避免受害人因此而不能获得救济，可斟酌受监督人和监督义务人的经济状况，给予受害人合理的赔偿，理论上称之为衡平责任。②

3. 无过错责任

法国法在1997年后采取这种模式。法国民法典第1242条第4款规定：

---

① 参见程啸：《侵权责任法》，法律出版社2021年版，第429页。
② 参见德国民法典第829条、我国台湾地区"民法"第187条第3项。两者亦存在区别：根据德国民法典第829条的规定，该项衡平责任系由行为人承担；根据我国台湾地区"民法"第187条第3项的规定，该项衡平责任可由行为人或其法定代理人承担。

"父与母，只要其行使对子女的照管权，即应对与其一起居住的未成年子女造成的损害，承担连带责任。"同条第7款规定："如父、母与手艺人能证明其不能阻止引起责任的行为，前述责任得免除之。"但法国最高法院在1997年一则判例中指出：只有不可抗力以及受害人本人的过错，才能免除父母对与其同居的未成年子女所实施的侵权行为应负的当然责任。① 此种当然责任，就是无过错责任，但法国此种立法模式的责任主体限于未成年人的父母即亲权人。

此外，尚有所谓混合责任模式。荷兰民法即采此模式。荷兰民法典第169条规定："不满十四周岁的儿童致第三人损害的，如果其行为在不考虑其年龄的情况下构成侵权，对该儿童行使亲权或者监护权的人应当就此损害向该他人承担责任。已满十四周岁但未满十六周岁的儿童因过错致他人受损害的，对该儿童行使亲权或者监护权的人应当就此损害向该他人承担责任，但是，其未制止该儿童行为的情形为不可指责的除外。"该规定对未成年人的侵权责任能力采取"二分法"，14周岁以下的未成年人为无侵权责任能力人，由亲权人或监护权人承担无过错责任；14周岁至16周岁的未成年人为有侵权责任能力人，亲权人或监护人仅在有过错时承担责任。因此，该模式遵循的逻辑仍然是以被监护人是否具有责任能力为基础，并在此基础上通过分配正义实现三维主体的利益平衡。

分析上述三种责任模式，普通法系各国及地区立足于个人本位的法律思想，对被监护人致人损害采取严格的自己责任原则，监护人有过错才承担责任，监护人无过错则不承担责任。这虽贯彻了理性主义法律思想，但客观上对于被侵权人的保护应非周全；尤其是对于具有渐进自治性特征的未成年人而言，虽然立法规定其不享有未成年人的抗辩，仅是对其识别能力标准不依成年人标准严格认定，但实践表明，未成年人的生理发展在青春期前后有一个相对超越其心理发展和识别能力成长的加速期，在此阶段其行为与活动的危险性加大，而依识别能力标准其往往无须对加害行为承

---

① 参见程啸：《侵权责任法》，法律出版社2021年版，第430页。

担责任，监护人如无过错亦无须承担责任，导致被侵权人蒙受无妄损害，不能完全满足社会公众对于安全的合理期待。德国法系的过错推定责任是针对监督义务人而言，该项法律推定仅仅是缓和了被侵权人的举证责任。由于过错推定本质上仍属过错归责，监督义务人举证证明其监督并无疏懈即可免责，故普通法系过错归责原则模式下被侵权人利益保护的法律真空在德国法中仍然存在，被侵权人仍有蒙受无妄损害之虞。德国法系的特异之处，在于在未成年人因无责任能力而不承担责任，监督义务人又因举证证明无过错而无须承担责任的情形中，通过在制度上设计衡平责任，以个案中的具体衡平以弥补过错责任不能周延保护被侵权人利益的缺点。衡平责任是在过错责任原则的前提下，在侵权人无过错不负赔偿责任，监督义务人亦因举证证明无过错而无须承担责任之际，斟酌行为人与受害人之资力，法院认为损害之填补符合公平正义之要求（符合具体衡平之要求），而判令行为人承担赔偿该损害之责任，但不得剥夺行为人为维持适当生计及履行法定扶养义务所需之财产。① 从效果上看，衡平责任无异于对过错责任原则的个别否定，或者说是在过错责任原则之制度裂隙上增加的法律补丁。但即使如此，由于未成年人拥有财产且具有承担赔偿责任之资力的情形并非常态，对被侵权人利益保护不周的制度真空仍然存在，因此，德国民法典的规定难免成为一纸具文，对被侵权人利益保护未免失衡。相较而言，我国台湾地区"民法"第187条第3项规定，该项"衡平责任"可由行为人或其法定代理人承担，则在坚持中国传统的家庭伦理的基础上，一定程度上补救了德国模式被侵权人难以获得公平赔偿的法律漏洞。法国模式规定由亲权人与未成年子女连带承担后者致人损害的赔偿责任，也在一定程度上消弭了德国民法对被侵权人利益保护不周的制度缺陷，但其责任主体范围限于亲权人，仍然不够周延。

  我国民法典规定的监护人责任，以当事人之间存在特定的法律关系即监护关系为前提；监护人并非对自身过错侵权行为承担责任，而是对被监

---

① 参见德国民法典第829条的规定。

护人的致人损害行为承担替代责任。因此，归责原则系属无过错责任，但属于无过错责任中的严格责任类型，而非结果责任类型。① 按照民法典第1188条第1款的规定，监护人即使尽到监护职责，也仅能减轻其责任承担，但不能免除责任，表明立法意旨是将监护人责任确定为无过错责任性质的严格责任。

尽管同属无过错责任，我国的监护人责任与法国模式仍然有别。我国的监护人责任采取替代责任模式，前提是不认可被监护人有侵权责任能力；法国法不承认侵权责任能力的概念，认为未成年人的主观性缺陷不妨碍其构成侵权责任，故亲权人与其未成年子女应承担连带责任。实质上，民法典第1188条的规定与荷兰民法典对14周岁以下未成年人的监护人承担无过错责任的规定比较一致，区别在于我国立法将替代责任的范围扩张到了全部被监护人，而无论其是属于无民事行为能力人或限制民事行为能力人。就对被侵权人利益的保护而言，我国法律上的制度设计是最为全面和充分的。

三、我国监护人责任的法律特征与制度特色

按照民法典第1188条的规定，我国监护人责任有如下法律特征。

（一）监护人责任是严格责任性质的替代责任

监护人责任是严格责任性质的替代责任，此点已见前述。理论上，亦有主张我国监护人责任应属过错推定责任的观点，但根据民法典第1188条的规定，该主张不成立。过错推定的基本含义是在法律上推定责任主体（监护人）有过错，其不能证明自己没有过错的，就应当承担责任；但能够证明自己没有过错，则不承担责任。民法典第1188条第1款后段规定，监护人尽到监护职责的，可以减轻其责任，但不能免除责任，故该规

---

① 替代责任的本质是"以关系为基础的严格责任"（relationship-based strict liability）。参见郑晓剑：《揭开雇主"替代责任"的面纱——兼论〈侵权责任法〉第34条之解释论基础》，载《比较法研究》2014年第2期。

定应属严格责任制度下的减责规定，而非过错推定。

(二) 监护人责任的行为主体与责任主体相分离

行为主体与责任主体相分离，实际上是替代责任的法律效果。

行为主体，即被监护人，包括未成年人，以及无民事行为能力和限制民事行为能力的成年人。由于我国立法并不区分无民事行为能力人、限制民事行为能力人在侵权法上的责任能力，所以，借用无民事行为能力人、限制民事行为能力人的概念，只是表明了被监护人的范围。对民法典第1188条规定作文义解释，对无民事行为能力人、限制民事行为能力人的侵权责任能力，可有如下评价结果：(1) 无民事行为能力人、限制民事行为能力人的行为能力有别，但侵权责任能力没有区别，应一体对待。(2) 无民事行为能力人、限制民事行为能力人均不具有侵权责任能力，在法律评价上就是不为自己实施的造成他人损害的行为承担民事责任。①

法国民法不承认侵权责任能力②，对无民事行为能力人和限制民事行为能力人一体对待，这一点与上述第一种评价结果一致；区别在于，法国

---

① 学者对此颇有批评，主要有三点原因。第一，与民事法律行为制度的价值判断不一致：如果在法律行为领域内严格区分无民事行为能力与限制民事行为能力，在侵权领域将两者完全等同对待则明显不合理。第二，与刑事责任能力制度的立法思想不一致：年满14周岁即应对故意杀人等严重刑事犯罪担责，但不承担侵害生命、身体、健康权的民事责任。对同一行为如果应承担刑事责任，则应认为行为人对民事损害后果应有辨识能力。第三，对接近成年（如16周岁以上）的未成年人按无侵权责任能力对待，不承担侵权责任，是对其行为自由的过分纵容，而对被侵权人的权益保护则相对失衡，不利于未成年人独立人格的健全发展。参见朱广新：《未成年人保护的民法问题研究》，中国人民大学出版社2021年版，第232-237页。应注意的是，此批评忽略了一个事实，即按照民法典第1188条第2款规定，被监护人无论有无识别能力，只要有独立的财产，即可优先从其财产中支付赔偿费用。即被监护人仅是不作为责任主体，实质上承担了财产责任。比起按识别能力决定是否承担责任的立法模式，更为严格，更少纵容。另外，如果被监护人没有独立财产，即使按照识别能力判决其承担责任，亦没有任何实际意义。同时，监护人承担替代责任对被侵权人利益的保护实际上更为全面和充分。

② 参见张新宝：《中华人民共和国民法典侵权责任编理解与适用》，中国法制出版社2020年版，第104页。

法认为主观性缺陷不应成为责任构成的障碍，与上述第二种评价结果形成反向规制，即无民事行为能力人、限制民事行为能力人均应为其致人损害的行为与亲权人承担连带责任。但从实际效果来看，由于民法典第 1188 条第 2 款的规定，我国法与法国法的规范效果实质并无不同。

责任主体，即监护人。监护，即监督和保护，是指为了维护无民事行为能力人、限制民事行为能力人的合法权益，由具有法定资格的人依法对其人身、财产给予必要的监督、管理、照顾和保护。民法典总则编分别对未成年人和成年人的监护人的范围和顺序作出规定。例如，第 27 条规定："父母是未成年子女的监护人。未成年人的父母已经死亡或者没有监护能力，由下列具有监护能力的人按顺序担任监护人：（一）祖父母、外祖父母；（二）兄、姐；（三）其他愿意担任监护人的个人或者组织，但是须经未成年人住所地的居民委员会、村民委员会或者民政部门同意。"① 第 28 条对欠缺民事行为能力的成年人的监护人亦作出了类似规定。第 32 条则对民政部门、居民委员会、村民委员会担任监护人作出规定，这是由国家或者社会承担监护职责的兜底规定。

此外，民法典第 29 条规定了遗嘱监护，第 33 条规定了意定监护，体现意思自治原则，对法定监护规则具有优先效力。② 当监护原因发生时，接受遗嘱指定或者依照合同约定的具有监护能力的监护人应当承担监护责任。

上述监护人中涉及组织（单位）担任监护人的情形。侵权责任法第 32 条和民法典第 1188 条改变了民法通则第 133 条第 2 款的规定，对组织与个

---

① 民法理论上认为，父母是未成年子女的亲权人，亲权人行使监护权是亲权的内容，即父母的监护权产生于亲权人的身份，亲权当然包含监护权。只有在亲权人无法行使亲权，或未成年子女的亲权人去世之后，才可以对未成年人设立监护人。应注意的是，我国民法未采纳亲权及亲权人概念，但民法典婚姻家庭编对父母子女的权利义务关系作出了规定，其内容即涵盖了民法理论上亲权的内容，如第 1068 条规定："父母有教育、保护未成年子女的权利和义务。未成年子女造成他人损害的，父母应当依法承担民事责任。"与本条规定的立法意旨一致。

② 参见陈甦主编：《民法总则评注》，法律出版社 2017 年版，第 236 页。

人的监护人责任一体对待，强化了监护人责任的统一性；而作为利益平衡，第1188条第2款规定赔偿费用从被监护人财产中优先支付，就具有合理性。

（三）监护人的替代责任与责任财产的法定扩张（以被监护人的财产优先支付赔偿费用）构成被侵权人、监护人与被监护人之间最具效率特色的利益平衡机制

民法典第1188条分为两款。第1款确定了监护人责任为严格责任性质的替代责任。第2款规定：有财产的被监护人造成他人损害的，从本人财产中支付赔偿费；不足部分，由监护人赔偿。

对上述第2款规定的性质及其与第1款规定的关系，理论上存在平行关系说、递进关系说和内外关系说三种解释。① 平行关系说以被监护人有无财产为前提，认为无财产适用第1款规定，有财产适用第2款规定，监护人责任性质为补充责任。② 递进关系说认为第1款规定确定监护人责任是原则，第2款规定突破监护人与被监护人责任财产的区分原则，授权法院可以判决从被监护人财产中支付赔偿费用。③ 内外关系说认为两款分别

---

① 参见邹海林、朱广新主编：《民法典评注·侵权责任编》，中国法制出版社2020年版，第282-284页。
② "我国法律这一规定在世界范围内独树一帜，确立了监护人的补充责任。这里的补充责任，是指先从造成他人损害的被监护人的财产中支付赔偿费用，其不足部分全部由监护人承担。如果被监护人的财产足以支付赔偿费用，那么监护人实际上不承担责任。这种补充责任是'缺多少补多少'的完全补充责任，不同于'相应的补充责任'。"参见张新宝：《中华人民共和国民法典侵权责任编理解与适用》，中国法制出版社2020年版，第105页。
③ 递进关系说的另一理解认为，民法典第1188条第1款规定了监护人尽到监护责任的可以减轻责任，而使被侵权人不能得到完全赔偿，形成救济漏洞。为济其穷，乃规定由有财产的被监护人承担独立的衡平责任，监护人承担无条件的二次衡平责任。参见邹海林、朱广新主编：《民法典评注·侵权责任编》，中国法制出版社2020年版，第283页。此说显受德国民法典第829条衡平责任观念和立法技术的影响，解释过于迂曲，与我国民法典理念、体系和立法技术不合。

调整对外关系和对内关系①。三种解释从逻辑自足上均具有一定的合理性。但从民法典第 1188 条第 1 款与第 2 款的文义解释和逻辑关系来看，第 1 款规定是原则，明确责任主体是监护人，平行关系说与此相矛盾；第 2 款规定是对第 1 款规定在适用中的法定扩张，即将被监护人的个人财产纳入监护人的责任财产，并可优先以之支付赔偿费用。据此，第 2 款规定非属监护人与被监护人内部关系的规范，故内外关系说亦不成立；递进关系说认为第 2 款规定"突破监护人与被监护人责任财产的区分原则"，似与条文旨义无忤，但认为该款系"授权法院可以从被监护人财产中支付赔偿费用"，则又略乖条文本旨。因第 2 款规定非属请求权基础规范，实质是授权监护人在本条规范情形可以依法处分被监护人的财产，以之优先支付赔偿费用。

立法机关对此的解释是："第 1 款主要规定责任能力和监护人承担监护责任的问题。……无民事行为能力和限制民事行为能力人造成他人损害的，应当由监护人承担侵权责任。"据此，立法意旨是认定被监护人为无责任能力人，② 其致人损害的责任由监护人承担，即由监护人承担替代责

---

① 王竹教授提出体系位移效应说，认为民法通则第 133 条的监护人责任位于第 132 条公平责任之后，属于特殊的公平责任，符合平行关系说的解释结论。而民法典第 1186 条的公平责任规定于侵权责任编第 2 章"损害赔偿"中，监护人责任（第 1188 条）则编入侵权责任编第 3 章"责任主体的特殊规定"中，体系位移的结果导致其不再属于"特殊的公平责任"，故不应采平行关系说而应采内外关系说。参见邹海林、朱广新主编：《民法典评注·侵权责任编》，中国法制出版社 2020 年版，第 284 页。

② 制定侵权责任法时，即有人建议根据行为人年龄增加行为人责任能力的规定，立法机关未予采纳。理由是"如果规定责任能力，就涉及没有责任能力的行为人造成他人损害的，监护人是否需要承担责任？如果监护人不承担责任，被侵权人的损失得不到弥补，会有悖于我国的国情和现实的做法。……司法实践也证明，虽然我国法律没有行为人责任能力的规定，但是能够妥善解决无民事行为能力人和限制行为能力人引发的侵权纠纷。"参见全国人大常委会法制工作委员会民法室编：《中华人民共和国侵权责任法条文说明、立法理由及相关规定》，北京大学出版社 2010 年版，第 125 页。应注意的是，民法典沿袭了侵权责任法的规定，没有规定责任能力制度，但在观念上，是将无民事行为能力人、限制民事行为能力人视为无责任能力的，监护人的替代责任即以此为前提。

任,被监护人非责任主体。"依照本条第 2 款的规定,在具体承担赔偿责任时,被监护人有财产的,……应当首先从被监护人的财产中支付赔偿费用,不足的部分再由监护人承担赔偿责任。……以自己的财产对自己造成他人的损害承担赔偿责任,也是公平的。……本款的一个重要意义,在于解决父母等亲属之外的人员或者单位担任监护人的情况下,被监护人造成他人损害的,如果要求监护人承担责任,那么实践中很多个人或者单位可能不愿意担任监护人,这对被监护人的成长、生活会造成负面影响。为了打消这种顾虑,考虑到父母等亲属之外的人员或者单位担任监护人的情况,可能会给被监护人留有独立财产。在这种情况下,先从被监护人的财产中支付赔偿费用更具有制度安排上的意义。"①

根据上述内容,对民法典第 1188 条应作如下理解。

第一,第 1 款规定是原则,是请求权基础规范。所谓请求权基础规范,是指供支持一方当事人得向他方当事人有所主张的法律规范,其基本构造为：谁得向谁,依据何种法律规范,主张何种权利。② 判断请求权基础规范的首要标准,是要检验该法条是否属于完全法条。第 1188 条第 1 款前段具备构成要件("无民事行为能力人、限制民事行为能力人造成他人损害的")与法律效果("由监护人承担侵权责任")两个要素,属于完全法条,满足作为请求权基础规范的要求。据此规定,监护人是责任主体,被侵权人应当以本条第 1 款规定作为请求权基础,向侵权行为人(被监护人)的监护人请求承担侵权责任,即监护人责任是替代责任、当然责任。不如此,不足以保障被侵权人获得公平的救济。毕竟,有独立财产的未成年人是少数；成年被监护人通常会有财产,但其侵权案件在被监护人侵权

---

① 黄薇主编：《中华人民共和国民法典侵权责任编释义》,法律出版社 2020 年版,第 76-77 页。
② 参见王泽鉴：《民法思维：请求权基础理论体系》,北京大学出版社 2009 年版,第 41 页。

案件中的占比亦是少数。① 故发生被监护人致人损害，多数情形下是由监护人承担实际的损害赔偿责任，这既保障了被侵权人公平获得损害赔偿救济，也满足了社会的安全期待。

第二，第2款规定是变通，是对监护人责任财产的法定扩张，旨在调节监护人与被监护人之间的利益失衡。按第2款规定，有财产的被监护人致人损害，"从本人财产中支付赔偿费用；不足部分，由监护人赔偿"，其文义仍是以监护人为责任主体，承担赔偿责任，而对被监护人则表述为从其财产中支付赔偿费用，只及于物而不及于人，实即排除其为责任主体，在逻辑上与第1款前段请求权基础规范的规定保持一致。在部分有独立财产的未成年人或者成年被监护人侵权情形，虽判决由监护人承担侵权责任，但法律规定可从被监护人财产中优先支付赔偿费用，意味着被监护人的独立财产被纳入了监护人的责任财产，并可被优先用于支付赔偿费用，学者称之为由被监护人"买单"，② 实即意味着被监护人虽并非法定的责任主体，但事实上以自己的财产承担了损害赔偿责任。这也可认为是在结果上体现为被监护人的或然责任。此时，监护人仍是法律上的责任主体，故其对被监护人赔偿不足部分须承担兜底的赔偿责任。③

从实际效果分析，民法典第1188条规定与法国法系的适用效果基本一致；与德国法系监护人的过错推定加衡平责任的规定比较，对被侵权人利

---

① 根据2021年第七次全国人口普查公布的数据，我国0-18周岁人口为55338万人，占我国总人口的40%。
② 被监护人"买单"，隐含监护人担责的判断，是符合立法意旨的。参见张新宝：《中华人民共和国民法典侵权责任编理解与适用》，中国法制出版社2020年版，第107页。
③ 学者称之为完全的补充责任，参见张新宝：《中华人民共和国民法典侵权责任编理解与适用》，中国法制出版社2020年版，第107页。应注意的是，完全的补充责任作为现象描述，能够说明民法典第1188条第2款法律适用的客观事实，但补充责任的概念，意味着被监护人是主要的责任承担主体，与本条的规范意旨不符，故本文不采用这一概念。《最高人民法院关于适用〈中华人民共和国民法典〉侵权责任编的解释（一）》第5条第2款规定："监护人抗辩主张承担补充责任……，人民法院不予支持。"

益的保护更为充分。① 从立法技术上分析，德国法系坚守理性主义侵权法过错归责的逻辑，对监护人责任实行过错推定，在监护人举证证明已尽到监护责任的情况下，为避免被侵权人不能获得赔偿的不公平后果，乃借助于经济负担能力的个案衡平来对侵权人和被侵权人的利益进行再平衡，此即衡平责任，实际就是通过"打补丁"的立法技术实现利益再平衡。法国法系认为主观性缺陷不妨碍侵权的要件构成，在自由与安全的价值衡量上，更倾向于社会公众对安全的期待，并以亲权人承担无过错连带责任的规定达成这一目的，实现了对有主观性缺陷的被监护人与被侵权人的利益平衡，一定程度上牺牲了理性主义侵权法以过错确定责任的逻辑。我国民法典第1188条规定则是通过对当事人各方的利益衡量，理念上否定被监护人的责任能力，实际上以令其在独立的财产范围内承担责任的方式，② 实现对监护人、被监护人与被侵权人三方的利益平衡。三种模式对于安全、自由与公平的价值追求，虽尽量兼顾，但各有偏重，似难分轩轾。德国法系的过错推定责任符合其理性主义的立法逻辑，但存在受害人难以获得公平赔偿、利益得不到充分保障的系统漏洞，不得不通过"打补丁"的立法技术来修补漏洞，但最终仍难免牺牲被侵权人的利益。法国法系基于社会

---

① 根据德国民法典第829条规定，行为人因不具备侵权责任能力而不承担责任，监督义务人举证证明其已尽必要监督义务而免责，此时即应斟酌双方情事由加害行为人给予受害人合理的赔偿。"但是，第829条的适用仍然要以一定的财产状况为前提条件，特别是未成年人的给付能力。"参见［德］马克西米利安·福克斯：《侵权行为法》，齐晓琨译，法律出版社2006年版，第195页。应注意的是，这意味着在（加害）行为人为未成年人的情形，如果其没有财产（多数未成年人没有独立财产），衡平责任的适用即不具备条件，被侵权人的损害实际上无法获得赔偿。而按照我国法律规定，因监护人承担替代责任，被侵权人能够获得公平赔偿，而不用担心蒙受不虞之损害，致社会生活失去合理的安全期待。
② 很多批评基于民法典第1188条第1款关于监护人承担替代责任的规定，认为由此"使民法对未成年人的保护表现为一种过度的溺爱"。参见朱广新：《未成年人保护的民法问题研究》，中国人民大学出版社2021年版，第28页。然而，结合第2款的规定可知，事实并非如此。实际上，我国法律的规定是可以被监护人的财产优先承担责任，而不论其是否有责任能力。故单纯从概念出发的批评确实未中肯綮。

的安全期待优先的价值判断否定责任能力制度，与我国法在理念上否定不完全民事行为能力人的侵权责任能力，而又让被监护人实际承担财产赔偿责任的立法模式，一定程度上牺牲了逻辑但实现了利益平衡，说明"法律的生命在于经验而非逻辑"的论断具有现实合理性。

我国民法典第 35 条规定，"监护人除为维护被监护人利益外，不得处分被监护人的财产"。在父母或者其他法定范围内的近亲属担任监护人的情形，监护人与被监护人之间的财产利益冲突并不明显。① 只有在近亲属以外的其他个人或者组织担任监护人的情形，监护人因为承担监护人责任与被监护人之间的财产利益冲突才凸显出来。民法典第 1188 条第 2 款规定有财产的被监护人造成他人损害的，从其本人财产中优先支付赔偿费用，为监护人依法处置其财产提供了法律依据，也有效地平衡了监护人与被监护人的财产利益冲突。

另外，在适用民法典第 1188 条第 2 款规定时，应当注意保留被监护人生活、学习、就医所必要的财产，防止过分沉重的财产责任负担侵害被监护人的生存和发展利益，尤其是影响未成年人的人格成长。② 在父母或者其他近亲属担任监护人的情形，由于存在抚养、赡养、扶养义务，财产责任负担对被监护人生存和发展利益的影响或许并不突出；但在近亲属以外的个人或者组织担任监护人的情形，由于存在一定的利益冲突，需要人民法院对此种影响予以特别关注和评估，在从被监护人的财产中支付赔偿费

---

① 民法典第 26 条规定："父母对未成年子女负有抚养、教育和保护的义务。成年子女对父母负有赡养、扶助和保护的义务。"第 1059 条第 1 款规定："夫妻有相互扶养的义务。"第 1074 条及第 1075 条对祖父母、外祖父母、兄、姐、弟、妹等近亲属间，规定了相互的扶养义务以及遗产继承权等，体现了法定监护范围内的近亲属间存在一定的财产上的权利义务关系，其财产利益的冲突通常并不明显。
② 参见德国民法典第 829 条，不完全民事行为能力人致人损害，如其不具有相应的识别能力，即不应承担损害赔偿责任；同时，监督义务人根据第 832 条规定已尽监督义务或纵尽监督义务仍然难以避免损害发生的，监督义务人亦不负赔偿责任。于此情形，不完全民事行为能力人仍应承担赔偿责任，即衡平责任，"但以根据情况，特别是根据当事人之间的法律关系，合理要求损害赔偿，而不剥夺其为维持适当生计或者履行其法定抚养义务所必需的资金为限。"

用时，应当保留被监护人所必需的生活、医疗费用以及未成年被监护人完成义务教育所必需的费用，以维持适当生计、保障未成年人人格成长或者成年被监护人履行法定义务。①

四、监护人责任的构成要件

监护人责任的构成要件包括两个方面。

（一）监护人与被监护人之间存在监护关系

存在监护关系，是监护人承担监护责任的前提和构成要件。实践中，监护人与被监护人之间存在监护关系的认定可能发生争议。

1. 监护关系"空窗期"

例如，按民法典第27条的规定，父母是未成年子女的监护人。父母因意外事故身亡，在监护"空窗期"内发生未成年人致人损害情形的，应如何认定监护关系？成年人突然出现精神健康问题造成他人损害，此时应如何确定存在监护关系？监护人之间就担任监护人发生争议，如祖父母、外祖父母之间发生监护权争议，未经有关组织或人民法院指定监护人时，被监护人致人损害的，如何确定存在监护关系？原则上，应当按照民法典第27条和第28条规定的法定监护顺序，确定由顺序在前的有监护能力的人为监护人，并由其承担监护责任。② 实践中的争议，主要是认为突发意外造成的监护"空窗期"，监护人实际并未承担监护责任，或者根本不知道监护事由的发生（如成年人突发精神疾病并致人损害），使得监护责任成为随时可能爆发的"不定时炸弹"，监护人无法通过提高注意而免除责

---

① 《最高人民法院关于适用〈中华人民共和国民法典〉侵权责任编的解释（一）》第5条第3款规定："从被监护人财产中支付赔偿费用的，应当保留被监护人所必需的生活费和完成义务教育所必需的费用。"
② 《民通意见》第159条规定："被监护人造成他人损害的，有明确的监护人时，由监护人承担民事责任；监护人不明确的，由顺序在前的有监护能力的人承担民事责任。"该规定可资借鉴。

任。① 对此，审判实务中的观点认为："成年人丧失行为能力时，监护人即应承担其监护责任。监护人对精神病人的监护责任是基于法律规定而设立的，当成年人因患精神病，丧失行为能力时，监护人应按照法律规定的监护顺序承担监护责任。监护人确实不知被监护人患有精神病的，可根据具体情况，参照民法通则第一百三十三条规定精神，适当减轻民事责任。"② 该原则可资赞同。因发生争议进入指定程序的，由依法指定的监护人承担监护责任。当然，属于民法典第31条第3款规定的相关组织担任临时监护人期间发生被监护人致人损害事件的，应当由临时监护人承担监护责任。

2. 夫妻离婚后的监护关系

父母子女关系不因夫妻离婚而改变，父母作为未成年子女法定监护人的地位也不因夫妻离婚而改变。但离婚后的子女会根据离婚协议或者法院判决随父或母一方共同生活。与未成年子女共同生活的一方，事实上全面履行教育、保护、照顾、监督未成年子女的义务，也应当承担相应的监护人责任。故当未成年子女致人损害时，与该子女共同生活的一方应当承担民事责任。但另一方并不因此被免除责任，尤其是与未成年子女共同生活的一方存在经济困难难以独立承担责任的情形，另一方应当共同承担监护人的责任。实践中，被侵权人以离婚后的夫妻作为共同被告起诉的，人民法院应予受理。但对离婚后的夫妻应当如何承担责任，法律没有明确规定。比较法上，一般认为父母作为未成年子女共同的监护人，其责任性质为连带责任。③ 但这一般限于父母与子女共同居住的情形。我国实务中的观点认为，离婚后未与子女共同生活的一方，客观上难以履行监护职责，

---

① 参见邹海林、朱广新主编：《民法典评注·侵权责任编》，中国法制出版社2020年版，第286页。
② 《最高人民法院民事审判庭关于监护责任两个问题的电话答复》（1990年5月4日）。
③ 例如，荷兰民法典第1：251条Ⅲ规定为连带责任，理由是父母双方都负有父母亲的监护职责，因而负担连带责任。参见 [德] 克雷斯蒂安·冯·巴尔：《欧洲比较侵权行为法》，焦美华译，张新宝审校，法律出版社2001年版，第183页。

等于把监护职责委托给直接抚养子女的一方行使，① 但其监护人地位不因夫妻离婚而改变，故不得以此对抗被侵权人请求其承担监护人责任的主张。在承担责任后，双方可以根据离婚协议等约定在内部分摊责任。②

（二）被监护人的致害行为形式上具备不法侵害行为的构成要件

监护人责任既然是一种替代责任，意味着监护人是对被监护人致人损害的行为负责。因此，被监护人致人损害的行为是否构成侵权行为，即是否符合侵权行为的构成要件，就是监护人承担替代责任的前提，也是其法理依据。

被监护人致人损害，通常应当具备加害行为、损害结果、因果关系三项客观要件；如系一般侵权行为，通常还应当具备主观要件，即加害人主观上对造成他人权益损害存在故意或者过失。但在本条规范情形，被监护人为无民事行为能力人或者限制民事行为能力人，属于所谓具有主观性缺陷的人，依据民法过错责任原则的一般观念，通常评价为行为人没有过错或过错程度较低。但为了实现本条的规范意旨，即对被侵权人的损害应当给予公平的救济，立法上实际对被监护人的行为按照完全民事行为能力人的注意义务标准予以评价，即将被监护人在观念上拟制为完全民事行为能

---

① 参见最高人民法院民法典贯彻实施工作领导小组主编：《中华人民共和国民法典侵权责任编理解与适用》，人民法院出版社2020年版，第223页。
② 《最高人民法院关于适用〈中华人民共和国民法典〉侵权责任编的解释（一）》第8条规定："夫妻离婚后，未成年子女造成他人损害，被侵权人请求离异夫妻共同承担侵权责任的，人民法院依照民法典第一千零六十八条、第一千零八十四条以及第一千一百八十八条的规定予以支持。一方以未与该子女共同生活为由主张不承担或者少承担责任的，人民法院不予支持。离异夫妻之间的责任份额，可以由双方协议确定；协议不成的，人民法院可以根据双方履行监护职责的约定和实际履行情况等确定。实际承担责任超过自己责任份额的一方向另一方追偿的，人民法院应予支持。"

力人，达到形式上具备侵权责任构成要件的法律效果，① 而使监护人承担替代责任具备了前提和依据。也就是说，只要被监护人的行为没有达到理性人的标准，监护人就要对被监护人的不法致害行为承担责任。"这里根本不考虑被监护人的特殊情况，如未成年人的行为虽然没有达到理性人的标准，但是达到了同龄人的注意义务标准，因为所涉及的是监护人的责任而不是被监护人自己的责任，监护人承担责任的原理就在于通过监护人弥补被监护人的不足来满足社会大众对于理性人标准的安全期待。"②

如果被监护人的行为按照一个理性人的注意义务标准评价不存在过失，则其在形式上就不具备一般侵权行为的构成要件，从而监护人亦无须为其造成的损害承担替代责任。③

---

① 此与法国民法典第 489-2 条确立的主观性缺陷不应成为构成责任的障碍的规定可谓异曲同工。法国由此确立被监护人的自己责任，我国民法典由此确立了监护人的替代责任。2011 年，作为法国债法现代化的努力的一项成果，法兰西政治与道德科学院的 Francois Terre 主持起草的侵权责任法草案第 6 条规定，"不法行为人在缺乏判断力的情况下致他人损害，仍应负赔偿之责"，沿袭法国民法典第 414-3 客观过错的做法，其文字表述则采取"缺乏判断力"的概念，明确将未成年人包括在内。参见石佳友：《〈法国民法典〉过错责任一般条款的历史演变》，载《比较法研究》2014 年第 6 期。

② 张新宝：《中华人民共和国民法典侵权责任编理解与适用》，中国法制出版社 2020 年版，第 106 页。

③ 在丁某某诉季某某等教育机构责任纠纷案中，年仅 5 周岁的丁某某、季某某在某舞蹈中心上舞蹈课。在老师指导下作下腰起身时，丁某某等多名学员未能及时起身。老师上前帮助第二排同学起身，站在第三排的季某某见旁边的丁某某无法起身，也上前帮助，将丁某某撑在地上的双臂拉起，致丁某某后背着地，表情痛苦。老师因背对丁某某、季某某，未能及时察觉异常情况。下课穿衣时，丁某某哭泣，当晚下肢疼痛，经入院确诊为胸腰部脊髓损伤。治疗结束后，经鉴定为外伤致胸腰部脊髓损伤导致截瘫，伴重度排便功能障碍与排尿功能障碍，构成一级伤残。终审判决认定，季某某作为丁某某舞蹈班的同学，在丁某某下腰起身困难时，出于帮助同学的善意，自发前去帮助丁某某，该行为不具有违法性，其主观上没有伤害丁某某的故意，客观上也不能预见损害结果的发生。故其行为不构成侵权，其监护人不应承担赔偿责任。某舞蹈中心对 19 名无民事行为能力的学员仅配备 1 名专业舞蹈老师，致在进行下腰训练这一危险舞蹈动作时，对丁某某未能提供腰部保护，也未能及时发现、制止季某某上前拉起丁某某双臂的行为，未能尽到教育机构应当承担的教育、保护和管理职责，依法应对丁某某的人身损害承担赔偿责任。参见《最高人民法院公报》2023 年第 12 期。

五、监护人责任的减责事由

监护人责任系严格责任,其减责事由包括特别减责事由和一般减责事由。特别减责事由是民法典第 1188 条第 1 款后段规定的减责事由:监护人尽到监护职责的,可以减轻其侵权责任。

(一) 监护人尽到监护职责的内容及其判断标准

监护人的监护职责,民法典第 34 条第 1 款作了概括规定:"监护人的监护职责是代理被监护人实施民事法律行为,保护被监护人的人身权利、财产权利以及其他合法权益等。"此系从保护被监护人利益角度作出的规定。《民通意见》第 10 条将"对被监护人进行管理和教育"确定为监护人的职责,兼顾了对第三人利益的保护,有利于被监护人(未成年人)的行为规范和道德品质的培养塑造,亦有利于被监护人(未成年人)的人格成长,与民法典第 1188 条规定的监护人职责相关联,可资参考。据此,在被监护人造成他人损害的情形,监护人是否对被监护人尽到监护职责,主要从两个方面予以判断。

1. 是否尽到教育职责[①]

教育职责包括行为规范和道德品质两个方面:前者可以从被监护人尤其是未成年人对行为规范的遵守是否达到同等年龄和智力发展水平的未成年人的注意义务标准予以判断;后者亦可以根据行为人与同等年龄和智力发展水平的青少年的基本道德素养是否存在明显差距予以判断,差距明显

[①] 有观点认为,侵权法上的监护职责,内容上不应包括教育义务。理由是,监护制度在家庭法与侵权责任法领域具有不同的作用与侧重点。在家庭法领域,监护制度的功能被定位为保障未成年人的健康成长,故监护人的职责体现为对未成年人的悉心照顾和教育,保护其免受第三人侵害;在侵权法领域,监护的功能在于督促监护人履行监督义务,避免被监护人致第三人损害。参见刘敏:《未成年人监护的责任减轻规则——以〈侵权责任法〉第 32 条第 1 款后段为中心的讨论》,载《财经法学》2016 年第 6 期。此说有其合理性,即侵权法领域的监护职责主要体现为监督管理义务。但就未成年人而言,教育职责的考量亦有合理性。例如,对于校园霸凌行为,若父母以无法监督约束为由可得减轻责任,对受害人不公平。

的，类似于产品责任制度中的"脱线产品"，可以判断监护人在对被监护人的教育方面未尽到监护职责。

2. 是否尽到管理职责

管理，即对被监护人行为的监督、控制、防范和约束。尤其是对无民事行为能力人，此种监督、控制、防范和约束既是管理，也是保护。当然，此种管理措施，以合理和必要为原则，不能因过度管理妨碍未成年人人格的自由成长。儿童不是"危险物品"，不能被放在高度安全的仓库里。① 对于成年被监护人，亦须斟酌其系无民事行为能力人或者限制民事行为能力人，相应采取合理和必要的管理措施。

实践中，有根据结果来推断监护人是否尽到监护职责的观点，即认为只要被监护人造成他人损害，原则上即应认定监护人未尽到监护职责。② 对此，应当注意两个方面：一是实体上，须把握监督管理的可能性与必要性（合比例性）。例如，未成年子女在学校就读期间发生的侵权行为，作为监护人的父母实际上难以适时监督、约束，此即不具备监督的可能性；为免发生伤害而限制未成年人与人交往，则属于不必要的监督措施。二是程序上，应从证明责任的角度予以把握。监护人责任是严格责任，不以监护人有无过错为要件。但监护人尽到监护职责的，可以减轻其责任。此即民法典第1188条监护人严格责任的特殊减责事由。减责事由按照法律要件分类说，属于权利（侵权赔偿请求权）妨碍规范的要件事实，应当由监护人承担举证责任。举证不能或者证据证明力不足以证明监护人所主张的事实的，人民法院不予认定。

（二）监护人尽到监护职责的法律效果

监护人举证证明其尽到监护职责，经人民法院审理确认的，依照民法典第1188条第1款规定，"可以减轻其侵权责任"。这一规定，一是为了

---

① 参见最高人民法院民法典贯彻实施工作领导小组主编：《中华人民共和国民法典侵权责任编理解与适用》，人民法院出版社2020年版，第221页。
② 参见程啸：《侵权责任法》，法律出版社2021年版，第441页。

鼓励监护人尽责履职，避免将监护人责任变成结果责任导致监护人躺平摆烂，从而尽可能防范侵权结果的发生；二是授权法院行使裁量权以实现个案中监护人与被侵权人之间适度的利益平衡。有观点认为，此系以公平原则对无过错责任归责原则的补充，① 但该观点应系体系误解。实际上，这里体现的是监护人责任系无过错责任中的严格责任而非结果责任，本款规定系严格责任的特殊减责事由。

须明确的是，民法典第 1188 条第 1 款 "监护人尽到监护职责的，可以减轻其侵权责任" 在委托监护的情形如何适用的问题。

委托监护意味着存在监护障碍，监护人不能实际履行监护职责；于此情形，监护人选任受托人代为履行监护职责，是否意味着监护人已经尽到监护职责，从而可以减轻其监护责任？比较法上的判例认为，一位母亲在去美国期间将其分别为 14 周岁和 15 周岁的两个儿子交给儿子的（外）祖母照管，（如果其儿子在这期间造成他人损害）其仍然被认为负有责任，因为其没有将孩子交给可靠的人看管。（外）祖母则被认为是不可靠的，因为她未能防止侵权行为的发生。② 这说明，委托监护并不足以构成 "尽到监护职责" 的抗辩；相反，受托人在代为履行监护职责时存在明显过错的，监护人对受托人选任不当的事实，足以证明监护人未尽到监护职责。因此，监护人的替代责任既不能因委托监护而减轻，亦不能因受托人的过错而减轻，即监护人应对外承担全部赔偿责任。③

除特殊减责事由外，监护人责任还具有一般减责、免责事由，如民法典侵权责任编第 1 章规定的过失相抵、受害人故意等。

---

① "监护人责任是无过错责任，但以公平原则为补充。" 参见最高人民法院民法典贯彻实施工作领导小组主编：《中华人民共和国民法典侵权责任编理解与适用》，人民法院出版社 2020 年版，第 221 页。

② 参见里斯本（Lisboa）上诉法院 1988 年 11 月 15 日的判决，载 CJ XIII（1988—5）第 112 页。转引自 [德] 克里斯蒂安·冯·巴尔：《欧洲比较侵权行为法》，焦美华译，张新宝审校，法律出版社 2001 年版，第 188 页。

③ 参见邹海林、朱广新主编：《民法典评注·侵权责任编》，中国法制出版社 2020 年版，第 290 页。

关于民法典第1173条规定的过失相抵（"被侵权人对同一损害的发生或者扩大有过错的，可以减轻侵权人的赔偿责任"），须注意的是，如果被侵权人是无民事行为能力人或者限制民事行为能力人，根据何种标准来认定其主观过错？鉴于对被监护人的主观过错按照拟制的完全民事行为能力人的注意义务标准予以衡量，在被侵权人对损害的发生起到共同作用的情形，即使其系未成年人等无民事行为能力人或者限制民事行为能力人，亦应按同一标准（拟制的完全民事行为能力人的注意义务标准），来衡量其是否构成过失相抵情形的"过失"。唯有如此，对侵权人和被侵权人双方方为公平。①

六、基于监护人责任立法意旨的实务展开

监护人责任系严格责任性质的替代责任，循此意旨，对实务中的如下问题可作解释论的展开。

（一）被监护人致人损害时未满18周岁，诉讼时已满18周岁的应当如何承担责任

侵权责任的承担与侵权责任的成立相一致。被监护人致人损害时未满18周岁，诉讼时已满18周岁的，仍应当由监护人承担侵权责任。被监护人有财产的，自应首先从被监护人财产中支付赔偿费用；不足部分，由监护人赔偿。

（二）视为完全民事行为能力人应当如何承担民事责任

民法典第18条第2款规定："十六周岁以上的未成年人，以自己的劳动收入为主要生活来源的，视为完全民事行为能力人。"视为属于法律拟

---

① 比较法上，德国判例亦采同样见解：年仅3周岁的原告在人行道上与同伴玩球时，为了捡球而跑到了车道上，正在骑自行车的被告因过失而撞伤了原告。被告是失去双亲的孤儿，自己没有财产，靠当售货员维持生计。德国联邦最高法院认为，在适用德国民法典第829条衡平责任的规则判决被告应承担责任时，对原告亦应适用德国民法典第254条规定的过失相抵规则。参见［德］马克西米利安·福克斯：《侵权行为法》，齐晓琨译，法律出版社2006年版，第195页。

制,将甲拟制为乙,产生乙之法律效果。因此,视为完全民事行为能力人致人损害的,应当由行为人承担侵权责任,即行为人承担自己责任。其财产尚不足以承担全部赔偿责任的,可以分期赔偿。

(三) 被监护人除依民法典第 1188 条规定例外承担结果意义的财产责任外,是否还应当承担其他的非财产责任

如前所述,民法典第 1188 条规定的监护人责任是替代责任,监护人是责任主体。因此,发生被监护人致人损害的情形,监护人承担责任是原则,有财产的被监护人承担结果上的财产责任是例外,是将被监护人财产纳入监护人责任财产的结果。按照这一原则规定,被监护人除有条件地承担结果意义上的财产责任外,原则上均应由监护人承担侵权责任,包括非财产责任。因此,被监护人依法不应再承担其他的非财产责任。

(四) 被监护人致人损害的应当如何列诉讼当事人

实践中,关于被监护人致人损害应当如何列诉讼当事人,因对监护人责任理解的分歧而有不同观点。有以监护人为被告或者以被监护人为被告、监护人为法定代理人的单独被告说;有认为系必要共同诉讼的共同被告说;有根据被监护人有无财产分别列监护人为被告(被监护人无财产)或列监护人、被监护人为共同被告(被监护人有财产)的财产区分说;以及列被监护人为被告、监护人为无独立请求权第三人的牵连关系说。①《最高人民法院关于适用〈中华人民共和国民事诉讼法〉的解释》第 67 条规定:"无民事行为能力人、限制民事行为能力人造成他人损害的,无民事行为能力人、限制民事行为能力人和其监护人为共同被告。"司法解释采取了将监护人、被监护人列为共同被告的立场,其理由有两点。

第一,基于实体法的规定。"当事人的适格应当以实体法上的请求权

---

① 最高人民法院修改后民事诉讼法贯彻实施工作领导小组编著:《最高人民法院民事诉讼法司法解释理解与适用》,人民法院出版社 2015 年版,第 252-253 页。

作为依据。"① 民法典第 1188 条第 1 款规定被监护人致人损害，监护人承担严格责任性质的替代责任，即监护人为责任主体，则其亦为当然的诉讼主体。民法典第 1188 条第 2 款规定被监护人有财产的，从本人财产中优先支付赔偿费用，实质上承担财产责任，亦是其作为诉讼主体的实体法依据。

第二，基于程序法的理由。首先，监护人责任的成立以存在监护关系为要件；监护人承担侵权责任，亦须以被监护人致人损害的行为形式上构成侵权为要件；监护人是否尽到教育、管理、监督职责，同样需要在庭审中双向查明。对上述要件事实的查明，以被监护人参加诉讼为宜，尤其是被监护人系限制民事行为能力人的情形；同时，由于监护人与被监护人在对外利益上的一致性，亦以享有同等诉讼地位为宜。其次，在执行程序中，如果被监护人非诉讼主体，对其个人财产的执行就没有执行依据，② 法院亦无法追加其为被执行人；当事人如果另行起诉，导致一个纠纷两次诉讼，既不利于对被侵权人利益的保护，也浪费司法资源。最后，当事人诉讼资格的确立以其是否与案件有法律上的利害关系为标准，有无责任财产、具体由谁最终承担责任均非决定当事人诉讼资格的因素。③

虽然上述理由并非没有检讨余地（例如，民法典第 1188 条第 2 款前段是否具有请求权基础规范的功能，是有疑问的。本文采监护人责任财产法定扩张说，并不认为民法典第 1188 条规定赋予了被侵权人对于被监护人的损害赔偿请求权，仅是被侵权人可依法主张从被监护人财产中优先支付赔偿费用而已），但司法解释作出了明确规定，且程序上具有合理性，自应

---

① 杜万华主编、《最高人民法院民事诉讼法司法解释实务指南》编写小组编著：《最高人民法院民事诉讼法司法解释实务指南》，中国法制出版社 2015 年版，第 105 页。
② 本文对民法典第 1188 条第 2 款前段的规定理解为监护人责任财产法定扩张说，故无论被监护人是否作为诉讼主体，并不影响判决监护人承担赔偿责任时，该判决同时作为对被监护人责任财产予以执行的执行依据效力。故此说尚不足为据。
③ 参见最高人民法院修改后民事诉讼法贯彻实施工作领导小组编著：《最高人民法院民事诉讼法司法解释理解与适用》，人民法院出版社 2015 年版，第 255 页。

遵照执行。①

（五）诉讼中是否应当查明被监护人有无独立财产

第一种观点认为，民法典第 1188 条第 2 款规定被监护人有财产的，从其本人财产中优先支付赔偿费用系监护人的抗辩权，因此，诉讼中须由监护人主张并举证，经庭审调查确认后写入判决主文。

第二种观点认为，民法典第 1188 条第 2 款规定赋予了被侵权人请求权，故被侵权人可在诉讼请求中主张以被监护人财产优先承担责任，人民法院可判决予以支持，但无须在诉讼阶段查明责任财产。仅在当事人未依判决自动履行进入执行程序时，可由执行法院责令被执行人提供财产状况，亦可由申请执行人提供财产线索。

第三种观点认为，民法典第 1188 条第 2 款前段依文义解释既非监护人的抗辩权，也非请求权基础，不能由原告在诉讼请求中主张，故亦无须在诉讼中查明被监护人的财产状况。该规定系对监护人责任财产的法定扩张，其意义仅在于被执行人（监护人）履行判决时，可以从被监护人的财产中优先支付赔偿费用。

鉴于当事人责任财产的有无不影响责任归属和裁判效力，故无须在诉讼中查明被监护人有无独立财产。民法典第 1188 条规定的请求权基础为第 1 款前段；第 2 款前段则系监护人责任财产的法律规定，通过对监护人的责任财产予以法定扩张，将被监护人财产纳入监护人承担监护责任的责任财产中，以平衡监护人与被监护人的利益，同时扩张对被侵权人损害赔偿请求权的财产担保。在诉讼阶段被侵权人请求与否均不影响执行阶段从被监护人的财产中优先支付赔偿费用，故抗辩之说不能成立。被监护人财产的有无，实际上是包含在监护人责任财产查明中的问题，监护人自动履行

---

① 《最高人民法院关于适用〈中华人民共和国民法典〉侵权责任编的解释（一）》第 4 条规定："无民事行为能力人、限制民事行为能力人造成他人损害，被侵权人请求监护人承担侵权责任，或者合并请求监护人和受托履行监护职责的人承担侵权责任的，人民法院应当将无民事行为能力人、限制民事行为能力人列为共同被告。"

的，亦无查明之必要；监护人怠于履行的，方通过执行程序予以查明。当然，被侵权人在诉讼阶段提交监护人和被监护人的财产线索申请财产保全的，乃是其合法的诉讼权利，自不待言。

《最高人民法院关于适用〈中华人民共和国民法典〉侵权责任编的解释（一）》第5条第1款规定："无民事行为能力人、限制民事行为能力人造成他人损害，被侵权人请求监护人承担侵权人应承担的全部责任的，人民法院应予支持，并在判决中明确，赔偿费用可以先从被监护人财产中支付，不足部分由监护人支付。"此项规定并非以民法典第1188条第2款为请求权基础，而应系基于明确执行依据的考虑，故有其合理性。

结　语

我国民法典第1188条规定的监护人责任制度，是制度设计上最具特色，同时也颇具争议的制度。该项制度的立法意旨，是在发生被监护人致人损害的情形，最大限度平衡被侵权人与监护人、被监护人的利益。以德国民法为代表的大陆法系多数国家和地区，将被监护人是否具有侵权责任能力作为其是否承担侵权责任的判断标准，并辅之以监护人的过错推定责任，意图在过错责任原则的基本制度框架下为被侵权人提供双重救济；但由于过错推定可以被反证推翻，被监护人亦有较大概率被认定为无侵权责任能力，从而导致许多情形中被侵权人难以获得救济。为填补此一立法上的系统漏洞，德国法系推出衡平责任以济其穷，在过错责任的制度框架下打下了并不能逻辑自洽的"补丁"，但由于未成年人通常没有或者很少有个人独立财产，衡平责任往往落空。我国台湾地区"民法"将衡平责任扩张到法定代理人，在一定程度上消弭了德国民法的系统性缺陷。法国法系不承认侵权责任能力的概念，认为未成年人的主观性缺陷不妨碍其构成侵权责任，并采取亲权人无过错归责原则，规定其与未成年子女承担连带责任，给予被侵权人较为充分的救济，但由于主体限于亲权人，其对被侵权人的公平救济仍存在范围狭窄的缺陷。我国民法典未采侵权责任能力的概念，但在立法理念上实际是将无民事行为能力人、限制民事行为能力人一体评价为不具有侵权责任能力，不作为责任主体承担侵权的民事责任；而采取以监护人为责任主体，对无民事行为能力人、限制民事行为能力人造成他人损害承担替代责任和严格责任的方式，对被侵权人的损害提供全面、充分和公平的救济，最大限度地满足了人民群众对于安全的合理期待。同时，通过监护人尽到监护职责的减责制度，以及对监护人责任财产的法定扩张制度（被监护人有财产的，优先从其财产中支付赔偿费用），形成责任和利益协调一致的机制，较好地平衡了监护人与被监护人的利益，有利于促使监护人善尽监护职责，减少侵权行为的发生。该项制度设计，契合中国的家庭伦理传统，又最大限度平衡了被侵权人、监护人和被监护人的利益，是符合中国国情、具有中国特色的效率性的制度设计。

（本文仅代表作者个人观点）

民法典时代：体系整合与实务分歧的多维审视

向昱洁* 郭 悦**

2024年11月9日，由中国人民大学民商事法律科学研究中心、中国人民大学法学院和《判解研究》编辑部联合主办，中南大学法学院承办，人民法院出版社协办的第十八届"法官与学者对话"论坛在湖南省长沙市落下帷幕，来自中国人民大学、清华大学、北京大学、中南大学等各大高校，以及最高人民法院、人民法院出版社、湖南省高级人民法院等单位的百余名专家学者齐聚岳麓山下，就民法典合同编、侵权责任编、婚姻家庭编司法解释的重点问题进行了探讨，现选取论坛核心观点摘录如下。

一、民法典时代的知识体系构建及重点问题

（一）中国自主民法知识体系建构

民法典既已颁布施行，民法的发展遂开启崭新纪

---

* 中南大学法学院博士研究生。
** 中南大学法学院博士研究生。

元，构建与之相契合的民法知识体系是当今学术界的紧迫使命。民法典的落地实施也为构筑中国民法学自主知识体系创设了绝佳契机，与会专家对此进行了探讨。

第一，构建中国民法的解释学。步入民法典时代，大规模创制民事立法规则的阶段已然告终。构建自主知识体系的核心在于对民法典予以精准阐释。正如德国法学家萨维尼所言："解释法律，系法律学之开端，并为其基础，系一项科学性之工作，但又为一种艺术。"此语表明了解释对于法律的重要性。抽象的法律条文若要在现实中发挥作用，必须通过解释才能与具体的案件相连。法律解释宛如连通立法者意旨与民众法律认知的通途，是法律条文落地生根于司法实践的关键。在突破法典固有局限方面，法律解释具备独特的及时性与有效性。民法典虽已构筑起相对周全的规则，可社会生活始终处于动态变化之中，新现象、新挑战纷至沓来。此时，借助解释可以充分激活民法典的规范储备功能，运用参照法律适用、类推等方法，弥补法律漏洞便显得尤为重要。毋庸置疑，法律解释活动越活跃、越具科学性，成文法就能在社会生活中展现出更强的规范效果，其生命力亦会越发持久。法律解释学无疑是推动民法典不断发展演进的重要途径，而准确运用法律解释方法则离不开法律解释学的深入研究及发展。作为一门聚焦法律应用的学问，法律解释学在解读与切实施行民法典的进程中肩负着关键使命。理应重视各类法律解释方法的灵活运用，并将其深度融入实践，化解实际难题。在推进构建中国民法的解释学进程中，搭建理论与实践的交流协作平台举足轻重。中国人民大学法学院高圣平教授认为，通过互动交流，能够搭建起法官与学者交流的桥梁，这不但有利于双方的深度互动，还可为立法与司法实践提供宝贵的经验借鉴与实证研究支撑。中南大学法学院许中缘教授提出，论坛能够促使法官与学者在平等、深入的交流探讨中增进彼此理解、凝聚共识，这对于法学理论与司法实践的深度交融意义非凡，也为法律职业共同体的培育筑牢了坚实根基，更为中国法治建设的稳步推进提供了强劲的人才与智力保障。中国人民大学法学院姚辉教授强调，此次论坛涉及2024年最新公布的侵权责任编的司法解释研究，有助于明确侵权责任的认定标准和赔偿范围，使民法知识体系在侵权领域更加细化和精确。因此，我国应重视法律解释的研究力度，凭借多元化交流机制的构建，可促进理论与实践的协同共进，持续推动民法体系的发展与完善，进而构建起具有中国特色的民法解释学，使我国民法知识体系的构建更为完备。

第二，注重民法的案例研究。中国民法学若要成为能切实经世济民、有效服务社会的实用之学，就务必扎根实践，再回归实践，着力解决现实问题。我国司法实践每年都会涌现出海量裁判案例，这些案例构成了民法学研究极为关键的资料。案例不仅为民法学研究供应了丰富的素材，也为其发展创造了优渥条件，唯有对司法案例予以密切关注，才能够及时察觉实践中的新问题并予以回应，汲取司法实践的成熟经验并从中提炼出可供普遍应用的规则。我国民事立法发展历程所积累的经验充分显示，因为司法实践本就是从社会生活的土壤中孕育而生的宝贵经验，所以从司法实践中归纳出的规则往往具备更为出色的适用性。中国民法学正是在持续总结司法实践经验的进程中，挖掘出新的规则，不断完善新的理论，进而推动自身的发展与繁荣。当前，中国民法学自主知识体系与民法理论、民事立法以及司法实践紧密相连，其研究范畴需契合社会主义市场经济的运行逻辑，并紧跟新一轮科技革命与产业变革的发展浪潮。在这一体系构建进程中，案例研究无疑是一个紧密贴合市场发展动态且极为关键的切入点。通过对丰富多样的实际案例进行深入剖析、系统研究，可以洞察市场经济活动中各类民事法律关系的具体呈现与复杂演变，从而为中国民法学自主知识体系提供实践依据与理论滋养。中国人民大学法学院朱虎教授认为，在实践中，法官与学者因角色定位差异而具有不同的思维方式。法官在处理案件时，需综合考量社会和法律等多方面因素，以实现案件处理效果的平衡；学者则侧重于从系统化的角度出发，强调规则和原则的统一性。这种思维方式的差异尽管可能导致不同的解题路径，但也是学术界和司法界通过对话取得相互理解与共识的重要基石。通过对案例的研究和交流，不仅能提升法官的实践水平，也能让法学研究更具现实针对性。我国应强化对案例的研究工作，从而推动立法不断完善，使中国民法学自主知识体系的构建进程向前迈进，实现民法学与司法实践的深度互动与协同发展。

第三，丰富建构民法学自主知识体系的载体。民法学自主知识体系构建需依托诸如论文、书籍、法典释义、司法解释等特定载体，这些载体为传播民法学术观点、推动知识体系构建发挥了重要的作用。在民法解释学的领域中，当下已存在以德国为典型的评注模式以及以日本为代表的争点模式这两种宝贵经验。此二者作为法律解释的载体，对于我国民法解释学的进一步丰富与发展有着极为关键的借鉴意义。法典评注（Kommentar）的优点在于注重与实践的结合、与时俱进以及对法律规则解释的精细化理解。迥异于评注，法律争点这一解释载体模式的显著特性在于，其既非单纯依循法条脉络展开，亦非全然以案例为导向，而是聚焦于某一特定制度或规则所衍生出的争议焦点，具体而言，即通过梳理核心争议要点，同时广泛吸纳相关案例、学说等多元观点进行深入研究。这本质上属于一种问题导向型的研究范式。某一特定问题或许会牵扯多种理论以及多个法律规则的解释与适用，而借助争点予以归纳整合，不失为推动民法发展的有效路径。争点的功能还可进一步概括为清晰界定特定时期的问题范畴，全面呈现围绕该问题的判例与学说处于何种状况，以及剖析产生见解分歧的根源等。并且，争点的内容并非一成不变，而是会随着时间的推移持续演变更新，妥善处理法典的稳定性与社会生活动态变化之间错综复杂的关系亦是其追求的目标之一。由此可见，争点模式专注于挖掘法律适用环节的问题，并且能够在理论与实践之间达成有效平衡。此外，鉴于争点具备篇幅精短、议题多元丰富的特质，其在法学教育领域亦能发挥独特且积极的作用。人民法院出版社袁登明副总编认为，坚持理论与实践相结合的导向是构建中国自主民商事法律体系的路径之一，学者们深入体系构建的思路与方法，可以推动民法知识体系朝着更加科学、合理、完善的方向发展。而在司法实践方面，湖南省高级人民法院副院长陈坚用司法大数据表明，虽然民法典的颁布实施对完善法律体系、推动法治社会建设起到关键作用，但自民法典实施以来，合同、婚姻家庭、侵权责任等纠纷案件在司法实践中占比较大，且法律适用问题纷繁复杂，深入研究理论与实践中的重点和难点问题对民法研究和民商事审判具有重要意义。这表明，无论是司法界还是学术界，都深刻认识到在民法典时代，理论与实践互动融合对于民法学发展的重要性，而以争点为代表的研究模式恰能在其中扮演重要角色，助力打通理论与实践之间的壁垒，促进民法学在解决实际问题中不断创新与进步。通过对这些争点进行系统的归纳梳理与总结提炼，能够更为直观地展现民法典规则于实践中的具体适用情形，从而为我国民法学的蓬勃发展注入强劲动力。

民法典所突显之鲜明实践属性，为中国民法学自主知识体系提供了极为关键之实践导向指引。学者及专家的研究成果为进一步深化民法典研究、促进法学理论与司法实践协同共进提供了系统的参考依据。

(二) 民法典时代的解释论发展

1. 民法典特殊责任形态的认定与划分

侵权责任法第 37 条第 2 款首以立法形式确立相应的补充责任，立法渊源可追溯至对社会公共安全保障需求以及侵权责任分担公平性的考量。相应的补充责任乃该法之亮点，备受学术界盛赞，且被视作我国侵权法于世界侵权理论之一大贡献。民法典延续了侵权责任法关于安全保障义务及相应的补充责任的规定，并在表述上进一步完善，使其更具逻辑性与严谨性。同时，民法典第 1201 条的规定是相应的补充责任在教育机构侵权场景中的体现，旨在督促教育机构积极履行管理职责，保障学生的安全。侵权补充责任顺应现代侵权法中作为义务扩张之趋势，用责任成立与分担的原理，解决了按份责任与连带责任难决之责任终局性难题，免陷二者之困，强化了救济受害人的立法精神。但侵权补充责任从学说被逐步吸纳入立法后，诸多解释论难题亦相继涌现，相应的补充责任的性质、构成要件如何认定，补充责任人有无追偿权、具体责任份额如何判断等，均困扰实践，有学者也提出废侵权补充责任之论。对此，杨立新教授从民法典中相应的补充责任与相应的责任的具体内容出发，探讨了最高人民法院在侵权责任编对这两种责任形态的解释，特别提到了教育机构的第三人侵权相应的补充责任的司法解释。并认为，民法典中补充责任与相应的责任在具体内容、责任形态上有所区别。教育机构的第三人责任可以被应用到其他补充责任的规定中，而对于相应的责任，只要满足一定条件，可参照相应的责任的司法解释进行处理，从而确保法律适用的灵活性和一致性。例如，物业服务企业等建筑物管理人与具体侵权人产生纠纷由具体侵权人承担侵权责任，物业服务企业等建筑物管理人承担相应的补充责任，承担责任的方法是未采取必要安全保障措施的物业服务企业等建筑物管理人对于人民法院对具体侵权人的财产依法强制执行后仍不能履行的部分，承担与其过错相应的补充责任，二者承担的责任存在顺位关系。而物业服务企业等建筑物管理人与可能加害的建筑物使用人的责任承担由物业服务企业等建筑物管理人承担补充责任，可能加害的建筑物使用人在剩余的赔偿数额内给予补偿，承担责任也存在顺位关系。

2. 监护人责任的解释论重构

民法典及司法解释对监护人责任制度进行了全面且系统的规定，与民法通则和侵权责任法相比存在显著变化。其中，民法典第1188条规定监护人需对被监护人致使第三人遭受的损害承担无条件的替代责任，此规定引发诸多争议。国内学者针对这一情况提出了并列关系说、主从关系说以及体系位移说等多种观点。然而，这些学说均存在一定的局限性，仅在民法典的侵权责任编内部体系框架里展开探讨，未能充分顾及监护制度对监护人责任所产生的广泛辐射效应。为规范对民法典第1188条的理解与适用，《最高人民法院关于适用〈中华人民共和国民法典〉侵权责任编的解释（一）》（以下简称《民法典侵权责任编解释》）第5条进一步明确被监护人侵权，监护人承担全部责任，监护人承担的是无过错的替代责任，并非补充责任。第6条规定以侵权行为发生时被监护人不满18周岁作为监护人承担全部责任的划分标准，明确民法典第18条第2款有关16周岁视为完全民事行为能力人的规定，仅适用于民事法律行为领域，不适用于侵权责任领域。因此，侵权行为发生时16周岁以上以自己的劳动收入为主要生活来源的未成年人造成他人损害的，仍由监护人承担全部侵权责任。

对此，在解析民法典第1188条两款规定和《民法典侵权责任编解释》时，最高人民法院原巡视员陈现杰从利益平衡视角提出监护人责任制度的三个维度。一是确保对侵权损害事实的考量和公平原则。《民法典侵权责任编解释》对监护人责任的界定注重损害事实的考量，要求依据被监护人造成的损害程度判定责任，这既遵循了侵权的损害填补原则，也体现了公平正义的法律精神。二是要贯彻最有利于保护被监护人权益原则。监护人在侵权情境下的履职行为受该原则约束，无论是管理被监护人财产还是应对侵权纠纷，都要以被监护人利益最大化为导向，尊重符合其年龄、智力、精神健康状况的意愿，不得擅自处分其财产，严格按照《民法典侵权责任编解释》中关于监护职责与行为限制的规定行事。三是平衡监护人与被监护人的利益。在《民法典侵权责任编解释》框架下，监护人责任制度一方面要求监护人积极履行监督、教育被监护人的义务和承担侵权赔偿责任，另一方面通过合理确定责任范围与减轻责任情形，如监护人尽到监护责任可适当减轻侵权责任等规定，避免监护人因责任过重而难以承受，从而达成两者间利益的适度平衡。

3. 民法典"知道或应当知道"条款的定义与适用

民法典中的"知道或应当知道"条款（以下简称"知道"条款）分布于总则编、物权编、合同编等多编内容之中。其中，总则编涉及意思表示生效、民事法律行为撤销、撤销权消灭、代理责任承担、诉讼时效起算以及特定权利存续期间计算等诸多情形，物权编涉及遗失物追回时效及相关权利行使的规定，合同编涉及关于法定代表人越权订立合同效力认定等方面。这些条款通过对主体"知道或应当知道"相关情形的界定，明确了不同法律关系中的权利义务、责任归属、时效起算等重要规则，对民事法律行为的规范、纠纷的解决以及法律秩序的维护起到了极为关键的作用，充分彰显了民法典在调整民事法律关系时对当事人主观认知状态考量的系统性与全面性，为司法实践提供了判断依据与行为规范。不过，这些条款也存在诸多模糊之处，因而在司法审判实践中引发了一系列争议与思考。福建省漳州市中级人民法院林忠明法官从法条及案例分析的角度提出，尽管"知道"条款缺乏具体的定义，但仍然存在一般性、共性的必备要素，比如认知主体的适格性、认知客体的实在性、主观认知的客观化证明等。他还认为，通过法律明文设立的风险分配方式与需要借助主观、客观判断方法的"知道或者应当知道"相比，更具有适用上的优先性和确定性。

二、民法典合同编通则司法解释中的主要问题

合同交易关乎经济社会运行的大量交易规则和公平正义的实现。《最高人民法院关于适用〈中华人民共和国民法典〉合同编通则若干问题的解释》（以下简称《民法典合同编通则解释》）坚守民事司法解释之定位，精准把握民法典立法本旨，缩限相关条文争议与歧义空间，以更为具体和明确的行为规则，在明晰合同行为判断标准、补全合同行为方面卓有成效，在厘定词句内涵与范畴、强化民法典有关条款的确定性方面也具有鲜明特性，但仍有可精进之处。

（一）《民法典合同编通则解释》中缔约过失赔偿责任的法律适用

缔约过失责任这一概念系由耶林率先提出，被赞誉为法学领域的重大发现。提出该概念的目的在于弥补介于合同责任与侵权责任之间的空白，从而使当事人在合同订立过程中因过失行为而遭受损害时能够获得相应救济。然而多年来，缔约过失责任在诸多方面，如责任的具体界定范围、构成要件的精准把握、赔偿范围的明确确定等，始终深陷争议旋涡。《民法典合同编通则解释》在缔约过失赔偿方面作出创新，尤其是在机会利益、交易成本、财产占用及利息损失等方面的规定上具有重大突破，但其具体的法律适用是实践中的难题。清华大学法学院崔建远教授对此指出，《民法典合同编通则解释》第24条第2款的规则条款扩展了损害赔偿范围，明确了机会利益的赔偿、财产增值收益、交易成本分担等，进一步平衡了违约方和守约方的利益。因此，赔偿应与违约方的过错程度成比例，并呼吁在赔偿中贯彻诚信原则与公平原则，确保守约方合法权益得到更全面的保障。此外，在缔约过失赔偿中应保护信赖利益和机会利益，引入英美法中的确定性原则和概率平衡原则，以提高法律适用的灵活性。

（二）《民法典合同编通则解释》中可得利益赔偿责任的发展

有学者提出，真正意义上的可得利益仅仅是指基于合同所产生的交换利益之外的增值利益。从民法典第584条的规范表述来分析，可得利益被定义为"合同履行后可以获得的利益"。所以在进行解释时，可得利益大致等同于理论上常常提及的期待利益或者履行利益，既涵盖了依据合同而产生的交换利益，也包含了由此衍生出的增值利益。就《民法典合同编通则解释》针对可得利益计算所作出的解释性规定而言，这些规定是注重实际且值得认可的，很好地回应了司法实践中迫切需要解决的关键问题。可得利益的计算，在确定违约赔偿范围时，乃是一大难点。《民法典合同编通则解释》弥补了民法典规定的不足之处，从而让违约赔偿规范体系得以完备。北京市第二中级人民法院邹治法官认为，可得利益赔偿的规则是交易法律规范的重要部分，关系合同主体的行为预期和法律救济措施的完善程度。在审判中，相关规则并非用于计算违约损害赔偿数额的独立且全面完整的规定，可得利益赔偿的标准还可进一步细化。以替代交易差额为基础的可得利益赔偿范围应包括寻找替代交易的成本和替代交易差额，以此更准确地确定违约赔偿范围，更好地保护守约方利益，增强合同交易的稳定性与可预期性，促进市场交易的公平与效率。

（三）合同订立中的第三人赔偿责任

虽然民法典对第三人欺诈、胁迫的行为有所规定，但并未界定第三人的概念与范围，《民法典合同编通则解释》也仅确认了第三人的赔偿责任，对承担责任的主体范围规定不够明确。对此，西北大学法学院王思锋教授认为，对合同订立中的第三人应作狭义解释，即第三人的赔偿范围应以对固有利益损失的赔偿为原则，以损失发生时的市场价格来确定损失赔偿责任。辽宁大学法学院李岩教授认可该观点，提出将合同订立中的第三人赔偿责任定性为侵权责任具有可能性，因为当事人是否进行交易取决于第三人的介入，当事人选择的自由因为第三人受到了侵害，但是缔约关系的本身并未受到侵害。在解释上，可借鉴美国等外国制度进行比较。

(四) 名实不符合同识别路径的规范构造

作为抽象规则与具体法律适用之间更具解释力的概念"媒介",名实不符合同近年来在裁判实践中屡被提及,《民法典合同编通则解释》第15条对此作了专门规定。对于裁判者而言,准确界定名实不符合同是正确适用规范进而妥当处理当事人诉讼请求的关键。清华大学法学院阙梓冰博士阐释了名实不符合同的裁判正当性与边界,提出名实不符合同是指裁判者认定的合同类型与当事人意图构建类型的不符,裁判正当性源于对通过通谋虚伪表示和脱法行为规避法律的规制,需在此基础上秉承先真意解释后规范评价的路径对名实不符合同进行识别。西南政法大学谭吉副教授认为,学者提出的路径选择在实务层面往往可能会出现难以操作的问题,导致法官辨别观点时极易产生争议。因此,在学者和法官对话环节可能需要更偏重于探讨实务中的合同类型区分问题。

三、民法典时代商事规范的发展

(一) 民法典时代的商事规范表达

1. 新视角下的债务人合法权益平等保护问题

在债的关系当中,尤其是以合同作为产生依据的债的关系里,对债权人和债务人的权利以及合法利益给予平等的保护,这是债制度的原有之意,是民法平等原则的基本要求,也是构建社会主义市场经济体制的内在需求。在过去的实践过程中,我国在立法、司法、执法等方面长期存在着重视保障债权人利益、轻视债务人合法权益保护的倾向,债务人合法权益被不当损害的情况常常出现。这些问题深受时代背景、立法观念、文化传统及理论支持等多重因素影响。这直接限制甚至损害了债务人的生存发展权,与作为基础性法律的民法典的精神不相符。对此,西南政法大学法学院谭启平教授结合民法典第157条等法律条文,对债务人返还利益中可能加重的负担进行了论述,并详细阐述了债务人合法权益平等保护的正当性及其意义。他提出要健全平等保护债务人合法权益的制度,就要全面清理不利于平等保护债务人合法权益的法律法规和司法解释，在立法的时候明确平等保护债务人合法权益的价值导向与规则体系；要强化平等保护债权人和债务人的司法理念与措施，进一步严格规范行政执法行为，坚持并发展新时代"枫桥经验"，把解决纠纷的资源往前移、往下沉，让债权人和债务人之间的矛盾纠纷在还未发生或者刚萌芽的时候就得以解决。

2. 类型化视角下商事规范与民事规范的差异研究

商事活动具创新性致商事法律关系较民事法律关系更繁杂。其一，商事法律关系所涉利益主体众多。民事法律关系多为民事主体间单纯的权利义务关联，涉及第三人利益情形少。商事法律关系则不然，其利益关系常涉及三方，且商事规范设计常以保护第三人利益为核心。同时，商事活动具有交易连续性，常引发跨法域法律关系，如可产生投资、债权债务、劳动等多种复杂关系，故分析商事案件时需注重不同主体的利益保护。其二，商事法律关系内容即权利义务复杂。商事主体为逐利常创造多样的新型交易模式，如连锁交易，其内部构造与交易环节复杂，涉及债权、物权、所有权、股权等，且商事主体常借中间环节构建法律关系，致使权利义务关系极为复杂。其三，部分商事法律关系性质难定。因利益主体多元、商事权利与有体物关系疏离致法律关系性质复杂，且部分商事主体为逐利故意隐匿真实法律关系，混淆合同性质。故分析商事案件时，运用法律关系思维不能局限于形式，而应探究本质，关注隐藏利益以作裁判。河南大学法学院樊涛副教授提出，在分析商事法律关系时，类型化思维模式非常重要。公司法需要进一步区分追求效率和交易安全的商行为与追求公平正义、等价有偿的民事行为以及追求伦理、呵护弱者的家事行为。同时，《民法典合同编通则解释》已经关注到商事交易的特殊性，提供了区别于普通民事规范的实质商事规范，应当在司法裁判中准确把握民法典合同编通则蕴含的商事思维，尊重商事交易安排。中南大学法学院丁亮华教授对此则认为，面对不同规范，法官应在裁判实践中进行识别和区分，要以类型化区分的形式来掌握规则，以此提高审判能力。

3. 民法代理制度中的特殊样态与争议审思

越权代表行为的效果归属与责任承担如何认定，是长期困扰学术界和实务界的一大难题。法定代表人越权代表行为的效力认定,在学术界长期存在规范性质识别说、内部关系说、代表权限制说等解释路径之争。《民法典合同编通则解释》第 20 条明显采纳了代表权限制说的解释路径。对此,中南大学法学院谢冰清副教授认为,该条以代表权限制说为解释依据,对越权代表行为的裁判准则予以分类规定。对于超越代表权法定限制的情形,设定了相对人合理审查义务。若相对人未履行合理审查义务,越权代表合同并非绝对无效,其效力归属处于不确定状态。民法典第 504 条规定的是越权代表人与相对人订立合同的法律效果是否应由越权代表人代表的法人承受的问题,而不是合同的效力判断问题。对于超越法定限制和约定限制的越权代表行为,在法律适用上应采取区分路径,并采取三步走的裁判规则。但是,有学者对此提出,关于意思表示与法律行为在效力方面是否能进行逻辑严密的区分,首先要尊重现有法条的选择。同时,在越权代表的场合严格区分效果归属和效力判断是否有价值还值得商榷。此外,学术界及实务界对表见代理的新类型适用机制研究颇多,北京交通大学法学院李亚超助理教授认为,对职务行为表见代理的判断,应主要以相对人在代理权外观、代理流程中能否发现、识别行为人有超越代理权的行为为具体的判断标准。

4. 股权代持协议的合法性与效力

股权代持这一复杂现象,体现了商事规则的组织性对民事规则效力产生的多维度影响。《最高人民法院关于适用〈中华人民共和国公司法〉若干问题的规定(三)》对股权代持协议效力争议有所回应,但在代持协议无效时争议股权及收益归属这一关键问题上未明确规定,司法实践中对此也无统一处理方案,导致在实践和学理中常引发争议。这反映出在公司这一典型的商事组织环境下,民事规则(如关于合同效力及后果的一般性规定)在适用过程中出现了模糊地带。从商事规则的组织性角度来看,公司作为一种特殊的组织形式,具有自身的组织性规则。在股权代持的场景中,这种组织性规则在很大程度上影响了民事规则的效力。对此,最高人民法院麻锦亮法官认为,股权代持协议在一般情况下可被视为有效,但在金融机构和上市公司中将受到严格限制。在股权代持协议被认定无效时，实际投资人和名义股东的利益分配问题十分关键。他强调，代持股权的善意取得问题在涉及第三方时需综合考虑股东名册与市场主体变更登记情况。同时，他探讨了隐名股东的排除执行权和瑕疵出资责任，建议将股权代持协议视为一种中性的私法安排，强调形式与实质平衡，以保障实际投资人的权益并规避可能的法律风险。

（二）民法规范的破产法运用

1. 抵销权的认定与适用

民法典第568条就法定抵销的效力未作出明确规定，《最高人民法院关于适用〈中华人民共和国企业破产法〉若干问题的规定（二）》第42条在破产法领域内认定抵销面向将来发生效力，《全国法院民商事审判工作会议纪要》第43条采纳了学术界的抵销溯及力通说。抵销溯及力继受自以德国法为代表的比较法，并可追溯至中世纪法学家对罗马法中依法当然发生抵销的解释。罗马法抵销适用范围有限，将有限适用范围内的抵销溯及力扩张到现代法中所有类型的法定抵销，欠缺历史基础。英美法坚持抵销不具有溯及力为原则、抵销具有溯及力为例外的模式。我国理论上大多认为抵销权行使具有溯及力。这源于我国学者对比较法的考察，认为大陆法系国家长期奉行抵销具有溯及力观点，多继受自罗马法。抵销溯及力与平等原则、权益受保护原则、信赖保护原则、公平原则、秩序、安全等私法的内在体系相矛盾，威胁程序法中生效裁判的既判力与执行力。在我国司法实践中，对于已过诉讼时效的债权能否抵销一直存在两种对立的观点。一种观点认为，已过诉讼时效的债权无法作为主动债权抵销，即便在过去的某个时间点该债权未过诉讼时效且符合抵销要件，也不能抵销。而另一种观点则认为，已过诉讼时效的债权如果在过去某个时间点符合抵销的条件，且当时该债权未过诉讼时效，则可以自该抵销适状时产生抵销的效力，这实际上是承认了抵销的溯及力。《民法典合同编通则解释》公布后，第58条并不承认抵销具有溯及力，而是维持了债权的确定性。江苏省南通市中级人民法院张晓光法官对此认为，对怠于行使债权的人不予以保护，符合群众的朴素价值观。而上海财经大学法学院朱晓喆教授认为，当主动债权时效届满后抵销，与抵销的溯及力没有必然关联。他提出，为使该条的负面效果最小化，应做好两个方面的工作：一方面，要廓清举证和程序；另一方面，我国可学习欧洲示范民法典草案第III-7：503条，限制债务人提出诉讼时效抗辩权的合理期间。

2. 以物抵债协议规则的适用与权益保障

在以物抵债相关法律问题的探讨中，核心争议聚焦于其性质究竟属于新债清偿、债的更改抑或债的更新。就当下最新司法解释所秉持的立场而言，实质上是认定以物抵债构成一种新债清偿的关系，这意味着在新债尚未履行完毕的阶段，旧债依然与之并存。值得注意的是，最高人民法院在这一问题上呈现出明显的裁判思路转变历程。早期的裁判倾向于将以物抵债界定为实践性合同，这种判定思路在一定程度上存在照搬德国法理论而导致的谬误。随着司法实践的深入与理论研究的发展，后期的司法裁判逐步进行了理念与方向上的调整和转向，更为契合我国的法律体系架构与实际交易情境，从而使以物抵债相关裁判规则不断趋于完善与合理，以更好地平衡各方当事人的权益，维护市场交易秩序的稳定与公平。此类协议在实践中日趋普遍，涉及债务人和债权人的权益保障，产生的纠纷颇多。北京大学法学院刘凯湘教授认为应将以物抵债协议视为合同，并明确协议的生效需以债务人或第三方实际履行作为前提。若债务人未履行协议，债权人可要求履行原债务或依协议要求以物抵债。刘教授强调，物权变动的公示是债权人主张权利的重要条件，并指出协议部分条款无效时，其他条款仍具有效力，为司法实践中处理该类协议提供了理论依据。最高人民法院陈龙业法官则聚焦合同违约责任，探讨了金钱债务僵局问题、合同解除与违约责任的关系及违约金的司法调整问题。陈法官指出，金钱债务僵局问题的解决应参照相关司法解释的规定，并强调金钱债务与非金钱债务应分别适用不同的法律规范。对于违约金的调整，他认为举证责任应综合考量实际损失因素，特别是在违约金数额过高的情况下，法院可依据具体情况予以合理调整。

四、《民法典侵权责任编解释》中的主要问题及未来探索

《民法典侵权责任编解释》明确了多种情形下的责任主体和范围，如监护关系、机动车交通事故、动物饲养人、高空抛物等方面的责任界定。围绕侵权产品责任、知识产权的惩罚性赔偿条款以及加害人追偿等案件频发的领域，与会法官与专家进行了深入的探讨与交流，主要观点总结如下。

（一）民法典侵权责任编中相应的责任表述及其解读

在我国民法学术界当下的研究范畴内，针对相应的责任的性质界定分化出了对内责任说与对外责任说两种截然不同的理论观点。秉持对内责任说的学者主张，在我国民法典侵权责任编所涉及的规定情境之中，相应的责任本质上属于一种内部性的责任承担形式，即承担相应的责任的民事主体无须径直面向被侵权人履行侵权责任的赔付义务。与之相对，支持对外责任说的学者则提出，民法典第1169条第2款、第1189条、第1191条第2款、第1193条以及第1256条中所阐述的相应的责任，指该责任主体需直接对被侵权人承担侵权责任，故而应归属于对外责任的范畴，而非局限于内部责任的界定框架之内。对此，甘肃省定西市中级人民法院杨磊法官进行了适用方法的规范分析，肯定了民法典侵权责任编中相应的责任如第1189条、第1191条的表述，认为其展现了侵权责任制度的多元化和灵活性，同时为法院审理案件提供了较大的裁量空间。他提出，为防止相应的责任适用范围的扩大，应当对其判定标准进行合理规定，尤其是司法实务工作者应准确把握相应的责任的内涵和实质，以更好地促进法律的正确实施。

（二）产品责任构成要件的责任平衡研究

《民法典侵权责任编解释》虽比《民法典合同编通则解释》条款少，但因第19条对产品缺陷问题的规定而出现了较大的探讨空间。在理论上，主流观点倾向于对合同责任和侵权责任在体系上作出分割，但在实际案例中可

能需要融合适用。暨南大学法学院汤文平教授认为，应当做好产品责任构成要件的责任衡平。当今买卖合同法，在法律与政策上应倾向于卖方利益保护；而在侵权法中，在产品责任法之下则应倾向于消费者利益保护。

（三）知识产权的惩罚性赔偿规则探析

法院对惩罚性赔偿存在无序适用的问题，多体现在适用范围主要局限于大标的额案件、适用地域不平衡、适用领域不平衡、适用条件存有争议、数额的倍数确定存有争议等。对此，浙江省绍兴市中级人民法院秦善奎法官围绕知识产权的惩罚性赔偿规则提出，知识产权侵权行为道德上的可谴责性并不强、知识产权损害赔偿不足并非惩罚性赔偿适用欠缺所致，并应对知识产权惩罚性赔偿适用的正当性依据、赔偿条件、倍数认定规则进行矫正。青岛大学法学院连佑敏助理教授则认为，道德可谴责性应作为一种惩罚性赔偿正当性的检视因素，并对"主观恶意"进行了举例讨论，认为目前法律适用有对"故意"进行"主观恶意"的扩张解释。

（四）用人者替代责任规则体系的完善

当前，关于"用人单位的工作人员"是否包括与单位存在劳务关系的人员、"个人"是否包含"个体工商户"、现有司法解释未能明确网络平台用工替代责任的法律适用规则等焦点问题争议较多。四川大学法学院王竹教授认为，应当从"用人单位"和"用工单位"相关概念厘清着手，只有先确定劳务关系的一般规定，才能以其为基础适用"二分法"抑或"三分法"。华东政法大学满洪杰教授则认为，在用人者责任问题上，目前网络平台对被雇用人的时间及行为的控制力较强，甚至要强于传统的雇佣关系，因而应当重视对网络平台用工法律问题的深入研究。中国海洋大学法学院高雅琦讲师表示认同王竹教授的观点，并强调在教学过程中也应重视突出雇佣关系（employment relationship）和独立合同（independent contraction）在美国法院体系中的比较研究。

（五）投保义务人的内部责任规则变化

《最高人民法院关于审理道路交通事故损害赔偿案件适用法律若干问

题的解释》规定投保义务人和侵权人在交强险限额内共同承担责任，但具体责任分担和追偿权未明确，如何进一步细化规则，确保司法适用的一致性和公正性是当前讨论的热点。针对投保义务人和侵权人不是同一人时的内部责任规则变化与理解适用问题，北京外国语大学法学院周玉华副教授认为，司法实践需进一步明确共同责任的性质和适用情形，以避免同案不同判的现象。西南政法大学民商法学院应建均讲师则认为，关于相应的责任的问题应结合复杂情形，对追偿权进行类型化研究，且应以内部实质关系区分，而不是以主体来界定。

五、民法典婚姻家庭编司法解释中的主要问题

为切实达成法律适用的统一化，全力维护婚姻家庭的和谐稳定状态，并有力保障未成年人的身心健康发展，最高人民法院相继出台一系列民法典婚姻家庭编的司法解释。其中，2025年1月15日公布的《最高人民法院关于适用〈中华人民共和国民法典〉婚姻家庭编的解释（二）》（以下简称《民法典婚姻家庭编解释二》）聚焦了一些社会关注的热点问题，如界定"假离婚"背后的法律关系、细化同居关系财产处理规则、完善离婚补偿制度与规范离婚帮助制度等。有法官认为，家庭关系的核心是身份关系，当前在家事法领域，财产关系的研究较为深入，而家庭关系的研究则稍显薄弱。鉴于身份关系是家庭关系的本质，财产关系应与身份关系相适配，提出应当回归家庭美满幸福的价值追求。为此，应以一种辩证性的思维方式，全面地审视民法典婚姻家庭编及其司法解释在调整对象以及调整方法上的特殊性。通过针对民法典婚姻家庭编及其司法解释与民法典其他各编乃至相关单行法律法规在具体适用衔接过程中所暴露出的各类问题展开深入研究和探讨，能够为婚姻家庭法在民法典的内部及外部中均达成双重体系化的目标提供助力。

（一）《民法典婚姻家庭编解释二》涉财产条款评析

在家事审判实践中，由《民法典婚姻家庭编解释二》涉财产相关条文施行期间所诱发的纷争，业已成为处理相关纠纷案件时颇为棘手的难点所

在。清华大学法学院汪洋教授认为,审判中必须适度区分夫妻共同财产与物权法中的共同共有概念,强调这是不可相互转换的。他提出,进行父母为子女婚后购房出资的认定时,需将出资与购房行为脱钩,以及物权与婚姻关系归属脱钩。在处理相关补偿问题时,他还建议区分价值补偿和适当补偿两种不同性质的补偿。关于夫妻一方债务责任财产与家庭财产边界的探讨,国家检察官学院赵玉教授以案例分析方式论述了我国目前法院判决适用民法典第 1064 条第 2 款中获益论的扩大解释。她认为实务中发生了共同债务认定向个人债务认定的转变。同时,依据合同风险分配正义理论,第一清偿顺序是执行责任人财产,在个人财产不足清偿时,才触及夫妻共同财产。

(二)夫妻生育权性质、冲突及争议解决

对于夫妻生育权的性质,学术界主要存在人权说、民事权利说和双重属性说等三种学说。西北大学法学院杨丽珍教授指出,应将夫妻生育权定性为一般人格权而非身份权,而生育权冲突的解决应采取分阶段优先原则,例如,在孕前优先保护不生育决定权,在孕后优先保护妻子的生育权。同时,民法典仅规定了父母的探望权,此种权利是否对应着探望义务,也是理论与实践需回应的问题。成都高新技术产业开发区人民法院肖宏法官认为,亟须解决未成年人是否享有起诉离异父母探望自己的诉讼权,即能否作为探望权案件的适格原告的问题,应当从确立未成年人探望权的角度确定诉讼程序与实体的双重保障,构建"释明引导、情感修复、多方参与"的审理模式。中国计量大学法学院金骑锋讲师认为,将夫妻生育权定义为一般人格权具有重要意义,有助于在妇女权益保障法的基础上,将男性的生育权纳入保护。针对离婚冷静期问题,他对司法机构介入婚姻的边界产生思考,认为应当追溯其法理依据与原理基础。

(三)婚姻家庭案件中家庭暴力认定之问题谱系及规则重塑

当前,受害方举证能力弱、因果关系证明难、施暴方证明责任等已成为家庭暴力认定难的主要问题。有法官指出,家事调查、家庭教育、家庭回访等多元方式需要多方主体辅助协调资源，因而家事纠纷属于社会治理问题，仅仅依靠法律和司法解释难以从根本上解决，还需要更多理论体系与操作体系的指引。湖南省长沙市岳麓区人民法院孙颖法官以表见证明的引入与修正为视角，认为应以穷尽证明为前提、以定型事项为基础，运用表见证明理论化解家庭暴力认定难的困境。而在离婚率居高不下的现在，离婚调解制度也已成为学术界和实务界探讨的重点。福建师范大学法学院李付雷副教授提出，应以建立婚姻登记机关、村（社区）党支部委员会和村民（社区居民）委员会（以下简称两委）、妇联等部门信息联动的方式，由两委主要承担诉外离婚调解职能，使调解周期由离婚冷静期向前后两端延伸，以增加离婚调解率。

六、结语

法官与学者对话论坛旨在促进学术界与实务界展开深入且富有建设性的对话，以促进法学理论与司法实践的有机融合，进一步完善民商法理论、规则在司法实践中的准确适用。会议的研讨成果能够对当前法学研究和司法实践问题进行有效回应，亦能为未来法学学术和司法实践发展提供新的思路。"立善法于天下，则天下治；立善法于一国，则一国治。"此古语深刻阐释了善法对于国家治理的关键意义。作为固根本、稳预期、利长远的民法典具有非凡意义，坚持理论与实践相结合，扎根本国国情做研究，是推进民法的本土化进程，乃中国民法典迈向中国民法学转型之津梁要路。

【法官论坛】

公司司法解散问题研究

江苏省高级人民法院民二庭课题组

一、问题的提出

司法解散公司即通过司法裁判强制解散公司,是指在公司僵局已经形成而股东之间没有其他替代性解决机制的情况下,法院根据一方股东的请求,依法判令解散公司的救济措施。2023年公司法第231条规定,公司经营管理发生严重困难,继续存续会使股东利益受到重大损失,通过其他途径不能解决的,持有公司10%以上表决权的股东,可以请求人民法院解散公司。该条规定与2018年公司法第182条规定相比仅在用语表述上略微调整,实质内容未发生变化。审判实践中,对于如何判断"经营管理发生严重困难""继续存续会使股东利益受到重大损失""通过其他途径不能解决",缺少明确可量化的标准。

案例一:L公司共有两名股东,A股东出资比例为51%,B股东出资比例为49%。公司章程约定,股东会会议由股东按出资比例行使表决权，股东会会议作出修改公司章程、增加或者减少注册资本的决议，以及公司合并、分立、解散或者变更公司形式的决议，必须经代表 2/3 以上表决权的股东通过；股东会对其他事项作出决定，必须经代表 1/2 以上表决权的股东通过。后 L 公司两名股东之间发生重大矛盾，但公司仍能正常运转。① 此种情形下，L 公司是否符合司法解散情形？

案例二：P 公司共有两名股东，分别持股 50%。公司章程约定，股东会会议作出修改公司章程、增加或者减少注册资本的决议，以及公司合并、分立、解散或者变更公司形式的决议，必须经代表 2/3 以上表决权的股东通过；股东会对其他事项作出决议，必须经代表半数以上表决权的股东通过。后 P 公司两名股东之间发生矛盾且不可调和，但公司仍处于正常经营状态。② 此种情形下，P 公司是否符合司法解散情形？

案例三：F 公司共有五名股东，G 股东持股 25%。公司章程约定，股东会会议作出修改公司章程、增加或者减少注册资本的决议，以及公司合并、分立、解散或者变更公司形式的决议，必须经代表 2/3 以上表决权的股东通过；股东会对其他事项作出决议，必须经代表半数以上表决权的股东通过。后 F 公司 G 股东与其他四名股东之间发生矛盾，以公司对外负巨额债务，自己投资没有得到任何回报，对公司的回购价格不满意为由提起公司解散诉讼。③ 此种情形下，F 公司是否符合司法解散情形？

（一）如何认定"经营管理发生严重困难"

"经营管理发生严重困难"系公司司法解散法定要件之一，但实践中对于该要件的理解存在争议，需要厘清两个问题：一是如何区分"困难"与"严重困难"。前述案例二无法作出有效的股东会决议，可以认定属于管理出现严重困难，但案例一中，根据公司章程，公司仍然能够召开股东

---

① 参见江苏省常州市中级人民法院（2020）苏04民终5197号民事判决书。
② 参见江苏省苏州市中级人民法院（2022）苏05民终3183号民事判决书。
③ 参见江苏省高级人民法院（2023）苏民终1066号民事判决书。

会,并作出有效决议,不存在《最高人民法院关于适用〈中华人民共和国公司法〉若干问题的规定(二)》[以下简称《公司法解释(二)》]第1条第1款前3项规定的情形,能否根据兜底条款认定出现严重困难,进而判决解散公司?二是"经营"与"管理"严重困难是择其一还是须兼具。通常而言,对于经营与管理均陷入严重困难的公司,往往更容易判决解散公司。但对于经营良好的企业,仅因股东关系破裂或者公司股权结构不合理出现管理僵局,是否应当强制解散,尺度不一。

(二)如何认定"继续存续会使股东利益受到重大损失"

股东利益是一种综合性权利,既包含具有债权属性的以财产给付为客体的权利,也包含具有身份权色彩的参与管理权。① 通常而言,公司发生经营严重困难会损害股东财产收益权益,发生管理严重困难则会损害股东的管理控制权益。问题在于,股东利益具有抽象性和综合性,对于经营良好的公司,股东如何证明"继续存续会使股东利益受到重大损失"?对于陷入经营困境的企业,如前述案例三中,在投资尚未得到任何回报情况下,如何判断当下解散公司更有利于维护全体股东利益?

(三)如何认定穷尽救济途径

对于"通过其他途径不能解决"即穷尽救济途径的要件,应当作为前置条件,还是实质要件,实践中观点不一。同时,如果要确定是否已经穷尽其他救济途径,就必须明确哪些途径可以解决公司僵局。例如,在前述案例三中,对公司回购价格不满意导致未能回购成功,是否能够认为已穷尽其他途径无法解决,目前法律规定相对原则,难以全面指导司法实践。

(四)如何认定原告主体资格

2023年公司法第231条对原告股东的持股比例作了限制,主要是为了防止公司司法解散制度被滥用,影响公司稳定性。但对股东的持股时间、出资情况等并未予以明确,也容易引发争议。

---

① 参见杨代雄:《民法总论》,北京大学出版社2022年版,第19页。

二、实证研究

为厘清前述问题，课题组搜集并整理各地法院近三年审结的 200 个公司解散案例，对公司司法解散制度在实践中的规律性特征予以呈现。

（一）被诉公司类型化研究

1. 样本统计分析

针对选取的 200 个样本案例，课题组从股东数量、原告股东持股情况、公司注册资本、公司经营四个维度进行统计。

（1）从被诉公司股东数量分析，股东仅 2 人的有 97 例，占样本总数的 48.5%；股东为 3 人至 5 人的有 73 例，占样本总数的 36.5%；股东为 6 人至 10 人的有 22 例，占样本总数的 11%；股东在 10 人以上的有 8 例，仅占样本总数的 4%。

（2）从原告股东持股情况分析，持股数量少于 1/2 的 141 例，占样本总数的 70.5%；持股数量为 1/2 的 47 例，占样本总数的 23.5%；持股数量高于 1/2 但低于或等于 2/3 的 10 例，占样本总数的 5%；持股数量高于 2/3 的仅 2 例，占样本总数的 1%。

（3）从公司注册资本情况分析，注册资本在 100 万元及以下的共 43 例，占样本总数的 21.5%；注册资本在 100 万元以上、500 万元及以下的 104 例，占样本总数的 52%；注册资本在 500 万元以上、1000 万元及以下的 40 例，占样本总数的 20%；注册资本在 1000 万元以上的 13 例，占样本总数的 6.5%。

（4）从公司经营情况分析，公司盈利的 73 例，占样本总数的 36.5%；公司亏损的 112 例，占样本总数的 56%；公司经营情况不明的 15 例，占样本总数的 7.5%。

2. 公司僵局的基本特征

从样本案例分析可知，涉诉公司存在如下特征。

（1）公司组织架构方面。从股东数量及公司注册资本情况看，易出现僵局的公司存在如下特点：一是多为中小微企业。中小微企业由于自身限制，其治理机制、生存意识、风险意识较大型企业明显不足，一旦出现公司僵局，更倾向于选择解散这一激进且彻底的解决方案。二是人合性较强。涉诉企业股东人数通常较少，意味着公司的管理和决策更依赖于股东间的信任。同时，股东人数越少，股东之间转让股权越困难，而有限责任公司对外转让股权也存在法定或者约定限制，此种情形下，股东退出公司的渠道受限，更倾向于诉诸司法解散公司。

（2）公司经营状况方面。公司经营状况系认定公司是否可以解散的重要因素，从样本案例看，92.5%的裁判理由都涉及公司经营状况的认定。涉诉公司中，出现经营异常甚至停产的占56%，而盈利的只占36.5%。初步分析可以看出，对于经营亏损的公司，更容易发生公司解散纠纷。这也不难理解，股东设立公司的初衷即为营利，对于经营良好的公司，股东设立公司的初衷能够实现，即使股东之间出现矛盾，也更愿意共同协商努力解决，而非直接诉诸司法解散公司。对于经营亏损的公司，尤其一些以投资为目的的股东，在营利目的无法实现时，为了及时止损，更倾向于解散公司。

（3）原告股东起诉情况。2023年公司法第231条规定，拥有公司10%以上股权的股东，可以提起公司解散诉讼。从样本统计可见，原告股东多为中小股东，大多占股50%及以下。这是因为，中小股东一般处于弱势地位，在公司实际运营中管理介入较少，可能会出现受控股股东压迫的情况。这一点从原告股东起诉理由中也能看出。原告股东起诉理由主要集中于以下几点：公司管理机构无法正常运行，包括连续两年未召开股东会会议或无法对公司事项作出决议等；股东权益如管理权、知情权、分红权等被侵害；控股股东擅行职权，侵占公司资产；股东间矛盾冲突激烈，无法调和；公司经营亏损，资不抵债；等等。

（二）法院裁判情况统计分析

1. 裁判结果分析

选取的200件案例样本中，以判决方式结案的有192件，占样本总数的96%，其中判决解散的案件占样本总数的64%，判决不解散的案件占样本总数的32%，也即当前实践中判决解散的相对更多。另外，以调解方式结案的只有8例，占样本总数的4%，尚无各方自行和解的案例。由此可以看出，在公司解散纠纷中，调解确实很难高效发挥作用，这也体现出公司解散纠纷中各方利益的复杂性和矛盾冲突的激烈性。

2. 裁判理由分析

公司解散纠纷中，裁判理由主要包括以下几方面。

（1）公司经营管理发生严重困难。法院主要采用《公司法解释（二）》第1条所规定的四类情形作为裁判理由。一是公司持续两年以上无法召开股东会。对于该种情形，多数法院持相同标准，认为此时应当解散公司。但也认为，应当准确区分无法召开股东会和未召开股东会的情形，如有的公司客观上能够召开股东会，仅系股东怠于召开，此时即不符合解散条件。例如，在苏州宝某洁公司、宝某公司与睿某公司公司解散纠纷案中，法院认为，宝某公司自成立后曾先后召开过两次股东会并形成有效决议，虽然自2018年2月7日后未再召开过股东会，但没有证据证明未召开股东会的原因系无法召开股东会，不能据此认定公司内部治理机制已实际失灵，股东僵局确已形成。① 二是无法作出有效的股东会决议。比如，股东所持表决权未达到法律或公司章程要求，通常发生在涉诉公司股东只有2人，且持股比例均为50%的情况之下。又如，虽然股东会能够召开，但是由于股东之间在一段时间内进行了多起诉讼，公司存续所依赖的人员相互信任、共同协作的基本条件不复存在，无法通过股东会决议的方式管理公司。三是公司董事之间长期冲突。该项下的核心判断标准为，公司董事之间长期冲突，导致公司经营管理出现严重困难。董事会是公司的重要管理机构，如果董事之间的矛盾冲突上升至公司决策层面，就会影响公司的发展前景和未来收益，在公司内部各方通过股东会进行协调依然无法解决的情形下，只能解散公司。例如，在长春东某亚物流公司与吉林荟某公司公司解散纠纷一案中，法院认为，董事是根据法律和章程规定由股东选

---

① 参见江苏省苏州市中级人民法院（2022）苏05民终1400号民事判决书。

举或任命产生的,当董事冲突时,一般可由股东会变更人选或以其他方式影响股东来达到化解冲突的目的。但是当董事冲突本质上是董事背后的股东冲突时,只能寻求司法救济。① 四是经营管理发生其他严重困难。例如,公司股东被采取强制措施、公司丧失具体经营资质、公司股东之间存在严重冲突且无法调和等。也有部分案件中,原告将股东之间的人合性基础坍塌、公司目的不达、发生股东压制等情形归入该项,以此为由提起司法解散之诉,法院一般认为,司法权应秉持歉抑理念,避免对法定要件作扩大或类推解释,上述情形不属于公司法定解散事由,或者可以通过其他方式单独解决。

(2) 继续存续将使相关股东利益受到重大损失。法院在采用该理由时,往往会考量以下几个方面:一是股东的期待利益落空。在公司成立或股东投资之初,股东会抱着一些美好的期望,比如资产增值、参与经营管理等,但当公司长期不具备生产经营条件,或者中小股东长期受大股东压迫无法参与经营管理的情形下,法院往往会认定公司继续存续会使股东利益受到重大损失,进而判决解散公司。二是公司资产持续减值。如果公司的资产由于各种原因处于持续减值状态,股东的相关利益将难以得到保障,继续让公司经营下去,只会带来更严重的后果。因此,对于资产持续减值的公司,法院往往倾向于判决其解散。

(3) 穷尽其他救济途径。从法律规定可以看出,司法权应当审慎介入公司事务,只要存在其他任何途径能够维持公司存续,法院就不应当轻易解散公司。② 因此,法院在审判过程中会尝试多种解决途径,如股权转让、股权收购、调解等,只有在穷尽其他救济途径且不能解决问题时,法院才会判决解散公司。

(4) 公司应当承担的社会责任。现代公司法日益重视公司社会责任,逐步使公司社会责任从一项宣示性制度演化为"带牙齿"的制度。赵万一

---

① 参见吉林省高级人民法院 (2016) 吉民终 569 号民事判决书。
② 参见最高人民法院 (2011) 民四终字第 29 号民事判决书。

教授曾提出，公司社会责任是指公司在从事营利性的经营活动中负有的维护社会利益的法律义务，以及侵害社会利益应承担的法律责任。① 2023年公司法第20条明确规定，公司从事经营活动，应当充分考虑公司职工、消费者等利益相关者的利益以及生态环境保护等社会公共利益，承担社会责任。国家鼓励公司参与社会公益活动，公布社会责任报告。公司自成立之日起就肩负着稳定就业、活跃经济、贡献税收、促进资源流通和技术进步等社会责任，轻易解散一个经营状况较好的公司，将会产生员工失业、税收减少等问题，甚至引发上下游企业破产等一系列社会问题，与公司社会责任制度相悖。同时，公司成立后已不单单只是股东的私有财产，而是一个利益综合体，与员工、高级管理人员、债权人利益紧密结合，因此，必须妥善平衡原告股东与被诉公司、其他股东、广大债权人等相关方的利益，仅当维护原告股东利益优于维系公司存续价值时，才可考虑解散经营状况较好的公司。

三、构成要件分析

（一）瑕疵出资股东主体资格

对于提起公司解散之诉的股东而言，必须满足持有10%以上表决权比例的条件，在瑕疵出资情况下，股东是否享有表决权实践中存在争议。有观点认为，具有最低表决权比例要求的解散诉权应属于比例股权，而比例股权的行使应按照其实缴的出资比例来行使。② 而实践中大多数法院认为，股东请求解散公司的诉权不受出资瑕疵的影响。

在西某公司、兰某公司等公司解散纠纷案中，最高人民法院认为，根据《最高人民法院关于适用〈中华人民共和国公司法〉若干问题的规定（三）》[以下简称《公司法解释（三）》]第16条关于"股东未履行或

---

① 参见赵万一：《公司、商人、经济人》，法律出版社2013年版，第399页。
② 参见李建伟：《瑕疵出资股东的股东权利及其限制的分类研究：规范、解释与实证》，载《求是学刊》2012年第1期。

者未全面履行出资义务或者抽逃出资，公司根据公司章程或者股东会决议对其利润分配请求权、新股优先认购权、剩余财产分配请求权等股东权利作出相应的合理限制，该股东请求认定该限制无效的，人民法院不予支持"的规定，在股东未履行或者未全面履行出资义务或者抽逃出资等瑕疵出资的情况下，对股东权利的限制并不及于请求公司解散的权利，故对西某公司关于兰某公司无权提起本案之诉的再审请求不予支持。①

在某公司、刘某辞与唐某连公司解散纠纷一案中，二审法院认为，表决权的实质是股东通过股东会参与公司经营管理的共益权，可以通过章程对瑕疵出资股东的表决权进行限制，但在全体股东都没有实际缴纳出资的情况下，股东就可按其认缴出资比例行使表决权。公司章程规定，股东会会议由股东按照实缴出资比例行使表决权。根据市场主体登记资料显示，某公司注册资本为1000万元，刘某辞、唐某连各自认缴出资500万元，其中刘某辞为货币出资，唐某连为非货币出资。现章程规定的出资时间早已经过，刘某辞并未实际缴纳出资，唐某连虽称其已就拟出资的非专利技术进行了资产评估，但至今未办理相关产权转移手续。鉴于某公司全体股东均未实际缴纳出资，股东表决权应以其认缴出资比例行使，现刘某辞认缴出资占某公司注册资本比例为50%，即其享有50%表决权，符合公司法规定的持股条件，故刘某辞有权提起本案之诉。②

分析实践案例可知，瑕疵出资的股东虽未完全履行出资义务，但只要瑕疵出资股东已经登记于公司章程和股东名册，即具有股东资格，就有权作为原告起诉。未足额缴纳的出资，完全可以通过履行出资义务并向其他股东承担违约责任来解决。依据《公司法解释（三）》第16条和第17条的规定，公司根据章程或者股东会决议可以对瑕疵股东的股东权利作出合理限制；在没有实际出资的股东彻底拒绝继续缴纳全部出资的情况下，公司也可通过决议来解除其股东资格。但是在限制和解除之前，瑕疵股东仍

---

① 参见最高人民法院（2021）最高法民申2928号民事裁定书。
② 参见江苏省南京市中级人民法院（2018）苏01民终84号民事裁定书。

具备股东资格,可以提起公司解散之诉。

(二)"经营管理发生严重困难"的理解

关于"经营管理发生严重困难"的含义,理论上存在两种观点。一种是并存说,认为经营困难和管理困难都应包含在内。法院作出司法判断时,不仅要考虑公司在管理上有没有问题,也要考虑公司的盈利和收入表现。持有该观点的学者认为,管理上出现了困难或者公司的盈利和收入方面出现了不可修复的问题都可以构成公司解散的原因。① 另一种是管理困难说,认为"经营管理发生严重困难"不能够按照字面意思解释为两个维度的困难,而要侧重于公司运行管理方面的困境,公司僵局的构成要件不包括前述单纯的经营困难,通常财务状况并不是导致公司僵局的原因。② 上述两种学说体现了司法解散制度不同的价值理念,学术界通常偏好股东权利,实务界更偏向维持企业运作。例如,蒋大兴教授认为,司法解散制度的目的不在于解散公司,而在为股东提供退出公司的手段,实质在于赋予股东谈判筹码,以维护"异见者"的商业尊严③;梁清华教授认为,司法解散制度的宗旨是保护封闭公司中小股东的正当权利④;耿利航教授认为,司法解散制度的核心功能在于给予少数股东真实的退出权利,以抑制多数股东的各种机会主义行为⑤。而实践中,最高人民法院发布的指导性案例林某清诉常熟市凯某实业有限公司、戴某明公司解散纠纷案⑥认为,"应当考察公司治理机制能否有效运营,而非公司经营是否处于盈利状态"。部分法院认为,判断公司经营管理是否存在严重困难,不应仅以股

---

① 参见唐明、赵静:《公司司法解散诉讼实证研究》,载《法治研究》2008 年第 4 期。
② 参见刘俊海:《现代公司法》,法律出版社 2015 年版,第 1137 页。
③ 参见蒋大兴:《"好公司"为什么要判决解散——最高人民法院指导案例 8 号评析》,载《北大法律评论》2014 年第 1 期。
④ 参见梁清华:《公司司法解散制度中"经营管理困难"认定标准的反思与重构——基于判例的实证研究》,载《社会科学家》2019 年第 12 期。
⑤ 参见耿利航:《公司解散纠纷的司法实践和裁判规则改进》,载《中国法学》2016 年第 6 期。
⑥ 参见江苏省高级人民法院(2010)苏商终字第 0043 号民事判决书。

东之间的人合性作为认定基础,还应当结合该公司股东持股比例、股东人合性与公司的持续盈利能力,从公司组织机构的运行状态进行综合判断。①

本文倾向于并存说。首先,从文义解释来看,2023年公司法第231条既涉及经营,也涉及管理,可见立法意旨兼顾经营和管理两种困难。其次,基于商人逐利的逻辑起点,如果仅发生管理困难,但公司经营情况较好,此时一方提起公司解散之诉,可能是出于争夺公司控制权等目的,而非实际解散公司。最后,公司承担着一定的社会责任,尤其是经营情况良好的公司,轻易判令解散并不符合现代公司法的理念,故针对经营状况较好的公司,一般不应轻易司法解散。

就管理严重困难而言,应当根据公司章程规定以及综合考虑股权分布、股东关系等因素作出综合判断。其原因有两点。一是单纯以股东人合性基础崩塌作为解散公司的事由,股东之间一旦关系破裂即可解散公司,将导致股东很容易将解散公司作为胁迫公司满足其主张的武器,对公司制度形成较大冲击。且通常情形下,股东关系破裂是较为主观的因素,股东提起公司解散之诉,往往已经能说明关系破裂,毕竟股东间关系良好且公司经营正常,股东往往不会选择解散公司。二是公司的组织形式决定了公司的决策并不会完全按照某一方股东的意志进行,甚至体现的是对立股东的意见,如果法院仅仅以人合性障碍为由判决解散公司,隐含意思为公司经营必须遵循原告股东意见,否则即可以关系破裂为由请求解散公司,这显然不当。

(三)"继续存续会使股东利益受到重大损失"的理解

虽然"继续存续会使股东利益遭受重大损失"是法律规定的公司解散要件之一,但司法实践中对此并无明确、客观的判断标准。关于"股东利益",根据公司法第4条规定,公司股东对公司依法享有资产收益、参与重大决策和选择管理者等权利。由此可见,公司股东的利益主要包含两个部分:一是财产性利益,如股权分红等;二是对于公司的管理控制利益,

---

① 参见陕西省高级人民法院(2015)陕民二终字第00046号民事判决书。

如股东的投票权等非财产性利益。当公司发生经营困难时,往往会损害股东的财产性利益;而当公司发生管理困难时,则往往会损害股东的非财产性利益。① 关于"重大损失",其既包括现实利益损失,也包括股东投资的期待利益落空。而"继续存续"和"会使"从文义上理解,涉及对公司未来经营情况的判断,因此,将"重大损失"解释为预期利益损失更为合适。若公司陷入管理僵局,但仍处于盈利状态,不足以造成股东的重大损失,或持续时间不长,而解散公司将给其他股东及其他利益相关者带来更大的损失时,则不构成解散公司之法律要件。这与前述"经营管理严重困难"不宜单纯认定为"管理严重困难"的观点是一致的,因公司解散所带来的成本代价过高,司法实践中应当审慎适用。

(四)"通过其他途径不能解决"的理解

司法解散公司是公司陷入僵局无法解决的无奈之举和最后选择,最终会导致公司法人主体资格的彻底消灭,处理不当甚至会加重股东之间的矛盾、造成社会资源的浪费等,因而并非最优选择。关于"通过其他途径不能解决"的认定,通过样本案例可以看出,通常包括股东协商、内部股权转让、外部股权转让、召开临时股东会、赔偿损失、行使股东权利、提起权利救济之诉等。可见,实践中并无统一裁判标准,甚至穷尽其他救济途径要件本身即可能成为阻碍公司解散的原因。

理论上存在两种观点:一种观点将"通过其他途径不能解决"认定为司法解散事由的构成部分,是法院是否作出解散判决的实体标准,而非股东提起诉讼的前置程序。② 另一种观点认为"通过其他途径不能解决"是启动公司司法解散的前提,只有用尽内部救济,通过其他途径无法解决时才可以启动公司司法解散程序。③ 本文倾向于第二种观点,认为在公司解

---

① 参见李建伟:《司法解散公司事由的实证研究》,载《法学研究》2017年第4期。
② 参见金海平:《公司司法解散制度研究》,博士学位论文,中国政法大学,2007,第64页。
③ 参见张勇健:《新〈公司法〉的先进理念与公司诉讼》,载《法律适用》2006年第1-2期。

散纠纷中,应当重点审查和判定股东是否穷尽了公司所有的内部救济途径,以及公司的困难是否确实无法通过其他途径予以解决。例,在陆甲、陆乙、常州祺某公司与陆丙公司解散纠纷案中,二审法院认为,法律规定解散公司的前提条件为"通过其他途径不能解决",该规定是基于对公司永久存续性特征的考虑,即使公司经营管理发生困难,继续存续会使各股东利益遭受重大损失,各股东也应当以公司整体利益为首要目标,积极寻求公司自治方式解决问题,尽可能维持公司的生命力;只有在穷尽一切可能的救济手段仍不能化解公司僵局时,才赋予股东通过司法程序强制解散公司的权利;陆甲、陆乙并未举证证明已通过股权转让、回购、公司侵权诉讼等方式穷尽司法解散之外的途径,陆甲、陆乙请求解散公司的前置条件未成就。①

四、公司解散纠纷治理路径

(一) 司法救济

1. 优化司法解散公司裁判路径

当前,通过司法强制解散公司,解决部分公司僵局问题是可行的。但是,"解散公司最终导致公司生命的终结,是使公司消灭的法律行为",②对公司、股东及相关方利益影响重大,并非解决公司僵局的最佳选择。一方面,对于大多数陷入僵局尤其是管理僵局的公司而言,公司可能仍处于正常经营状态,只是内部决策和管理机制的失灵,使得公司无法作出有效决议。此种情形下解散公司成本过高,对于曾经倾注大量心血的股东、董事而言,公司创立和发展过程中逐步积累起来的生产资本、营销渠道、产品信誉及人力资源,都随公司解散而付诸东流。③对公司的小股东而言,强制解散公司也未必对其有利,清算时的财产转让价格可能远低于其正常

---

① 参见江苏省常州市中级人民法院(2022)苏04民终3582号民事判决书。
② 毛亚敏:《公司法比较研究》,中国法制出版社2001年版,第29页。
③ 参见褚红军:《公司僵局的司法救济》,载《人民司法》2006年第10期。

经营时的价值,公司解散的请求权可能被某些别有用心的股东利用,成为其牟利的工具。① 解散公司对于市场和社会来说也是一种沉重的负担,不但强制公司解散本身就是一项耗费资源的司法程序,而且会造成国家税收减少、失业人员数量上升等一系列后果。因此,审理公司解散纠纷案件,关键要理顺司法裁判路径,以保持司法解散公司裁量的严谨性。

(1) 人合性原则与企业维持原则相结合。企业经营管理严重困难应当分类考虑。经营与管理同时陷入困难的企业当然属于陷入公司僵局,可以解散。需要重点分析的是经营困难而管理顺畅的企业以及经营良好而管理困难的企业。对此,应从以下方面着手:一是要识别是否真实存在管理困难。例如,《公司法解释(二)》中列举的公司持续两年以上无法召开股东会,并非未召开股东会即认定公司管理困难,而是应当召开而不能召开。司法实践中,大量中小企业、家族式企业内部管理并不规范,日常经营往往由大股东或其委派的人员负责,其他股东仅参与分红,股东数年间未提议召开股东会,公司仍正常经营,此种情形下,不能认定公司陷入经营困难。又如,不能作出有效的股东会决议中的股东会决议应指向经营管理层面。在某案件中,标的公司仅对是否解散公司及成立清算组未形成决议,未对其他经营管理事项进行表决,不能据此认定公司已无法管理,陷入困难。二是要区分临时性管理困难和长期性管理困难。公司仅是短时期内因股东、董事矛盾无法形成决议的,不应认定为管理困难,仅当公司陷入长期性管理困难时才可予以解散。三是要考虑股东、董事间矛盾是否已影响公司存续。例如,大某公司诉因某莱公司与第三人徐某、张甲、张乙、唐某、西安交某公司公司解散纠纷案中,公司虽未形成股东会决议,但股东发生矛盾期间,因某莱公司仍获得多项资质,签订并履行了多个项目协议,综合收益逐年提升,公司运行状况良好,足以说明公司股东间的矛盾并未影响公司的实际经营管理。② 四是要考虑股东的真实目的和意图。

---

① 参见兰艳:《公司僵局破解的路径选择》,载《学术论坛》2007年第12期。
② 参见江苏省高级人民法院(2022)苏民终660号民事判决书。

如前文所述，公司解散的伤害是不可逆的，应当作为处理股东、董事间矛盾的最后手段。处于盈利状态公司的股东提起诉讼的真实意图，往往并非解散公司，而是以提起公司解散诉讼获取其他利益、逼迫其他股东退出公司或以不合理高价收购其股份，在此情况下，法院不应轻易支持其诉请，而应尽可能通过其他途径予以解决。五是应当考虑相关方和社会利益，尤其对于经营良好的企业而言，判决其解散不但将使大量员工失业，也会对上下游企业、当地经济发展产生影响，因此要尽量做到"能不解散就不解散"。

（2）准确把握股东利益受到重大损失。股东利益受损应当是经营管理严重困难要件的延伸，在认定公司经营管理发生严重困难的基础上，可以认定股东利益受到损失，不宜使原告股东承担过多的举证责任。而在股东利益的含义上，法院作为裁判主体，在决定公司是否解散时，应是公司和全体股东的利益的综合衡量，而非只关注某一方股东的利益，单独的股东利益受到损害可以借助股东知情权之诉、强制盈余分配之诉等诉讼的具体规则予以救济，只有当股东整体利益需要保护时，才需要通过公司解散之诉来实现。① 同时，公司司法解散的程序虽由某一方股东（原告）启动，但其后果并不局限于原告股东，而是由公司和全体股东承受，如果过分保护一方股东的利益，特别是原告股东的利益，反而可能会对公司以及多数股东、其他股东造成另一种形式的"压迫"。② 对于该要件中重大损失的认定，应秉持审慎态度，将公司存续的后果与公司解散的后果作对比分析，而不是孤立地强调当前阶段已经遭受的损失，可以在区分公司当前经营状态和营利能力的基础上，结合股东权利的保障和行使、组织机制的运行条件、经营资质的使用等方面进行综合认定。

（3）合理认定穷尽救济途径。由于司法不得轻易介入公司内部事务，法律规定只有在穷尽其他救济途径仍不能破解公司僵局时，才能判决解散

---

① 参见刘兰芳主编：《新公司法疑难案例判解》，法律出版社2009年版，第485页。
② 参见蒋昇洋：《公司司法解散中股东利益受损的实质地位及其分流功能》，载《财经法学》2023年第2期。

公司，其目的在于防止司法解散制度被滥用，更多是一种维系公司价值的倡导和程序要求，现实中很难真正穷尽，法院应考察原告是否已经尽最大努力，并基于常识和调解情况判断公司是否还有挽救可能。

2. 强制收购股权

强制股权收购，是指在因公司僵局形成的公司解散之诉中，法院可以根据公司僵局的成因、特点以及股东的申请，判决强制由一方股东以合理的价格收买另一方股东股权或股份，从而让一方股东退出公司，以此达到破解僵局的目的。① 与强制解散公司相比较，强制股权收购同样是一种较为彻底的破解公司僵局的实体性方案，但能取得更好的社会效果。如前文所述，解散公司并非适用于所有类型的公司僵局纠纷，传统的股权转让方式同样存在障碍，内部转让可能无法达成令双方都满意的转让价格，而公司外部的投资者也会因公司僵局的存在不敢轻易受让股权。因此，股权退出机制失灵，将导致实践中很多陷入僵局的公司难以摆脱困境。在出现公司僵局情况下，股东为了保护自己的投资，往往只关心能否快速从公司中抽身，得到与自己股权形成对价的股金，相比之下，公司是否继续存续，对于这些股东而言并不重要，而股权强制收购这一制度则恰好能够满足股东的这一要求。从保护公司利益角度出发，这一制度以股权的强制转让避免了公司解散，使得公司的经营得以继续。关于股权的强制转让，美国标准公司法形成了较为完整的模式，规定由公司或者公司股东在一定期限内申请购买提起诉讼的股东的股权，双方就相应股权对价进行协商，如双方在特定期限内无法就股权转让款达成一致，则由法院根据公平标准确定合理的价格。这种强制股权转让模式为公司僵局提供了一种更为和缓的破解方式，既尊重了股东之间的意思自治，同时也赋予了法院在股东关于股价协商不成时的强制定价的权力。②

---

① 参见叶林、郭丹：《试论"打破公司僵局"》，载《广东社会科学》2008年第4期。
② 参见葛伟军：《英国公司法要义》，法律出版社2014年版，第326-332页。

2023年公司法第89条规定了强制收购股权制度，①但该条款对异议股权回购制度限于三种事由，并不适应公司实务需要，也不能全面保护小股东的权益。即使出现了符合该制度的事由，公司在回购异议股东股权时，关于股价的确定也需要除异议股东之外的股东达成合意。由于股权归属缺乏市场竞争，股权的价格往往很难达到异议股东的预期，最终会使得案件再次进入司法审判的程序，降低了纠纷处理效率，同时也增加了司法审判压力。对此，可以对2023年公司法第89条进行完善，扩大强制股权收购适用的范围：如果一方股东提起解散公司之诉，其他股东可以选择以公平价格购买起诉股东所持有的股权；法院在其他诉讼中遇到公司僵局时可以判决强制股权收购。此外，2023年公司法第89条对如何确定股权的收购价格也没有作出规定。在股权异议回购时，应该先由股东之间自行协商：如双方可以就转让价款达成协议，则按照协议进行股权回购。如股东之间就股权回购价格难以达成一致，为避免磋商成本过高，可以规定，如果在一定期限内无法达成合意，由法院居中认定回购价格；当然，法院很难判断股权价值，需要委托有资质的专业机构进行评估。

（二）股东自力救济

在公司僵局的法律破解措施中，司法救济措施作为保护股东权益的法律制度，在各国及地区公司法中都得到了确认，但此类措施可能损害公司正常的营运价值。从规范设计而言，造成公司僵局的条款只涉及股东和公司利益，属于调整公司内部关系的任意性规范，是股东在自由协商的基础

---

① 该条规定："有下列情形之一的，对股东会该项决议投反对票的股东可以请求公司按照合理的价格收购其股权：（一）公司连续五年不向股东分配利润，而公司该五年连续盈利，并且符合本法规定的分配利润条件；（二）公司合并、分立、转让主要财产；（三）公司章程规定的营业期限届满或者章程规定的其他解散事由出现，股东会通过决议修改章程使公司存续。自股东会决议作出之日起六十日内，股东与公司不能达成股权收购协议的，股东可以自股东会决议作出之日起九十日内向人民法院提起诉讼。公司的控股股东滥用股东权利，严重损害公司或者其他股东利益的，其他股东有权请求公司按照合理的价格收购其股权。公司因本条第一款、第三款规定的情形收购的本公司股权，应当在六个月内依法转让或者注销。"

上订立的，充分体现了股东意思自治。在公司章程中设定对公司僵局的破解方法，可以在一定程度上使股东预见到公司僵局的后果及不利影响，从而使股东有意识地做好预防。2023年公司法及其司法解释并不能够涵盖公司运行管理的方方面面，而公司章程可以规定几乎公司运行管理的所有事务，这无疑也是对于法律法规的一种补充，因此，公司章程预先规定破解公司僵局的办法对于破解公司僵局来说是一种最为理想的事前预防和事后处理的手段。①

然而，公司章程在破解公司僵局问题中面临着不可避免的现实问题。公司章程是公司股东协商一致达成的约定，在执行公司章程的磋商中，持股比例的不一致决定话语权的大小不同。持股比例高的大股东在章程制定过程中掌握着相对的主导权，可能会将自己的利益不断扩大，挤压中小股东的利益，使得中小股东在公司成立之初，便处于相对弱势的地位，不可能在公司章程中预先设立公司出现僵局时有利于自身利益的条款。中小股东想通过修改公司章程达到破解公司僵局维护自身利益的目的，也会面临同样的难题。因此，股东应当充分发挥公司章程作为"解决公司内部争端之宪法"的作用，通过公司章程预先设置对股东或董事表决权限制的措施，包括限制表决权行使制度、表决权回避制度等。限制表决权行使制度是指由公司章程规定，一个股东持有的股份达到一定比例时，对控股股东的表决权加以一定限制，防止其利用资本多数决制度，侵害少数股东的合法权益。表决权回避制度是指股东或董事在表决公司事项时，对与其存在利益关联的议案，回避不参与表决，以免损害公司和其他股东利益。表决权回避制度从表面上看剥夺了股东本应具有的平等的公司事务表决权，但是如果允许利益冲突的股东参与到表决中来，将使该股东可能利用其手中拥有的表决权，阻碍或者否决公司形成的对其不利的决议；同时，如果允许其参加表决，很可能使其他股东对该利益冲突股东表决时的出发点产生

---

① 参见李双、姜蔚：《浅谈公司章程对公司僵局的事前救济功能》，载《政法论丛》2007年第1期。

怀疑，影响股东间原本良好的合作关系。此外，股东也可以在公司设立之初在公司章程中详细列举打破僵局方式的选择、股权的估价方法、仲裁条款的订立、调解人的选定等，最大限度地避免僵局的发生，在僵局出现后有规可循。

（三）替代性救济措施

1. 仲裁

与诉讼程序相比，仲裁程序具有保密、便捷、灵活、低成本等特点，非常适合有限责任公司封闭性的特征。仲裁不会在公司内部安插外部第三人，也不涉及公司控制权的完全让渡，当事人在将其纠纷提交仲裁时仍然保留着控制权。① 但是，仲裁也存在一定缺点。首先，仲裁要求股东在公司出现僵局的情况下必须达成仲裁协议，或者股东之间先前就达成了仲裁协议。一般而言，有限责任公司事先订立仲裁协议的情况不多，在公司出现僵局之后，矛盾双方均持有较为强烈的抵触情绪，事后也很难达成仲裁协议。因此，申请仲裁的前提条件并不容易满足。其次，并非所有的公司僵局都可以通过申请仲裁来破解。仲裁的适用范围一般为合同纠纷及其他财产权益纠纷，基本不包括有人身关联的纠纷。而许多公司内部的纠纷都涉及人格冲突，这就对仲裁法的适用提出了挑战。再次，如果当事人之间的冲突很激烈并因此达到了"水火不容"的地步，这时即使仲裁解决了当前的纠纷，但公司两派股东的对立依然存在，裁决很难消除根本性分歧。最后，在董事会僵局的情况下，仲裁意味着把公司的经营管理权交给了外部仲裁员，因此，仲裁协议被认为干涉董事会的经营自主权。可见，单一的仲裁可能并非有效的公司僵局破解途径。但是，如果造成僵局的原因不涉及基本的个人冲突，仲裁仍不失为僵局出现后可予以考虑的一种救济措施。公司的发起人或股东应对公司章程的重要性给予足够的重视，在订立公司章程时就应对可仲裁事项有预见及规定，将可能出现的公司僵局问题作为可以仲裁的事项之一，以便在面临公司僵局时可以通过仲裁的方式

---

① 参见兰艳：《公司僵局破解的路径选择》，载《学术论坛》2007年第12期。

破解。

2. 调解

公司僵局的发生多是因为股东之间利益分歧和缺乏有效沟通造成的，司法强制介入虽然能解决问题，但同时也可能激化矛盾，进一步破坏股东之间的关系，引发更多纠纷。如前文所述，调解制度在解决公司解散纠纷方面发挥的作用虽然十分有限，但不可否认的是，调解无疑是公司解散纠纷的最佳解决路径，应当坚持以"离散股东为原则，解散公司为例外"，力争在冲突股东之间寻找谈判协商的基础，通过第三方的协调斡旋，促使纠纷双方达成一揽子调解方案，彻底解决双方之间的全部争议，使公司得以存续发展，实现法律效果、政治效果与社会效果的有机统一。

（本文仅代表作者个人观点）

非破产情形股东出资加速到期制度的审判实务研究

傅志君[*]

股东出资加速到期，核心是股东出资期限利益的保障与公司债权人利益的平衡处理。自 2013 年公司法明确实行资本认缴制后，股东出资加速到期作为平衡股东与债权人利益风险的重要制度，成为理论界和实务界关注的热点问题。此前，无论是公司法本身还是最高人民法院发布的《全国法院民商事审判工作会议纪要》（以下简称《九民会纪要》）等相关规定，均以"不得请求股东提前缴纳出资"为原则，以"特殊情形下可请求股东出资加速到期"为例外，股东出资加速到期的适用条件较为严苛；而在 2023 年公司法逐步收紧股东认缴出资的背景下，股东出资加速到期的适用门槛亦同步降低。本文结合《九民会纪要》等相关规定，探讨 2023 年公司法视角下非破产情形的股东出资加速到期规则，旨在通过制度研究更好地平衡司法实务中股东和各方主体利益。

---

[*] 浙江省杭州市余杭区人民法院审判委员会委员，三级高级法官。

一、股东认缴出资加速到期的历史沿革与司法实践

"加速到期"源于企业破产法第35条的规定,人民法院受理破产申请后,债务人的出资人尚未完全履行出资义务的,管理人应当要求该出资人缴纳所认缴的出资,而不受出资期限的限制。故在破产程序中,不论股东的出资期限是否届满,股东出资都将突破原有约定加速到期,未完全履行出资义务的股东需尽快实缴出资,完成履行出资义务,以此达到破产程序顺利进行、债权人的合法利益得以保护的目的。

(一)股东认缴出资加速到期的历史沿革

公司法2013年修正后,股东的出资期限纳入公司自治范围,资本认缴制虽暂缓了股东实缴出资的时间,但实缴义务并非随着时间的流逝归于消灭。为避免出资自由化的滥用导致股东与债权人之间的利益保护失衡,理论界逐渐出现关于非破产情形下股东出资加速到期的正当性讨论,即在公司存续期间,若不能清偿到期债务,是否可以请求股东提前履行出资义务,通过资本的注入让公司的经营"起死回生"。肯定说认为,尽管公司章程对股东出资期限作了特别规定,但公司一旦陷入不能对外清偿债务的境地,股东的期限利益应当随即丧失,债权人有权依据《最高人民法院关于适用〈中华人民共和国公司法〉若干问题的规定(三)》(以下简称《公司法解释三》)第13条的规定,请求相关股东承担补充赔偿责任。[①]否定说认为,期限利益是认缴制赋予股东的法定利益,不应当被架空,在此原则之下,只要出资期限未届满,股东未完成出资不会损害债权人的信赖利益,也不存在债权人代位权适用的空间。[②] 以上观点各有千秋,肯定说的优势在于其是实现债权人利益的最直接方式,能有效节约司法资源和经济成本;否定说的观点虽坚持了法理和改革的立法原意,但无法兼顾债

---

① 参见李建伟:《认缴制下股东出资责任加速到期研究》,载《人民司法(应用)》2015年第9期。
② 参见刘凯湘:《认缴制下股东出资义务加速到期之否定》,载《荆楚法学》2022年第2期。

权人的利益保护。

在较长的一段时期内，司法实务中，若公司已进入破产程序，可以直接引用企业破产法第35条以及《最高人民法院关于适用〈中华人民共和国公司法〉若干问题的规定（二）》（以下简称《公司法解释二》）第22条第1款，明确债权人有权主张股东出资加速到期，司法实践争议较小。但若公司处于非破产情形下，股东的出资义务该如何处置，因无明确的法律法规和司法解释予以规范确认，争议较大。法院相关案例多对《公司法解释三》第13条第2款作扩张解释，将出资期限未届期而未实缴全部认缴出资的股东囊括在内，以此作为非破产情形下出资期限加速到期的法律依据，避免债权人和股东利益保护失衡。2019年《九民会纪要》的发布，一定程度上缓解了非破产情形下规范缺失的实务困境。但不可忽略的是：第一，《九民会纪要》第6条规定的两种关于股东出资加速到期的情形实现路径较窄，特别是"公司作为被执行人的案件，人民法院穷尽执行措施无财产可供执行，已具备破产原因，但不申请破产的"这种情形，既然已具备破产原因，为何不直接适用破产规则，以及如何与破产程序有效衔接等问题一直存在较大争议；第二，《九民会纪要》仅为司法指导性文件，不能作为裁判依据直接援引。因此，实践中非破产情形下股东出资加速到期规则的建设仍处于探索阶段。

（二）司法实践中的不同裁判观点

在2023年公司法实施前，司法实践中对公司债权人要求股东认缴出资加速到期的诉请，裁判观点并不一致。

一种观点认为，股东设立公司认缴出资，在现行公司法体系下符合法律规定，认缴出资的股东对认缴出资享有期限利益。《公司法解释三》第13条第2款规定："公司债权人请求未履行或者未全面履行出资义务的股东在未出资本息范围内对公司债务不能清偿的部分承担补充赔偿责任的，人民法院应予支持……"在公司注册资本认缴制情况下，股东依法享有期限利益，因此，该条所规定的"在未出资本息范围内对公司债务不能清偿的部分承担补充赔偿责任"应理解为"在未按期出资本息范围内对公司债务不能清偿的部分承担补充赔偿责任"。换言之，在认缴出资情形下，不应当适用该规则要求公司股东在认缴出资范围内承担责任，主要理由是公司法赋予股东认缴出资的期限利益，在没有法律直接规定股东出资可以加速到期的情形下，法院出于快速并安全结案的现实需求，对股东出资加速到期不予支持是最为稳妥的裁判方式。①

但是另一种观点认为，应当支持特定情形下债权人要求股东认缴出资加速到期的诉请，即"注册资本认缴制下的股东的出资义务只是暂缓缴纳，而不是永久免除，公司股东在工商登记时的认缴注册资本是承诺在一定时间内认缴，是公司股东对社会公众包括债权人的一种承诺，这种承诺对公司股东是具有约束力的……由股东承担补充赔偿责任符合认缴制下的立法本意"②。这类判例试图对认缴出资规则作法理上的扩张解释，主要裁判理由包括诚信原则、权责一致、加速到期并未实质增加股东出资义务等。

不可否认，在个案的裁判过程中，当法院发现根据现有法律规范进行裁判，似乎会导致法律保护出现明显失衡时，会自发地基于公平正义的理念，通过扩张法律解释、探究立法精神等方式来弥补个案中的法律适用失衡问题。在 2023 年公司法出台前，这些案例多少显得难能可贵。对此，最高人民法院民事审判第二庭的法官会议纪要中形成的法官会议意见，对不支持股东出资加速到期的观点进行了有限的调整：公司不能清偿到期债务时，单个或者部分债权人诉请股东以其认缴但未届出资期限的出资承担清偿责任的，人民法院一般不应支持。某项债权发生时，股东的相关行为已经使得该债权人对股东未届出资期限的出资额产生高度确信和依赖，在公司不能清偿该债权时，法院可以判令特定的股东以其尚未届出资期限的出资额向该债权人承清偿责任。尽管如此，以上意见仍然因适用条件较为严苛，难以在司法实践中得到普遍适用。

---

① 例如，最高人民法院（2020）最高法民申 4293 号中的裁判观点。
② 例如，河北省石家庄市中级人民法院（2018）冀 01 民终 13415 号中的裁判观点。

除了个案裁判外,《九民会纪要》的出台真正改变了对股东认缴出资能否加速到期的立场,为重大裁判规则变化提供了制度铺垫,最终2023年公司法对这一问题的裁判规则作出了根本性的调整。

二、2023年公司法第54条的立法变化

几经修改,2023年公司法自2024年7月1日起正式施行,其第54条首次规定了我国非破产、解散情形下股东出资加速到期的制度。该条文明确:"公司不能清偿到期债务的,公司或者已到期债权的债权人有权要求已认缴出资但未届出资期限的股东提前缴纳出资。"与《九民会纪要》相比,2023年公司法第54条无疑实现了立法意义上的巨大进步。

(一)2023年公司法第54条删除了公司"被执行"的限定

一方面,《九民会纪要》中"被执行"的限定致使债权人权利行使混乱,即债权人无法确认是在执行过程中追加出资期限尚未届满的股东为执行人,还是要另行起诉。另一方面,公司"被执行"的限定增加了债权人要求股东加速出资的难度:若未进入执行程序,债权人的请求就不会得到支持;若债权人意欲通过此条实现救济,就需先启动追偿诉讼,再根据生效法律文书申请强制执行,当法院穷尽执行措施仍无财产可供执行后,债权人方可主张公司股东出资加速到期。故2023年公司法删除这一前提条件,在一定程度上缓解了债权人行使权利的混乱,也降低了债权人行使权利的难度。

(二)2023年公司法第54条变更了股东出资加速到期的启动条件

《九民会纪要》第6条规定,部分非破产情形下股东出资加速到期的启动条件为公司"已具备破产原因,但不申请破产",2023年公司法将其变更为"不能清偿到期债务"。两者相较,后者的规定明显更有利保护公司及公司债权人:一方面,当公司明显不能清偿到期债务时,通过股东资本的提前注入,可以让债权人获得部分或者全部清偿,甚至可以使公司经营恢复正常状态;另一方面,也明确了只要公司确实不能清偿到期债务,

就可以启动该程序，避免公司存续期间因股东出资期限加速到期规则的滥用，漫长的诉讼和执行程序导致债权人的利益受到持续性的损害。此外，2023年公司法第54条的加速到期规则尽可能与企业破产法第35条的适用条件保持"距离"：一方面，设置了"非破产加速"规则的适用空间，通过给股东施加清偿压力，解决"主观清偿不能"的公司赖债现象；另一方面，缓解了《九民会纪要》第6条与企业破产法第35条在适用上的冲突，避免可能出现的公司与部分债权人勾结，利用《九民会纪要》规范实现个别偏颇清偿，损害其他债权人合法权益的混乱问题，填补"破产加速"衍生的规制漏洞。①

（三）2023年公司法第54条增加公司作为股东出资加速到期的请求主体

与《九民会纪要》相比，2023年公司法第54条明确规定了除债权人外，公司也可以作为请求主体请求股东出资加速到期。拥有雄厚的资本是公司发展的基础。公司的原始资本来自股东认缴的出资，是股东在其出资范围内就公司经营对社会作出的承诺，也是债权人对公司偿债能力的合理预期和信赖来源。预期的资本发生重大变化，不仅严重影响债权人利益实现，也会妨碍公司的正常生产经营。因此，赋予公司同等的请求主体地位是应该也是必然。与债权人相比，公司在请求权的行使、证据的收集上具有天然的优势地位，可以对股东形成必要的规制，请求股东出资加速到期也更容易实现。

三、2023年公司法下股东出资加速到期的理论基础

从股东出资加速到期规则的变化历程看，股东出资加速到期规则是我国公司资本规则变化的衍生品。具体而言，我国经济社会在不同发展阶段，对于公司这一主体的设立规则、经营规则等都有不同的偏好设置。在

---

① 参见最高人民法院民事审判第二庭编著：《中华人民共和国公司法理解与适用》，人民法院出版社2024年版，第255页。

早期的注册资本实缴制背景下，不存在股东出资加速到期这一问题，而随着认缴出资制度进入我国公司法领域，股东期限利益如何保护，股东利益与公司、公司债权人利益如何平衡等就成为经久不衰的公司法领域热点话题。

（一）作为组织法意义上的公司法对合同关系的纠偏

在注册资本认缴制规则下，股东可以约定较长期限的认缴时间，这有利于股东以较小代价创设和经营公司。但司法实践中发现，股东认缴出资期限普遍规定较长，公司无力偿还债务而股东认缴出资期限远未到期的现象日益突出，①注册资本认缴制已经被逐渐滥用，成为股东逃避出资责任的工具。其背后实质是作为组织法意义上的公司法，无法对股东出资约定形成有效的调整制约机制。"只有不事先设定期限，公司才能利用不定期之债可依债权人请求而随时到期的原理，根据经营需要决定出资到期并接收，实现资金供需同步匹配。由股东事先设定期限的规定剥夺了公司对出资债权到期与否的自主决定权，本质上仍是以合同法思维取代和损害组织法上公司的独立人格及其对自身财产的自主处分权。"②因此，无论是《九民会纪要》抑或2023年公司法第54条，都是一定程度上作为组织法意义上的公司法对股东与公司之间出资合同关系的纠偏，使公司及公司债权人能够打破股东在认缴期限未满前可以合理不出资的制度壁垒。而且，2023年公司法第54条将适用重点落脚在"公司清偿不能"，大大提前了公司纠偏的时间节点，增加了公司继续存续的可能性。

（二）公司利益相关者的利益平衡

在股东出资问题上，不仅仅要尊重股东之间的出资约定，还要考虑公司作为利益集合体的其他主体的权利保护之必要性。利益相关者理论是公司法诸多理论中的一个重要理论。近年来，越来越多的人认识到，公司不

---

① 参见最高人民法院民事审判第二庭编著：《中华人民共和国公司法理解与适用》，人民法院出版社2024年版，第255页。
② 丁勇：《认缴制后公司法资本规则的革新》，载《法学研究》2018年第2期。

仅仅是股东用于追求利润最大化的工具，而且还是经济社会得以有效运行的基本"细胞"，除了股东的利益诉求外，还要尊重和考量其他利益相关者的不同的利益诉求。这些利益相关者凝聚成了公司这一主体，共同推动公司长期繁荣和发展。因此，公司不能仅仅保护股东利益，而忽视了对其他利益相关者的适度保护；否则，公司将遭受反噬，最终会对社会生产力产生极大破坏。具体到股东出资规则中，如果只考虑股东认缴期限利益，债权人的权益保护势必式微。即便《九民会纪要》已经作了例外规定，建立了公司非破产解散情形下股东出资加速到期制度的雏形，但因适用时间之滞后以及诉讼程序之漫长，难以让公司债权人的利益在第一时间得到充分保障。因此，2023年公司法第54条在公司利益相关者权利保护时间上，进一步提前至"公司不能清偿到期债务"之时，应当理解为，此时股东提前缴纳出资不再受限于是否已进入执行程序，更不需要公司已具备破产原因。

（三）资本充实原则与商事诚信原则的全面回归

资本充实原则，也称为资本维持原则，是指公司在其存续期间应维持与其注册资本相当的资产，以保护债权人的利益和社会交易的安全。股东出资认缴制下，资本充实原则的实施，依赖股东认缴出资规则的有效执行。但问题在于，股东认缴出资的外观难以与公司实际资产能力和清偿能力匹配对应。有学者认为，"以资本为核心所构筑的整个公司信用体系根本不可能完全胜任保护债权人利益和社会交易安全的使命，决定公司信用的并不只是公司的资本，公司资产对此起着更重要的作用"，并主张"从法定资本制到授权或折中的授权资本制"。[①] 但公司交易方对于公司资产的了解和知晓，远不如查明注册资本直观，实践中也很少会有债权人在与公司订立合同前要求公司提供财务报表等公司资产证明材料。出资认缴制度带来的负面影响就是资本充实原则被架空，进而导致商事不诚信现象频发。公司股东和公司债权人的矛盾，就是在这种情况下被进一步放大。因

---

① 赵旭东：《从资本信用到资产信用》，载《法学研究》2003年第5期。

此，2023年公司法第54条对出资规则的调整，也预示着资本充实原则与商事诚信原则的全面回归。

四、2023年公司法第54条的适用要点

2023年公司法第54条对非破产情形下的股东出资加速到期规则作出重大调整，但由于该规则尚在探索完善阶段，实践中对该条文在2023年公司法体系下的理解仍存争议，适用尚有完善空间。

（一）条文的溯及适用问题

对于股东出资加速到期的部分或全部构成要件事实发生于2023年公司法实施之前的案件，法院审理是否适用2023年公司法第54条，有不同的看法。

持不溯及既往观点的学者认为，《最高人民法院关于适用〈中华人民共和国公司法〉时间效力的若干规定》第4条空白溯及的六种情形中，第六种为"不明显背离相关当事人合理预期的其他情形"，2023年公司法第54条相较于《九民会纪要》第6条大大放宽了股东出资加速到期条件，若溯及适用会明显背离当事人的合理预期，因此不宜溯及适用；也有观点认为，2023年公司法规定的出资认缴期限最长为五年，对于存量公司，国务院也规定了三年的过渡期，故对债权人而言，不溯及适用不会过分影响其权益。① 亦有观点指出，由于加速到期条件存在差异，更重要的是对加速到期所得是否归入公司存在较大争议，在2023年公司法司法解释明确是否适用"归入公司"之前，以不溯及适用为宜。②

持溯及既往观点的学者则认为，2023年公司法第54条规定股东出资加速到期，前提是公司已经不能清偿到期债权，实质陷于资不抵债状态，虽然表面上减少股东的期限利益，但因公司不能清偿，随后公司解散或破

---

① 何睿：《新公司法第五十四条探究 股东出资加速到期规则的理解和适用》，载《法人》2024年第9期。文章系何睿根据专家法官研讨会发言记录整理，侯军、周荆、钟蔚莉、袁小梁、楼俊、梅亚琴、朱川、徐冲系发言嘉宾。
② 参见刘贵祥：《关于新公司法适用中的若干问题》，载《法律适用》2024年第6期。

产，股东出资也会依相关规定被加速到期。这本身是股东可预见的，很难说背离当事人合理预期，不能认为实质加重股东负担，相反却有利于公司及债权人的利益，因此应当溯及适用。①

笔者赞同溯及既往观点。2023年公司法包括第54条在内的众多条款，均是在对2013年公司法规定的注册登记制度打补丁，纠错意图明显。效果上，股东等内部人合意实质减少公司责任财产进而增加债权人风险，而且债权人风险增加也反向增加公司外部融资成本，进而损及公司整体利益，故2023年公司法第54条并非完全新增的条款，而是优化条款，该漏洞填补性规定对上述问题进行了有效防范。在确立了资本有限认缴的大前提下，基于司法政策的延续性，该条款符合有力溯及规则。并且，股东出资加速到期的要件事实是"公司不能清偿到期债务"，具有持续性，若该状态持续至2023年公司法实施后，参照《最高人民法院关于适用〈中华人民共和国民法典〉时间效力的若干规定》第1条第3款之规定，可以溯及适用且不背离当事人合理预期。

（二）入库规则或出库规则

在符合2023年公司法第54条股东出资加速到期条件的情况下，对于债权人能否要求已认缴出资但未届出资期限的股东直接向债权人进行个别清偿，有不同的看法。

持应适用入库规则的观点认为：首先，从文义上看，2023年公司法第54条并没有明确要求股东直接向债权人清偿，"债权人作为公司的债权人，原则上不能直接要求股东出资，但公司不能清偿债务，公司不向股东主张出资义务，损害债权人利益，此时债权已届期的债权人有权请求股东向公司出资，并非股东直接向债权人清偿"②。其次，股东出资加速到期并不适用代位权制度。在符合2023年公司法第54条加速到期条件的情况下，法

---

① 参见陈克：《新公司法的溯及力问题的三重维度——修改内容、法律事实与组织性》，载微信公众号"法与思"2024年4月25日，http://mp.weixin.qq.com/s/QPm17sEGqm-b7hYcKdG82Q。

② 王瑞贺主编：《中华人民共和国公司法释义》，法律出版社2024年版，第83页。

院判决生效之前，股东享有出资期限利益，此时并不符合代位权规则中两个债权均需到期的要件。最后，债权人主张代位权的范围系以债权数额为限，而加速到期指向全部股东出资均加速到期，并非以债权人的债权为限。由此可见，2023年公司法的立法本意是在公司不能清偿到期债务的情形下，通过股东出资加速到期的救济途径，公司具有对外清偿债权的能力。股东出资全部归入公司资产后，若公司此时不具备破产原因，则可以对债权人进行个别清偿；若公司具备破产原因，则应按照企业破产法等规定进入破产程序，遵循全体债权人公平受偿原则。

持应适用出库规则的观点认为："从以往审判实践来看，当债权人加速到期的主张得到支持时，对该未出资股东而言就是实缴。而在实缴制下，一方面，判决未出资股东直接向债权人清偿已是审判实践中的共识；另一方面，此前实缴制下曾讨论过未出资股东为何应对债权人承担清偿责任，其理论依据之一便是债权人的代位权，这一理论在加速到期的情形同样适用，并且根据民法典第五百三十七条，一般意义上的债权人代位权制度已明确采用不入库规则。从反面来说，主张入库的诸项理由似乎均无说服力：合同相对性问题，代位权制度本身即为合同相对性原则的例外；多个债权人提起加速到期诉讼的，可在执行中按照执行分配制度妥善解决；关于公司的自主经营权利抗辩问题（如出资可用于盘活公司资产等），因其'不能清偿到期债务'的条件成就不能予以支持，不应以牺牲债权人的利益为代价。"① 最高人民法院民事审判第二庭法官在2024年8月24日《人民法院报》的《法答网精选答问（第九批）》中的答疑意见为：在公司法这一特别法对股东是否可以向债权人直接清偿未规定时，应依据民法典中代位权的一般规定。在认缴出资加速到期情况下，是否因具特殊性而应区别对待？第一，出资加速到期本质上还是公司所享有的"债务人丧失期限利益的债权"，这与到期债权无实质区别。第二，尽管加速到期情况

---

① 何睿：《新公司法第五十四条探究 股东出资加速到期规则的理解和适用》，载《法人》2024年第9期。文章系何睿根据专家法官研讨会发言记录整理，侯军、周荆、钟蔚莉、袁小梁、楼俊、梅亚琴、朱川、徐冲系发言嘉宾。

下公司基本已濒临破产，甚至已具备破产条件，直接清偿有对其他债权人不公之嫌，但股东出资责任加速到期无非是股东对债权人承担出资不足补充赔偿责任的一种特殊情形，即便是出资缴纳期限已届至，进行直接清偿也同样面临着上述问题，故无实质理由加以区别。第三，就公司个别债权人利益和整体债权人利益的平衡方面，在公司未进入破产程序的情况下，向个别债权人清偿，并不妨碍其他债权人申请公司破产，也不妨碍公司自身申请破产。一旦申请破产，未届出资缴纳期限的股东即应将其出资归入债务人财产，实现所有债权人公平清偿。第四，如果不允许直接清偿，债权人考虑到在诉讼中付出诉讼费、保全费、律师费等成本，便无动力提起诉讼要求股东承担出资责任，导致公司法赋予债权人的请求"股东提前缴纳出资"诉权弱化或虚化。第五，如果按归入公司思路，债权人在请求股东向公司履行出资义务的同时，请求对该公司债权诉讼保全，在执行中同样可以达到直接清偿之效果，无非是让债权人更费周折而已。面临这种情况，其他债权人还是要靠执行分配或申请破产来维护自己的权益，与归入公司的情况下所能采取的救济手段也无二致。需要说明的是，从法律适用而言，由于2023年公司法对该问题无明确规定，目前仍应按照《九民会纪要》精神判令股东向债权人直接清偿；2023年公司法公布后，对股东出资加速到期情况下债权人能否直接受偿存在截然相反的两种观点；待与2023年公司法配套的司法解释制定后，此类案件应根据司法解释办理。

  笔者认为：首先，在破产语境下，一定是适用入库规则。如前所述，此有明确的法律依据。其次，在非破产语境下，司法实践中应当采用代位权规则即出库规则，即债权人可以直接请求未出资的股东向其履行债务。从民事权利处分的角度看，若适用入库规则会让大量的其他债权人"搭便车"，打击积极主张权利一方的积极性，同时，也造成了极大的不公平。而且，在适用代位权规则后，其他债权人照样还有机会进行救济，即在未执行完毕之前向法院申请公司破产，此时，又会回到破产语境下的入库规则。倘若其他债权人既不提出股东出资加速到期，又不申请公司破产，那只能理解为其对权利的放弃，这亦符合民事权利的处分原则。

（三）"公司不能清偿到期债务"的认定标准

"不能清偿到期债务"是股东出资加速到期的唯一标准，如何认定这一标准是该规则适用首先需要解决的问题，对此理论上有不同的看法。

支付不能说是指"不能清偿"需要通过股东的先诉抗辩权来确定，只有通过仲裁或者审判，并经过强制执行仍然不能清偿时股东才承担责任。[①] 支付不能说的观点在很多司法裁判中有所体现。例如，最高人民法院（2020）最高法执监41号执行裁定书中认为："不能清偿"不同于"未清偿"，如果对主债务人启动了强制执行程序，对能够执行的财产已经执行完毕，而债务仍未全部得到清偿，才能认为达到了"不能清偿"的状态。此时，补充赔偿责任人的具体执行数额才可确定，执行法院方可启动对承担补充赔偿责任人的执行，以确保债权人的债权能够实现。类似的裁判还包括浙江省嘉兴市中级人民法院（2024）浙04民终1446号、海南省海口市中级人民法院（2024）琼01民终3965号等。2023年公司法生效前，司法实践支持股东出资加速到期所采取的普遍观点是支付不能说；2023年公司法生效后，法院在审判实务中也还是普遍持保守立场，要求案件进入强制执行程序后再向股东追责。

停止支付说认为："从有助于'信用维护'、促进公司自治解决纠纷而言，对股东出资义务之加速到期，采'私权介入说'，即已足够。也即只需采纳主观标准进行判断，若公司有偿债能力而主观决定不偿债，也构成此处所谓'不清偿到期债务'。"[②]《最高人民法院关于适用〈中华人民共和国企业破产法〉若干问题的规定（一）》（以下简称《企业破产法解释一》）第2条规定了认定债务人"不能清偿到期债务"的三个要件：（1）债权债务关系依法成立；（2）债务履行期限已经届满；（3）债务人未完全清偿债务。最高人民法院民事审判第二庭负责人就《企业破产法解释一》答记者问中

[①] 参见梁上上：《未出资股东对公司债权人的补充赔偿责任》，载《中外法学》2015年第3期。

[②] 蒋大兴：《论股东出资义务之"加速到期"——认可"非破产加速"之功能价值》，载《社会科学》2019年第2期。

就表示："不能清偿到期债务是指债务人以明示或默示的形式表示其不能支付到期债务，其强调的是债务人不能清偿债务的外部客观行为，而不是债务人的财产客观状况。"① 破产法律设定的背后价值基础虽与加速到期规则的价值基础不同，但就"不能清偿到期债务"的认定而言，2023年公司法第54条毕竟采取了和企业破产法第2条相同的表达，在解释上应当有其内在逻辑的一致性。② 因此，对2023年公司法第54条与《企业破产法解释一》中的停止支付标准作同一解释较为妥当。并且，2023年公司法下为了更好地维护公司的持续经营，公司存续期间股东就应有出资加速到期的义务，无须达到《九民会纪要》第6条的苛刻条件。

究其本质，两种观点的实质争议在于对股东出资加速到期条件的宽严设定。从证明难度和门槛上来说，停止支付只是推定支付不能，支付不能说的要求显然更高。因此，持严格态度者（支付不能说）认为，过于宽松的加速出资条件将架空认缴制改革后所确认的股东期限利益，对债权人提供超出合理限度的过度保护；而持宽松态度者（停止支付说）则认为，应当承认常态化的加速到期制度，这样才能更好地保护债权人的利益。可见，2023年公司法生效后学者虽倾向于停止支付说，但在实践运用上仍存在其他可能性。

笔者认为：既然公司法已经规定了"不能清偿到期债务"的情形，那在司法实践中，只要原告有证据证明公司"不能清偿到期债务"即可，而无须再等到主债务诉讼完毕进入执行程序后再行主张股东出资加速到期。因此，在诉讼实务中，只要有初步证据证明"不能清偿到期债务"的情况，就可以直接在本诉中主张股东出资加速到期，一并起诉股东；法院在审查时的核心就是审查是否存在"不能清偿到期债务"的情形。而对于何为"不能清偿到期债务"，则可以参考《企业破产法解释一》第2条规定

---

① 《最高人民法院民二庭负责人就〈关于适用中华人民共和国企业破产法若干问题的规定（一）〉答记者问》，载最高人民法院网站，https://www.court.gov.cn/shenpan/xiangqing/3271.html，2024年12月10日访问。

② 参见刘斌：《出资义务加速到期规则的解释论》，载《财经法学》2024年第3期。

的"合法有效债务到期未清偿"来进行认定。笔者赞同最高人民法院审判委员会专职委员刘贵祥的观点："应以公司未清偿到期债务的事实状态作为判断标准，包括：权利人能够证明公司丧失清偿能力或财产不足以清偿全部债务，债权人多次催收，公司以无清偿能力为由不予履行，以强制执行仍无法实现全部债权等。实践中，债权人对执行不能的举证较为容易些，只要证明任何以公司为债务人的执行案件不能得到执行，或因无财产可供执行而终结本次执行，即完成举证责任，而无须以自身执行案件不能执行或终本为限。"①

余 论

通过梳理关于股东认缴出资加速到期制度的发展脉络，我们可以窥见公司不同主体的利益天平是如何随着制度变化而发生倾斜变化的。正如学者所言："非破产情形下的出资义务加速到期争论，形式上是规范之争，实质上是对债权人、股东、公司等各主体利益的差异化对待，本质上是价值判断分歧，属于商法问题中的价值判断问题……公司法第 54 条本身也是对公司、股东、债权人等主体进行利益衡量基础之上的价值判断选择。"② 出资认缴制度的改革一定程度上为市场经济注入了活力，但因其固有的价值平衡困境，导致其适用十余年来一直面临非议，已经到了积重难返，不得不打上制度补丁的时候。有学者早在出资认缴制度出台后就"预言"："极大便利股东投资自由与创业低门槛的认缴制引入之后，公司法没有随之完善有关公司债权人利益保护的法律规范，是为漏洞。如果下次修订公司法明确规定非破产场合下公司不能偿付到期债务、出资未届期的股东有义务在未出资范围内承担补充赔偿责任，不仅问题迎刃而解，法律规范体系也趋于更加完善。"③ 如今，2023 年公司法第 54 条关于非破产情形下的

---

① 刘贵祥：《关于新公司法适用中的若干问题》，载《法律适用》2024 年第 6 期。
② 刘斌：《出资义务加速到期规则的解释论》，载《财经法学》2024 年第 3 期。
③ 李建伟：《认缴制下股东出资责任加速到期研究》，载《人民司法（应用）》2015 年第 9 期。

股东出资加速到期规则的改变，不仅是对既有公司法规范体系进行完善，也对审判实务提出了更高的要求。审判人员应当在准确理解和适用新规则的基础上，在统一裁判尺度和个案处理中做好平衡，公平保障每个经营主体的合法权益。

（本文仅代表作者个人观点）

【法学专论】

国家机关处理个人信息告知义务法律问题研究*

李 岩** 王晓雪***

一、问题的提出

个人信息保护法第 35 条规定,"国家机关为履行法定职责处理个人信息,应当依照本法规定履行告知义务"。第 17 条、第 22 条、第 23 条规定,处理事项发生变更、个人信息处理者需要向其他个人信息处理者转移或者提供个人信息的,也要依法履行告知义务,即告知义务贯穿国家机关处理信息行为的始终。为规范信息处理行为,该法还对国家机关履行告知义务的时间、方

---

* 本文系辽宁省教育厅数字经济与数字治理法治研究中心科研平台建设项目、辽宁省社会科学规划基金重大项目(项目编号:L23ZD016)、国家社科基金项目(项目编号:22BFX181)、辽宁省"兴辽英才计划"项目(项目编号:XLYC2004005)的阶段性研究成果。
** 辽宁大学法学院教授、法学博士、博士生导师。
*** 辽宁省辽阳市人民检察院第六检察部一级检察官。

式、范围及监管主体、监管职责等均作出了规定。法律的出台虽然在立法层面保障了信息所有者的知情权，约束了国家机关处理个人信息的告知行为，但是实务中，国家机关处理个人信息告知义务的适用依然存在许多问题。

（一）国家机关处理个人信息告知义务的司法现状

政务 App 的普及提升了国家机关提供公共服务的效率，其中部分功能的应用依托于对个人信息的收集和使用，笔者在中央网络安全和信息化委员会办公室网站查询近三年与"个人信息保护"相关的信息发现，鄂某办、皖某通等四个 App 因在收集、使用个人信息时未履行告知义务被通报。以湖北省数据局承办的鄂某办 App 为例，通报指出其存在"在申请打开存储、相机等可以收集个人信息的权限时，在申请打开可收集个人信息的位置权限时，未同步告知用户其目的""未明示收集人脸特征等个人信息的目的、方式和范围，且收集时未同步告知用户其目的""首次运行时未通过弹窗等明显方式提示用户阅读隐私政策等收集使用规则"的问题。[①]

国家机关处理个人信息的行为除受上述行政管理外，还要接受司法监督。笔者以中国裁判文书网为检索工具，分组搜索国家机关违反个人信息保护法、数据安全法、政府信息公开条例中告知规定的案例，查询到七件政府机关未依法履行告知义务的行政案件。[②] 这些案件中，政府机关均违反了政府信息公开条例第 32 条的规定。以原告福建烨某律师事务所诉被

---

① 参见《关于 35 款 App 存在个人信息收集使用问题的通告》《浙江关于微记账等 38 款 App 违法违规收集使用个人信息情况的通报》《国家网信办依法集中查处一批侵犯个人信息合法权益的违法违规 App》，载国家互联网信息办公室网站，https://www.cac.gov.cn/index.htm，2023 年 12 月 8 日访问。

② 相关案例参见北京市高级人民法院（2017）京行终 2187 号行政判决书、福建省莆田市中级人民法院（2020）闽 03 执监 1 号执行裁定书、河北省高级人民法院（2020）冀行终 288 号行政判决书、山东省聊城市中级人民法院（2014）聊行初字第 108 号行政判决书、湖北省襄阳市中级人民法院（2019）鄂 06 行终 120 号行政裁定书、安徽省高级人民法院（2017）皖行终 300 号行政裁定书、山东省济宁高新技术产业开发区人民法院（2015）济高新区行初字第 136 号行政判决书。

民政部政府信息公开一案为例,该案中民政部以原告申请公开的政府信息中涉及第三方个人隐私、商业秘密且第三方不同意公开为由,未依法公开原告申请的相关信息。法院经审查发现,被告仅向涉及商业秘密的中华全国律师协会书面征求意见,未向涉及个人隐私的第三方书面征求意见,即民政部在没有依法告知的前提下,以保护第三人信息权益为名,未依法履行政务信息公开职责,侵犯了信息主体和申请人的知情权。

(二) 国家机关处理个人信息告知义务存在的问题

通过上述案例可知,国家机关违反个人信息告知义务的行为具有隐蔽性和表面正当性,现行行政权和司法权对违反告知义务行为的处理是要求及时整改,对违法行为主体的威慑力小,无法充分保障被侵权主体的权益。究其根源,主要是因为个人信息保护法对国家机关处理个人信息告知义务的规定较为笼统、宽泛,不利于统一理解和适用,具体体现在以下四个方面。

第一,国家机关履行告知义务的时间笼统。一是用"及时"约束告知时间过于概括。个人信息保护法第18条第2款规定了"应当在紧急情况消除后及时告知",但是"及时"不可以量化到月、日等期日或者期限,信息主体无法预测告知的时效,监管者也无法评价告知是否拖延。二是未规定告知行为的完成时间。个人信息保护法第48条规定了"个人有权要求个人信息处理者对其个人信息处理规则进行解释说明",但是未规定履行告知义务的具体期限,不利于保障信息主体的知情权。

第二,国家机关履行告知义务的方式不明确。一是衡量"显著"的标准不清。个人信息保护法第17条第1款规定"应当以显著方式、清晰易懂的语言真实、准确、完整地向个人告知"。"显著"形容的是一种程度,个体对其理解受主客观环境的影响。比如,国家机关处理视力残障人员的个人信息时,通过向其发送短信来完成告知。客观而言,手机的短信息具有一对一的指向性,且可留存、可反复查看,符合普遍认知下的"显著"。但是,对于视力残障人员而言,因其生理原因导致不易或者无法知晓短信内容和告知的事项,此时即不"显著"。二是通过制定个人信息规则并公开的告知方式无具体规范。个人信息保护法第 17 条第 3 款规定了"个人信息处理者通过制定个人信息处理规则的方式告知",但是规定的不完善。其一是未规定告知的期限,即何时开始和结束,影响告知的传播率。其二是未规定公开的方式,通过不同渠道告知会造成传播程度有差异,影响告知质效。其三是未规定适用条件。国家机关通过制定和公开规则完成告知后,及时查阅告知规则的责任就转嫁给了信息主体,在上述规范缺失的情况下,信息主体会面临无法及时准确获取告知事项的风险。

第三,国家机关不需要履行告知义务的情形模糊。一是未规定不需要告知的具体情形。个人信息保护法第 18 条第 1 款规定"有法律、行政法规规定应当保密或者不需要告知的情形的"可以不告知,此规定容易产生歧义。如果"法律、行政法规规定"仅用来约束"应当保密",那么应当以什么标准来判定哪些情形不需要告知?二是完全免除告知义务过于绝对。个人信息保护法第 35 条规定"国家机关为履行法定职责处理个人信息,应当依照本法规定履行告知义务……告知将妨碍国家机关履行法定职责的除外",即永久免除告知义务。第 18 条第 2 款规定"紧急情况下为保护自然人的生命健康和财产安全无法及时向个人告知的,个人信息处理者应当在紧急情况消除后及时告知",即暂时不告知。妨碍国家机关履行法定职责的事件或者行为和紧急情况均系客观事实范畴,基于同种类的客观事实,法律却规定了两种不同的处理方式。

第四,国家机关履行告知义务的监管制度不完善。一是有关网信部门统筹协调的制度不健全。个人信息保护法第 60 条、第 61 条规定,网信部门是履行个人信息保护职责的部门之一,其有权调查、处理违法个人信息处理活动,但是没有详细规定调查、处理的程序。《网信部门行政执法程序规定》第 1 条、第 2 条、第 19 条、第 33 条规定,网信部门有权对个人信息保护、网络信息内容等行为开展调查并作出行政处罚决定。但从其行使权力的方式、调查的程序、处理结果的种类看,并不适用于规制国家机关。二是监管主体职权不清。根据个人信息保护法第 68 条的规定,信息本身所属领域的政府部门和处理信息的国家机关的上级机关均可以监督管理国家机关违反告知义务的行为，而根据我国的行政架构，政府部门和上级机关也存在多层级，此时就出现了管辖权重叠问题，无法确定管辖主体。根据个人信息保护法第60条的规定，履行个人信息保护职责的部门中并不包括国家机关的上级机关，导致其当然地不具有该法第62条规定的职责，但是第68条又赋予了其责令改正和给予处分的权利。法律规定了上述权利，但是没有明确监督线索的来源渠道，也没有规定调查取证的措施，更没有明确处理依据的效力。

本文尝试借鉴域外立法经验，综合考量我国现状，从既有利于信息的有序流动和使用，又保障信息主体合法权益的角度，探索解决现有法律漏洞的办法。

二、国家机关处理个人信息告知义务时间的确定

针对我国法律对告知义务时间规定相对笼统的问题，有学者提出，秘密的侦查活动中可以事后告知。① 有学者认为，应当从信息主体的角度理解告知时间是否适当。② 有学者提出，间接收集的行为可以规定一个月的合理告知期限。③ 上述观点虽然在一定程度上回应了告知时间僵化、宽泛的问题，但是无法从实质上解决告知时间存在的问题。笔者梳理比较法上对告知义务时间的规定发现，欧盟、德国、韩国及我国台湾地区的规定有一定典型性，故本文以其为例开展学习研究。

（一）比较法上对告知义务时间的不同规定及评析

德国联邦数据保护法第19条规定，联邦政府如果将要提供数据，至少要在第一次提供数据时告知。德国以具体行为的发生规定告知时间的做法

---

① 参见王仲羊：《侦查中个人信息知情同意制度的引入与调适》，载《中国人民公安大学学报（社会科学版）》2023年第1期。
② 参见薛晨晨：《敏感个人信息保护及其政府监管研究》，硕士学位论文，上海师范大学，2023，第42页。
③ 参见张新宝、葛鑫：《〈个人信息保护法（专家建议稿）〉及立法理由书》，中国人民大学出版社2012年版，第181页。

相对客观和易执行，因为行为的客观性和不可变更性降低了对法律理解和适用不统一的概率。但是在意外事件、被动告知等情形中，要求国家机关在处理信息前完成告知违背客观规律，不具有实现的可能性。韩国个人信息保护法第 20 条规定："直接从信息主体处收集信息的，要在收集前告知；自信息主体以外收集个人信息，如果被要求告知收集来源、处理目的，应当立即告知。""立即"无法换算成具体的时间元素，韩国以这种原则性的表述规定告知时间，影响对告知行为的预测和评价。

欧盟一般数据保护条例第 14 条规定："当数据主体主动要求知晓个人信息的相关内容时，提供信息的时间为收到要求的一个月内；当数据主体的要求复杂、数量大时，必要时告知时间可以延长两个月。"我国台湾地区"个人资料保护法"第 13 条规定，"当事人提出查阅被收集的个人资料请求的，应当在十五日内答复，必要时可以再延长十五日"。欧盟和我国台湾地区对告知时间作了量化和弹性化规定。通过量化成月、日，不仅客观和明确，也易于理解和掌握，同时可延长的告知期限也为信息处理者预留了一定的准备期限，让告知义务不过分地难以履行，体现了规范的周延性和严肃性。

笔者认为，比较法对告知时间的规定具有一定的局限性和僵化性，以被动告知为例，这种情形下信息处理者不具有绝对控制权，告知的工作量和完成告知的难易程度不可控，且具有较大的变数。因此，无论法律怎样提前设定时间，都不能准确预判所有场景，如果规定的告知时间对于当下的告知场景而言过分不合理，就会让信息处理者产生抵触和畏难情绪，进而直接放弃告知或者无法在期限内完成告知。

（二）应规定明确且相对灵活的告知义务时间

第一，量化告知时间。告知时间作为一种程序性时间，用来约束信息处理者的行为，而为了让时间发挥作用，应当让其客观、直观和可计量。[1]我国法律上的时间普遍以期日、期限为主。比如，民事诉讼法第 128 条规

---

[1] 参见孙笑侠：《程序的法理》，硕士学位论文，中国社会科学院大学，2002，第 6 页。

定,"人民法院应当在立案之日起五日内将起诉状副本发送被告,被告应当在收到之日起十五日内提出答辩状"。五日、十五日就是期日,立案之日起五日内和收到起诉状副本之日起十五日内属于期限,我国在完善告知时间的法律规定时可以引入期日、期限,让时间更直观和细化。

第二,以场景区分告知时间。告知场景大致有三种:一是一般情形下的主动告知,即事前告知;二是紧急情况下的"及时"告知,即事后告知;三是被要求作出解释说明的告知,属于被动告知。不同场景下,告知对象的数量、告知事项的数量、告知方式等都不同,这些因素都直接决定告知的效率。比如,在面对不同信息主体时,同一个国家工作人员就同一事项履行告知所花费的时间也不完全相同。如果规定一致的告知时间就忽视了告知行为的复杂性和多样性,无法体现法律的科学性,因此,应当规定多样化的告知时间来匹配不同告知情形。

第三,一般规则和特殊规则结合规定告知时间。笔者认为,可以参照《最高人民法院关于严格执行案件审理期限制度的若干规定》(法释〔2000〕29号)第1条至第19条对审理期限的规定,采取一般规则和特殊规则结合的方法,根据告知的具体情况逐一规范时间,让其更加直观、明确且具有可操作性。一般规则普遍适用于所有紧急情况下的告知,可以规定国家机关在紧急情况消失后的三日内完成告知。非因主观因素导致确实无法告知的,可以规定一日至三日的延长时间,让告知行为具有可完成性。特殊规则指法律不提前预设固定的告知期限,而是由相应主体根据告知场景的变化灵活规定告知时间。具体适用于两种情形。第一种情形是紧急情形。这是指在上述六日内仍然无法完成告知,此时国家机关可以申请再次延长告知时间。同时为了防止国家机关随意延长时间,拖延履行义务,可以规定配套的申请和审查制度。规定其向上级机关或者履行个人信息保护职责的部门提出申请,由其评估和决定申请延长的必要性、合理性以及可以延长的期限。同时,作出延长决定的部门应当监督告知行为,比如,当阻碍履行告知义务的事由消除时,要督促国家机关尽快告知。第二种情形是被动告知。被动告知时既要有明确的告知终了时间,同时也要确保告知时间合理。如前所述，法律并不能预判所有情形，所以区别于比较法上的做法，我国应当规定灵活的告知时间。可以参考政府信息公开条例第31条至第33条及第35条的规定对政府机关执行政务信息公开活动的时间规定，体现合议性和程序性，可以先由信息主体和国家机关双方约定告知时间，国家机关根据告知事项和方式评估确定告知的合理期限并告知申请人，双方达成合意，告知时间即受法律约束。如果双方对告知时间无法达成共识，可以由国家机关拟定具体的告知时间后报请其上级机关或者履行个人信息保护职责的部门审批，国家机关根据审批的时间履行告知义务。

三、国家机关处理个人信息告知义务方式的认定

学术界对告知义务方式的探讨围绕告知载体和告知模式两方面：一是提出了在电子程序中告知①、个人信息处理告知平台推送告知②；二是"一对一"的逐一告知③和在逐一告知成本高或者有明显困难时进行不特定告知，或者在自动化情景下进行"一对多"告知。④既有研究普遍未考虑信息主体的需求和获知的效果，未说明电子、自动化等告知方式的适用场景和条件，未考虑国家机关硬件、软件等客观情况的差异，个别方式不具有普遍适用性。并且，仅以被告知对象的数量、告知的自动化程度来区分告知模式，缺乏科学性、合理性。笔者经梳理发现，比较法上对告知方式的规定相对多样化，下面以此为基础展开学习研究及借鉴参考。

---

① 参见张怡：《数字防疫下政府处理个人信息的法律规制研究》，硕士学位论文，延安大学，2022，第23-34页。
② 参见孟瑶：《告知同意视角下公安机关对公民个人信息保护》，硕士学位论文，中国人民公安大学，2022，第3页。
③ 参见喻文光、郑子璇：《数字时代政府机关处理个人信息告知义务制度的公法建构》，载《人权》2022年第3期。
④ 参见江林红：《〈个人信息保护法〉中告知义务研究》，载《对外经贸》2022年第9期。

（一）比较法上对告知义务方式的不同规定及评析

一是以韩国为代表的单一告知方式。韩国个人信息保护法第18条规定："公共机关在将个人信息用于目的以外的其他用途或将其提供给第三方时，应当在政府公报或者网站上告知。"这种告知体现了广泛的公开性、透明性、无差别性，有利于实现对国家机关处理个人信息行为的监督。但是，这种方式存在以下问题：其一，经济成本高，报纸告知时会产生刊登费和购买报纸的支出；其二，工作量大，公开的内容中包含联系方式，如果信息主体以外的个人或者组织咨询国家机关，便增加了衍生的工作量；其三，有安全隐患，比如，不法分子以处理个人信息为名冒充国家机关工作人员骗取信息主体财物。

二是以欧盟为代表的多样化告知方式。欧盟一般数据保护条例第12条规定："告知主体有权主动选择书面或者其他形式告知，以书面优先。在合适的情况下可以采取电子方式。如果想要口头告知，前提必须是数据主体明确提出了申请，否则口头告知并不被允许。"我国香港特别行政区个人资料（私隐）条例附表1、第19条规定："在收集数据之时或之前，以明确或暗喻方式告知，对于向第三人提供数据和数据用户提出查阅要求的，应当书面告知。"欧盟以书面告知形式保障信息主体通过纸质载体一目了然地知悉并保存告知事项，充分保障了告知行为的可视性和透明性。同时，把选择口头告知的权利交给了信息主体，充分尊重其需求。此外，还严格限制了电子告知的适用条件。我国香港特别行政区对书面告知进行了法律保留，限制了行政机关的自由选择权。上述做法既丰富了告知方式的种类，又列明了不同告知方式的适用场合和条件，通过宽松又不失严格的告知方式来缓解行政机关的告知压力，充分保障信息主体的合法权益，同时也顺应了科学技术的发展，体现了高效便民的原则。

（二）应丰富告知义务方式并明确适用条件

国家机关的告知行为属于行政行为，应当符合效率原则，告知方式既应当从时间上提升告知的速度，也要从效果上保障信息主体的获知感受。

目前宽泛的告知方式无法有效规范国家机关的行为，因此，应当丰富且细化告知方式的种类，明确告知方式的适用条件和顺序。

第一，细化"显著"告知的方式。随着科学技术的发展和信息主体需求的增加，告知方式不应再拘泥于传统的书面和口头，凡是能实现告知目的且信息主体和处理者都认可的方式都可以被列入法律规范中。如何预估信息主体和处理者是否认可，笔者认为可以考虑两方面因素：一是信息处理者的告知方式是否被社会大众或者所在行业认定为具有普遍的显著性；二是要考虑信息主体的差异性，包含年龄、文化程度、身体状况等，从信息主体的角度推断告知能否有效到达并易于知悉。在此基础上可以参照民事诉讼法第87条至第95条和《最高人民法院关于进一步加强民事送达工作的若干意见》第10条至第15条关于送达的规定来明确、细化告知方式，具体包括当面告知、电话告知、书面告知、短信告知和公告告知这五种告知方式。

第二，明确公开规则告知方式的适用条件。制定个人信息规则并以公开的方式进行告知属于推定告知，无法保障信息主体能够充分理解信息，影响知情权。因此，应当谨慎适用此种告知方式。首先，应当明确只有在穷尽其他方式都不能有效告知或者采取其他方式确实有较大现实困难的情况下，才具备申请适用公开规则告知的条件。其次，国家机关负有举证证明必须适用公开规则告知的责任，国家机关的上级机关或者负有履行个人信息保护职责的部门审查申请事由的合法性和适当性，通过监管部门的介入来审查选择公开规则告知的必要性。再次，公开应当是一定范围内的公开，要选择适宜的公开载体和公开程序，避免出现侵犯信息主体权益的情形。最后，公开应当是有期限的，笔者认为一般应当不少于七个工作日，以确保信息主体有足够的时间去理解、保存信息处理规则。

第三，规范不同告知方式的适用次序。实务中，国家机关倾向于选择操作简单、经济成本低的方式履行告知义务，选择告知方式时会忽视信息主体的主观需求，影响告知的质量和群众对国家机关的评价。因此，应当明确告知方式的适用顺序，让告知更具有统一性和规范性。笔者认为，可以以告知方式的接收率和理解率作为排列适用顺序的准则，即国家机关完成告知后，信息主体能够有效知晓告知内容的比例和充分正确理解告知事项的比例越高的告知方式越应当优先被适用。同时，对于处于一个梯度的、并列的告知方式，可以赋予国家机关灵活选择权。比如，书面告知和电话告知的接收率和理解率相同，国家机关有权自由选择告知方式。此时选择告知方式可以考虑告知对象的年龄、文化程度、告知的经济成本等因素。比如，民政部门通过走访收集某社区常住人员的个人信息，口头告知的方式更加直接和便捷，成本也最低。又如，医疗卫生部门收集特种病人的医疗保障信息，因被收集对象居住地分散，年龄、性别和文化程度都有较大差异，此时书面告知更能在短时间内达到告知目的。总而言之，无论选择哪种告知方式，都应当首先从最有利于信息主体知晓和理解告知内容的角度出发，然后再考虑告知速度、经济成本等因素。

四、国家机关不需要履行告知义务范围的厘清

学术界认为不需要告知的情形包括：信息主体已经知悉告知内容或者处理的是已经合法公开的个人信息时不需要告知①；政府不同部门之间基于同一处理目的而共享信息时不需要告知②；逐一告知消耗大量资源，保证信息主体知情既无可能也不必要时可以豁免告知③。上述情形中不告知在保护知情权的前提下减轻了国家机关的告知压力，具有一定参考价值。针对个人信息保护法第35条关于告知将妨碍国家机关履行法定职责的规定，有观点认为，当告知会使得国家机关无法履行法定职责或为执法活动

---

① 参见程啸：《论个人信息处理者的告知义务》，载《上海政法学院学报（法治论丛）》2021年第5期。
② 参见喻文光、郑子璇：《数字时代政府机关处理个人信息告知义务制度的公法建构》，载《人权》2022年第3期。
③ 参见王仲羊：《侦查中个人信息知情同意制度的引入与调适》，载《中国人民公安大学学报（社会科学版）》2023年第1期。

增加不必要的负担时应当不告知,①该观点具有一定科学性,但是过分强调公共利益容易导致价值失衡。也有观点认为,妨碍履职的可能性不存在时应当补充告知,②从整体看该观点更能保护知情权,但是其仅从如何补救事前不告知的影响开展了研究,未论述构成哪种程度的妨碍应当事前不告知。现有研究处于割裂状态,观点没有充分融合,没能系统地解决法律漏洞。在信息时代,为了能高效、便捷地使用信息并发挥其最大价值,在一定场景下就不得不免除国家机关处理个人信息时的告知义务,但是免除义务应当是合理的,不能以过分牺牲个人合法利益为代价。各国及地区也都在寻求公共利益和个人合法利益两种利益之间的平衡,③下面以德国、欧盟、韩国、我国澳门地区、我国台湾地区为例,分析其立法特点,结合我国实际提出完善建议。

(一)比较法上对不需要履行告知义务的不同观点和评析

第一,以欧盟为代表的绝对免除告知义务情形。绝对免除告知义务指仅从客观存在即可以得出不需要、不应当告知,不需要经过司法加以解释。一般数据保护条例第13条规定:"如果欧盟或成员国规定了获取或者公开个人信息的法律,并且已经采取合适的措施保护数据主体的合法利益则无须告知。"第14条规定:"收集个人信息时如果数据主体对于拟告知的这些信息已经知悉,就可以免除告知义务。"我国台湾地区"个人资料保护法"第9条规定,"收集当事人自行公开或者其他已经合法公开的信息不用告知"。笔者认为,处理公开的信息免除告知侵犯信息自决权。已经公开的个人信息具有个人信息的属性,依然承载着个人的尊严和各项权益。信息主体自行公开信息能够预知其信息会被存储和在不特定群体间流

---

① 参见王仲羊:《侦查中个人信息知情同意制度的引入与调适》,载《中国人民公安大学学报(社会科学版)》2023年第1期。
② 参见喻文光、郑子璇:《数字时代政府机关处理个人信息告知义务制度的公法建构》,载《人权》2022年第3期。
③ 参见江林红:《〈个人信息保护法〉中告知义务研究》,载《对外经贸》2022年第9期。

转，但无法预知并理解自动化决策下的加工和整合的结果，公开信息并不代表让渡、放弃合法权益。当处理个人信息的行为可能会给信息主体带来损害时，信息处理者应当履行告知义务，尤其当处理者是以守护公共利益为职责的国家机关时其更应履行告知义务。因为除去信息处理者这个身份，国家机关本身就负有保护个人信息权益不受侵犯的职责。此外，还存在信息主体非自愿公开信息的情形，比如，因为错误操作将个人信息发布在网络上，这时信息主体并没有公开信息的真实意愿，通过告知实现个人信息自决就更为必要。①

第二，以德国为代表的相对免除告知义务情形。相对免除告知义务是评估告知可能付出的成本、带来的影响，不告知可能发生的后果，以各方利益最大化为原则作出免除告知规定。相对免除告知义务具体分为两类：一是因成本而附条件不告知；二是利益冲突不宜告知。德国、欧盟和我国澳门地区认为，如果告知会付出极其不成比例的、不相称的、过高的成本，告知义务可以在一定条件下被免除。比如，要求提前书面说明"极不成比例的成本"的概念以防止国家机关随意解释。② 笔者认为，当告知给经济带来的减损和给信息主体增加的权益过于悬殊时，就要考虑告知的必要性和适当性，德国的做法既降低了告知成本又促进了信息的利用。关于利益冲突不需要告知的情形，德国提出在告知将损害公共安全，或者有损于联邦或者州的利益，不利于数据控制机关正常履行职责的情况下可以不告知，欧盟、韩国等地区和国家也衡量法益冲突，规定了不适合告知的情形。笔者认为，比较法充分衡量不告知给信息主体可能造成的损害和告知促使高位阶法益规避的风险，并对适用免除告知义务规则附加了一定条件，采取对个人权益损害最小的方式来实现综合利益最大化，兼顾个人权益保护和信息的自由流动。

---

① 参见王爽：《合法公开个人信息衍生利用的有限告知同意制度研究》，载《浙江工商大学学报》2022年第2期。
② 参见澳门个人资料保护法第10条、德国联邦数据保护法第19条、欧盟一般数据保护条例第14条。

(二) 应厘清不需要履行告知义务的范围

第一，合理范围内处理已经合法公开的个人信息可以免除告知义务。个人信息不因其被公开而丧失承载于其上的人格尊严和利益，自行公开个人信息不应当成为让渡知情权的合法理由。与此同时，信息主体在公开信息之前已经预料到了信息会被收集、保存，默许了信息的流转。收集、存储、传输、提供、公开、删除信息的行为不会破坏、变更信息本身，不会增加或者减损信息权益。因此，可以免除对已经公开的信息收集、存储、传输、提供、公开、删除的告知义务；对于使用、加工公开的信息，数据处理者通过算法加工会挖掘出新的信息，产生二次个体关联性，可能改变信息原有状态进而影响个人权益，所以应当依法保障知情权。

第二，告知目的已经实现可以免除告知义务。个人已经知道或者有足够的证据推定其已经知道告知内容，国家机关可以不告知。要强调的是，如果信息主体主张自己不知情，此时国家机关就要举证证明信息主体已经知道应当告知的内容，证明不告知并没有影响信息主体的知情权，否则就要承担违反告知义务的责任。

第三，告知成本过高可以附条件免除告知义务。公共秩序和公共福利的推进依托于由大量个人信息生成的数据资源，国家机关处理个人信息是提高行政质效的手段。① 告知付出的人力和财力也都属于国家和全体社会所有，因而会产生一边增加福祉一边流失利益的局面，此时就需要法律来调节二者之间的矛盾。在告知行为确实会付出不成比例的投入时，可以免除国家机关的告知义务，但前提是有合理的替代行为。民法典第581条规定了替代履行的概念："当事人一方不履行债务或者履行债务不符合约定，根据债务的性质不得强制履行的，对方可以请求其负担由第三人替代履行的费用。"即通过变更履行义务的主体来履行应当由他人履行的义务，维护当事人应当得到的利益。我们可以借鉴此规定的法理来规定替代实现告

---

① 参见梅夏英：《在分享和控制之间 数据保护的私法局限和公共秩序构建》，载《中外法学》2019年第4期。

知目的的情形，可以要求国家机关向履行个人信息保护职责的部门说明情况，由履行个人信息保护职责的部门评估是否具备告知条件、是否有必要告知。如果经评估后认为可以不告知，国家机关免除告知义务，同时应当将处理信息行为的全部情况随时告知履行个人信息保护职责的部门，接受其管理和监督。此时，履行个人信息保护职责的部门是独立的第三方，与信息主体和信息处理者没有利害关系，可以公正地代替信息主体监督信息处理行为。当信息处理行为违反保护义务规定时，履行个人信息保护职责的部门依法行使监督管理权，同时将违法行为通告信息主体，保障其知情权。这种替代履行告知义务的方式，可以尽量减少告知成本，也实现了个人信息处理行为的可知、可控。

　　第四，为了法定职责的顺利履行可以暂时免除告知义务。公务行为具有专业性、程序性、紧迫性的特点，同样的妨碍行为在不同场景下会产生差异性较大的后果，制定统一的、明确的标准来定义妨碍行为具有难度。但是如果不对妨碍行为进行说明、制定确定的评价标准，又可能会引发滥用妨碍行为来规避告知义务的现象。比如，国家机关在履行告知义务后，信息主体反复询问处理目的和进展，要求国家机关尽快履行职务停止对个人信息的处理，此时国家机关不堪其扰，主观评价认为先前的告知行为影响了正常的工作进展，增加了工作量。待再次需要告知时，比如处理事项发生了变更，国家机关就以妨碍履行法定职责为由免除履行告知义务。在这个例子中，信息主体反复询问的行为并没有直接导致国家机关无法履行公务，没有在客观上破坏履行公务依赖的环境、条件等因素，但国家机关为了履行提供信息、保障知情权的义务，需要付出一定的时间和人力来处理此类询问，间接增加了告知的成本，拖延了职责的推进，在某种程度上可以理解为具备妨害性。因此，可以在界定妨碍国家机关履行法定职责时引入必要性原则，即应当选择一项对信息主体的权利损害最小、最温和的手段，将免除告知义务变更为暂时免除告知义务。国家机关认为告知会妨碍其履行法定职责的，可以暂不告知，待职务履行结束后或者认为妨碍的情形消除后再恢复告知，即告知保障的不再是信息主体的即时知情权，更侧重于保护事后知情权。德国在刑事诉讼法律中曾有过类似的规定，即"侦查机关即使采取了通讯监察、科技定位追踪等秘密侦查措施，也应于措施结束后立即通知相关当事人"①。

五、国家机关处理个人信息告知义务监管制度的完善

目前，学术界对个人信息保护行为监管主体的研究主要围绕在监管主体的独立性上。一种观点认为，应当设立互联网信息办公室、数据资源局等独立的个人信息行政监管部门，②或者成立国务院直属的独立的个人信息保护监管机构，如国家个人信息保护委员会，③或者由互联网信息办公室监管一般处理者，设立独立机构监管行政机关；另一种观点认为，应当采取网信部门统筹协调和牵头保护的相对集中的综合保护模式。④上述观点存在三个问题：首先，没有单独研究国家机关处理个人信息行为的监管体系，缺乏针对性；其次，大部分研究围绕是否成立独立的监管主体展开，没有研究现有监管体系的现状，更没有指出监管主体职责混乱的问题；最后，在上级机关的性质、职权等方面的研究尚处于空白。总体看，现有研究不全面、不深入、指向性存在偏差，无法回应监管国家机关在履行告知义务方面所面临的问题。本文选取德国、欧盟、韩国的有关规定开展学习研究，结合我国现状，提出完善的参考意见。

（一）比较法上对告知义务监管主体的不同观点和评析

一是以美国为代表的分散监管体系。美国对联邦政府部门和非公权力主体的信息处理行为采取分散立法，联邦政府各机构处理个人信息的行为

---

① 艾明：《论刑事侦查中行踪轨迹信息收集运用的法律规制》，载《江西社会科学》2022年第12期。
② 参见许亚绒：《国外个人信息保护法律制度探析》，载《法制博览》2021年第12期。
③ 参见张涛：《个人信息保护中独立监管机构的组织法构造》，载《河北法学》2022年第7期。
④ 参见刘欣琦：《论国家对个人信息权的积极保护义务——兼评个人信息保护法第6章》，载上海市法学会编：《上海法学研究》2022年第22卷，上海人民出版社2023年版，第109页。

则由国会通过制定法律来约束。① 在监管模式上，由与个人信息内容所属类别对应的行业机构各自监管，各机构对收集、使用个人信息的信息系统和计划均制定了监管要求，形成了一套完备的监管流程。② 整体看，涉及各领域的个人信息都有对应的监管主体，避免了无人监管的局面，且由信息对应行业的政府机构开展信息保护工作，更具有权威性和专业性。比如，在涉及医疗健康的账户信息发生泄露时，基于对行业的了解，国家卫生健康委员会比消费者金融保护局在调查时更熟练、便捷，采取的措施也更有针对性，更易被信息处理者接受。但是分头监管存在以下问题：其一，个人信息涉及的领域不可能是单一的，在两个监管主体都拥有监管权时如何确定监管职责。其二，容易出现监管标准不统一的问题。对于相似的违反告知义务的行为，各监管主体存在作出差异性较大处理的可能，影响法律的统一适用。其三，无论从监管手段还是从获取资源的能力上，分头监管都无法达到综合监管可能实现的效果，影响对个人信息权益的保护效果。

二是以德国为代表的双重监管模式。德国和美国一样，在立法上分别规制公私信息处理行为，在监管模式上，联邦数据保护法采取双重监管模式。其一，在第4条提出了数据保护官的概念。由隶属于公共机关的数据保护官负责监督数据是否被妥善使用，了解数据自动化处理的计划并确保处理数据的工作人员熟悉法律规定。其二，在第22条、第23条提出了联邦数据保护和信息自由专员制度，将该专员定位为最高的联邦数据保护机构。该专员对联邦公共机构获得的书信、邮政和电信的内容有调查权，对属于职业秘密或者特殊官方秘密的个人数据有监督权，对违法行为有权向相关机构提出控告并要求书面回复。

笔者认为，德国试图通过数据保护官来约束和规范联邦机构对数据的

---

① 参见高富平、王苑：《论个人数据保护制度的源流——域外立法的历史分析和启示》，载《河南社会科学》2019年第11期。
② 参见苏力、杨韬：《美国隐私保护立法和监管体系研究》，载《保密科学技术》2021年第9期。

处理行为未免过于乐观。数据保护官产生于国家机关内部，受被监管机关委托，由被监管机关任命，薪资待遇和职务职级由被监管机关决定，日常工作受被监管机关领导和监督。这种情况下，要求数据保护官客观、中立、公平、公正地开展监督有些强人所难，监督的效果会打折扣。法律既要求数据保护官独立、专业地监督信息处理行为，又无法在配套制度上保障其真正的独立性，有自相矛盾之嫌。

(二) 应采取综合模式监管国家机关履行告知义务

第一，采取综合且分散的监管模式。相较于私主体以私利为目的处理个人信息，国家机关对个人信息的处理本身受行政约束和司法监管，其给个人信息带来侵害的机会和空间更少。在现阶段立法资源有限和改革难度较大的情况下，成立专门的监管机关并配套专门的法律规范并不是短期能完成的，其必要性和迫切性也值得探讨。如果采取分散管理模式，各领域各自监管、制定本领域的法律规范，难免带有部门主义色彩，没有统一的监管制度予以调整，容易造成信息不对称，增加监管成本，影响监管效果。① 但是因现有监管体系涉及多类别的监管主体，且很多监管主体行政层级相同，很可能出现有监管权却不能或者不愿意监管的权力真空局面。因此，可以完善现有规定，分阶段探索并改革对国家机关处理个人信息行为的监管机制。② 网信部门相较于其他行政机关具有较丰富的个人信息处理经验，应当构建起以网信部门牵头的各职能部门、政府部门、上级机关统一协调的监管体系。③ 同时，做好配套的制度保障，构建权责明晰、分配合理、流程透明、衔接顺畅的监管机制，提升监管合力。④

---

① 参见周汉华：《〈个人信息保护法（草案）〉：立足国情与借鉴国际经验的有益探索》，载《探索与争鸣》2020年第11期。
② 参见姚岳绒：《宪法视野中的个人信息保护》，博士学位论文，华东政法大学，2011，第211页。
③ 参见周乾、杨义政：《个人信息保护执法优化之路径》，载《晋中学院学报》2023年第2期。
④ 参见刘金华：《我国个人信息处理的行政监管法律制度研究》，硕士学位论文，南昌大学，2022，第21页。

第二，明确多元监管主体的具体职权。个人信息保护法构建多层次的监管架构意图加强对违反告知义务行为的制约，但是没有规定各种监管主体的具体职权，没有形成完整的监管机制，导致监管主体无法可依、适用困难。为了确保现有监管体系的顺畅运行，应当从三个方面予以完善。首先，以法的形式明确、细化网信部门的统筹协调作用。应当明确网信部门对处理个人信息行为的程序问题和实体问题都有监督、管理权。应当完善配套法律规定，在相关规定中完善网信部门行使监管权的程序、依据，使之能与个人信息保护法的内容更好衔接。其次，细化不同监管主体、不同层级的监管事项。根据监管主体的权利属性、领域范围规定详细的监管内容，说明监管程序和监管依据。对于交叉监管的区域要进行归类并明确界定监管主体，如果两个以上的部门有监管权，应当明确牵头主体并规范多部门之间的运行流程，坚持分工协作的原则，协调处理交叉事项，避免对一个违法事项作出重复调查和处罚，或者因沟通不畅而无人监管。最后，"法无授权不可为"，应当明确规定国家机关的上级机关具体的职权，确保其处理行为在实体上符合法律的规定；应当明确其获取国家机关违反告知义务行为的线索来源、对线索的处理程序和处理结果的性质；应当明确对上级机关处理决定有异议的申诉渠道和程序，确保监管的权威性和严肃性。

六、结语

国家机关为履行法定职责处理个人信息，应当兼顾对个人信息的保护和利用。法律应当量化合理且弹性化的告知时间，细化可操作、效率高、节约型的告知方式，运用比例原则解读国家机关不需要履行告知义务的范围，构建以网信部门为牵头主体的多元化、一体化监管机制，厘清监管职责，明确监管程序。通过解释法律、填补漏洞，推进国家机关依法履行告知义务，保障个人信息安全合规利用，促进数字政府、法治政府长远发展。

（本文仅代表作者个人观点）

论违约金酌减适用民间借贷利率上限规则[*]

吴旭莉[**]　郑小敏[***]

一、问题的提出

违约金系基于当事人约定，在一方违反合同义务后向对方支付的一定数额的金钱，是承担违约责任的方式之一。预先确定性与效率原则是约定违约金存在的意义，约定违约金应遵循意思自治与契约自由，当事人就违约金责任作出约定后，裁判者介入违约金条款的效力、违约金数额的调整应当受到限制，以充分尊重当事人的自决权。然而，基于自然法对合同正义、公平、公序良俗、诚实信用等法律价值的追求，大陆法系主要国

---

[*] 本文系教育部人文社会科学研究项目"民间借贷利率规制之理论与实证研究"（项目编号：22YJA820023）的阶段性研究成果。
[**] 厦门大学法学院副教授，法学博士。
[***] 北京卓纬律师事务所执行合伙人，法学博士。北京卓纬律师事务所马织夏律师、徐晓謖律师、实习生陈楠对本文亦有贡献，在此一并致谢。

家或地区对于约定违约金可由法院进行调整已基本形成共识。① 我国自涉外经济合同法规定违约金调整规则至今已有四十年的司法实践，在理论研究领域亦有大量成果。② 2023年12月，最高人民法院公布《最高人民法院关于适用〈中华人民共和国民法典〉合同编通则若干问题的解释》（以下简称《民法典合同编通则解释》），其中第64条至第66条对我国既有的违约金调整规则进行整合。该规则确定违约金调整以"违约造成的损失"为标尺，当事人对于约定违约金低于损失或者过分高于损失的都可以请求法院或仲裁机构调整，主张违约金需要调整的当事人必须承担证明损失金额的举证责任，不允许当事人以约定放弃违约金的调整，并明确恶意违约不得要求调整违约金，在特定条件下法院就调整违约金享有释明权等。鉴于约定违约金过低时，还可以请求损害赔偿作为救济手段，有观点认为，对于违约金数额过低的调整在实践中没有必要；③ 并且，在司法实践中违约金调整的裁判主要集中于违约金酌减。④ 因此，本文以下关于违约金调整的研究集中于违约金酌减方面。

在民间借贷纠纷中，当事人约定过高的利息、逾期利息以及其他费用时，以民间借贷利率上限作为利息及违约金的调整标准，有相关司法解释

---

① 参见我国民法典第585条、德国民法典第343条、法国民法典第1231条、瑞士债务法第163条、我国台湾地区"民法"第252条、澳门民法典第801条等。
② 参见姚明斌：《违约金司法酌减的规范构成》，载《法学》2014年第1期；屈茂辉：《违约金酌减预测研究》，载《中国社会科学》2020年第5期；许德风：《违约金司法酌减的依据及其限度》，载《法学》2024年第4期；王利明：《过分高于损失：违约金调整的基本标准——以民法典第585条第2款为中心》，载《法学研究》2024年第6期。
③ 参见王利明等：《民法学》（第6版），法律出版社2020年版，第756页。
④ 北京市第三中级人民法院曾做过违约金调整的详细调研，调研报告显示，2019年至2021年该院共审理369件当事人提出调整违约金的案件，其中366件要求减少，2件要求增加，1件违约方要求减少而非违约方要求增加。参见宋垚：《三中院调研约定违约金司法调整案件四个特点》，载北京市第三中级人民法院网站，https://bj3zy.bjcourt.gov.cn/article/detail/2022/01/id/6505014，2024年12月18日访问。

的支持。① 对于民间借贷纠纷之外的其他纠纷，是否可以适用民间借贷利率上限作为约定违约金调减的标准，存在疑问。

下文旨在通过对司法实践中违约金调整适用民间借贷利率上限规则的案例进行实证分析，探寻在非借款合同案件中适用民间借贷利率上限规则调整约定的违约金是否具有正当性，并尝试寻求较为合理的违约金调整标准，以期为我国违约金调整规则提供一种具有可执行性的规范思路。

二、民间借贷利率上限规则在违约金酌减案件中的裁判现状

在人民法院案例库中，以"违约金过高"为检索词，总共检索到案例 22 件，② 其中指导案例 2 件（166 号、189 号）、参考案例 20 件。在这 22 件案例中，法院判决对违约方提出的违约金过高的请求不予酌减的有 8 件，进行调减的 13 件，1 个案件中因当事人约定了三个违约金标准（每月支付 1% 的利息，或不少于 8% 的年利率，或人民银行发布的利率），法院最终选择年利率 8% 作为违约金的标准。下文分别从不予酌减违约金及酌减违约金的不同视角，对民间借贷利率上限在违约金调整案件中的适用现状进行研讨。

（一）裁判不予酌减违约金的案例

法院判决不予酌减违约金的理由主要有：该案中违约金的标准应依据国务院的文件；③ 当事人恶意违约有悖诚信；④ 违约方无法证明违约金过

---

① 参见《最高人民法院关于审理民间借贷案件适用法律若干问题的规定》（以下简称《民间借贷规定》）第 28 条和第 29 条的规定。
② 最后检索时间：2025 年 3 月 22 日。
③ 参见 2023-07-2-086-001 号案例：某县自然资源和规划局诉安徽某房地产公司、南京某房地产公司建设用地使用权出让合同纠纷案。法院认为，该案中适用的《国务院办公厅关于规范国有土地使用权出让收支管理的通知》第七条规定的违约金标准人民法院不宜调整。
④ 参见指导案例第 166 号：北京隆某伟业贸易有限公司诉北京城某重工有限公司合同纠纷案。

高；① 法院判定违约金标准并不过分高；② 法院不支持支付违约金的请求，违约金标准无须调整；③ 等等。

不予酌减的案件中有 2 案涉及民间借贷利率上限的适用。2023-16-2-091-007 号案例是商品房销售合同纠纷，法院在评判日 5‰的违约金标准是否过高时认为，日 5‰折算成年化 18%，比照当时（2014 年）的民间借贷利息的通常保护标准并不过高，故而违约金计算标准并不高，不予酌减。

2024-08-2-084-006 号案例系买卖合同纠纷，当事人约定迟延交货及迟延付款的，按照迟延部分金额日 1‰的标准（年化 36.5%）计算违约金，出卖人在起诉时主动将违约金的诉求调整至月息 2 分，即当时民间借贷保护的最高利息上限水平。法院认为，由于现行的原材料市场已明显高于合同价格，出卖人违约未交付货物并不具有主观恶意，买受人不是导致合同解除的违约方，支付尚欠的相应货款即可，违约金部分不予支持。这两个案件中，一个是法院将民间借贷利率上限作为判断违约金是否约定过高的标准，另一个是当事人主动将约定较高的违约金调整到民间借贷利率上限的标准。尽管这两个案件最终均未调整违约金，但都可以看到民间借贷利率上限被法院或当事人用作判断违约金约定能否得到支持的标准。

在 2023-08-2-269-002 号案例中，法院则强调股权转让协议属于商事合同，应当充分尊重双方当事人的意思表示，当事人主张违约金过高需要法院调整时，应当承担举证责任。法院不予酌减的裁判是尊重当事人意思、奉行契约自由、贯彻私法自治、遵循诚信原则的体现。

（二）裁判酌减违约金的案例

在 13 个法院裁判酌减违约金的案件中，2024-07-2-483-001 案例是

---

① 参见 2023-08-2-269-002 号案例：张某某诉李某某等股权转让纠纷案。
② 参见 2023-16-2-091-007 号案例：林某某诉婺源县某房地产开发有限责任公司商品房销售合同纠纷案。
③ 参见 2024-08-2-084-006 号案例：上海某水务设备有限公司诉宿迁市某装饰工程有限公司买卖合同纠纷案。

以民间借贷利率上限作为违约金酌减标准的典型案例。在这 13 个案例中，有 5 个案件法院在说理论证时采用公平、诚信原则调整违约金的金额。例如，在指导案例 189 号中，当事人约定主播跳槽违约金为 5000 万元，起诉时原告主动将违约金降为 300 万元，法院最终酌减至 260 万元。又如，在一起竞业禁止协议履行合同纠纷中，当事人约定的违反竞业禁止的违约金为前一年度薪资收入的 10 倍，依此标准违反竞业禁止义务的当事人要支付 161 万余元的违约金，法院将违约金酌情调整为 12 万元。① 这两个典型案例充分说明，有时候当事人约定违约金的确会出现"过分高"的情形，确有必要由法院或仲裁机构进行调整。有 4 个案件涉及民间借贷利率上限的适用，② 除 2024-07-2-483-001 案例外，另 3 个案件则分别采用了贷款市场报价利率、2 倍贷款市场报价利率、3 倍贷款市场报价利率的标准。③

上述人民法院案例库中违约金调整案例的裁判清晰地表明：民间借贷利率上限在违约金酌减的案件中多次适用，即便在不予酌减违约金的案件中也会被用作评判违约金是否过高的标准。人民法院根据具体的案情，参照民间借贷利率上限标准，对个案中是否应当酌减违约金、应当如何酌减违约金进行裁判，虽然案件裁判观点各异，但均入选人民法院案例库，这表明违约金酌减的司法实践中切不可采用"一刀切"的固定标准，而应当根据具体案情灵活掌握酌减规则。这也为民间借贷利率上限在违约金酌减中的适用留下讨论空间。

---

① 参见 2023-07-2-186-012 号案例：上海某实业股份有限公司诉韩某某劳动合同纠纷案。
② 参见 2024-07-2-483-001 号案例：陈某诉刘某合同纠纷案；2023-08-2-103-021 号案例：某银行诉某投资公司、景某某等金融借款合同纠纷案；2024-08-2-483-003 号案例：某（天津）商业保理有限公司诉王某某合同纠纷案；2023-08-2-143-007 号案例：某担保公司诉某公司、某经销处、朱某某等追偿权纠纷案。
③ 参见 2023-07-2-121-001 号案例：某物业公司诉某银行青岛分行、某商业公司物业服务合同纠纷案采用 1 倍 LPR 的标准；2023-08-2-113-002 号案例：某公司诉某甲公司等保理合同纠纷案采用 2 倍 LPR 的标准；2024-08-2-483-008 号案例：重庆市某盛电线电缆有限公司诉重庆某富房地产开发有限公司、某创西南房地产开发（集团）有限公司合同纠纷案采用 3 倍 LPR 的标准。

三、民间借贷利率上限规则在违约金酌减案件中适用的正当性

以民间借贷利率上限作为违约金参照标准符合历史与当下的实践。在历史上，对违约金限制的初衷就是限制通过高额的违约金变相规避高利贷法，因而让最高利息限制标准亦成为违约金是否过高的参照标准。利息上限规定的司法应用，是我国法律对民间借贷行为进行规制的重要一环，而对于民间借贷利率的规制实际上蕴含着公平与自由、秩序与效率等价值。①民间借贷利率上限的规定虽然仅规制民间借贷的利息，但其含有朴素的商业伦理和隐性的自然法观念，体现了在经济社会客观发展过程中金钱资本可以获取的利润上限。民间借贷利率上限规则可有条件地适用于违约金酌减的裁判领域，而不仅仅适用于民间借贷合同期内利息等领域，尤其可在金钱债务的逾期履行中作为违约金上限的参照标准。理由在于两个方面。

（一）基于损失的预定与限制

民间借贷利率上限可作为违约金酌减的参照标准最根本的原因在于：违约造成的损失是违约金酌减的基础，法定的利息保护上限是迟延付款类金钱债务损失的最高标准。《民法典合同编通则解释》第 65 条规定，违约金的酌减应以民法典第 584 条规定的损失作为基础。关于损失的确定，《民法典合同编通则解释》第 63 条规定体现了完全赔偿原则，其范围应当包括：（1）实际损失。即由违约行为导致的非违约方现有利益的减少。（2）可得利益损失。假设合同得以履行，非违约方利用合同标的从事生产经营可获得的利益，但因违约方违约导致合同未能履行，非违约方将丧失这部分利益。（3）为防止损失扩大而造成的损失。根据民法典第 591 条的规定，为防止损失的进一步扩大而产生的费用应由违约方承担。

利息是确定迟延付款造成的损失的方式之一。大陆法系主要国家及国

---

① 参见高圣平、申晨：《民间借贷中利率上限规定的司法适用》，载《政治与法律》2013 年第 12 期。

际公约都规定支付利息的法定义务。① 在付款迟延时，债权人取得向债务人请求利息的权利。例如，法国民法典第1231条规定，迟延清偿一笔金钱债务引起的损害赔偿是指自履行催告起按照法定利率计算的利息；无须债权人证明受到任何损失，此种损害赔偿均应支付。德国民法典第288条规定了迟延利息，明确金钱债务于迟延时应支付利息；债权人得基于其他法律原因，请求较高之利息；其他损害之主张，不予排除。《联合国国际货物销售合同公约》第78条规定当事人在对方拖欠货款或任何其他应付款时有收取利息的权利，这是对方违约时给予非违约方的补偿；第84条第1款规定，如果卖方负有归还价款的义务，其必须同时从应支付价款之日起支付价款利息。

我国民法典第561条规定，债务人在履行主债务外应当支付利息和实现债权的有关费用。该法条的重点在于规定给付不足以清偿全部债务时债的抵充顺序的确定。如何理解该法条规定的利息，最高人民法院的倾向性意见认为，利息包括约定利息和法定利息，迟延履行利息也包括在内，利息的清偿与《民间借贷规定》中有关法定利率上限以及逾期利息、违约金、其他费用并存时总计不得超过法定利率上限的规定，并且特别强调，应当严格遵守《最高人民法院关于依法妥善审理民间借贷案件的通知》（法〔2018〕215号）就利率问题强调的"依法严守法定利率红线"。② 在金钱类债务中，在债权人无法证明损失的情况下，民间借贷的利率上限是国家法律保护的损失的最大限额，以民间借贷利率上限作为违约金调整的参考标准基本是合理的。债务人逾期付款，势必给债权人造成损失，此时损失主要是利息损失以及实现债权的其他各种费用，法律可保护的最大金额参照民间借贷最高利息保护标准是合适的。这一观点在学术界亦有学者进行论证，如姚明斌教授认为，《民间借贷规定》所规定的期内法定利息

---

① ［德］克里斯蒂安·冯·巴尔、［英］埃里克·克莱夫：《欧洲私法的原则、定义与示范规则：欧洲示范民法典草案》，高圣平等译，法律出版社2014年版，第821页。
② 参见最高人民法院民法典贯彻实施工作领导小组主编：《中华人民共和国民法典合同编理解与适用》，人民法院出版社2020年版，第628页。

限额规则可延伸至迟延还款的违约金,违约金的司法酌减可依个案的具体情况适用法定利息限额。①

既然认为资金占用成本可以民间借贷可获得的利息作为标准,表明其并不符合"过分高于"损失的酌减要件,那么约定违约金的酌减标准是否还可以在法定利息限额的基础上再加30%?对此,日本法即采用了约定违约金可在法定利率限制的基础上再上浮一定比例的做法。日本民法典第419条规定了金钱债务迟延履行时应支付的利率可以高于法定利率。日本的利率限制法第1条规定,借贷利率的限制根据借贷金额分三等:金额少于10万日元的,利率上限为年20%;10万日元以上100万日元以下的,利率上限为年18%;100万元及以上的,利率上限为年15%。同时,根据该法第4条规定,未履行借款债务而约定违约金,超过上述利率上限的1.46倍时,超过的部分无效;违约罚视为约定违约金。我国也有学者主张,在确定违约金为惩罚性违约金时,在民间借贷利率上限基础上再加30%方可体现违约金的惩罚功能,仅以民间借贷利率上限作为违约金酌减标准,体现的仅是违约金的补偿功能。② 此观点不无道理,但在我国的司法实践中,在当事人约定以民间借贷利率上限作为违约金标准都面临被法院酌减的情况下,在法定利息上限基础上再加30%作为约定违约金过高的标准显然并不现实。从我国国情出发,金钱债务迟延履行以民间借贷利率上限作为违约金标准还是切实可行的。

(二)基于节省成本与促进效率的考量

约定违约金的目的与功能主要有两个方面:一方面,实现约定违约金的压力功能,预防债之不履行;另一方面,实现约定违约金在执行时简单易行的功能,违约金作为损害赔偿额的预定,不必再证明损害,降低交易

---

① 参见姚明斌:《〈合同法〉第114条(约定违约金)评注》,载《法学家》2017年第5期。
② 参见石冠彬:《民法典合同编违约金调减制度的立法完善——以裁判立场的考察为基础》,载《法学论坛》2019年第6期。

成本。① 成本与效率作为约定违约金设定的价值意义应当予以坚持。当事人之所以约定确定的违约金数额或违约金计算方式，其原因大多是为避免证明损失的具体金额，节约交易成本，以提高纠纷解决效率。约定违约金作为对违约风险的预定，由于当事人自身认知的局限或信息的不对称，对未来风险的预估出现偏差在所难免，如果以实际损失作为衡量违约金过高的唯一标准，则当事人需对其所受损失以及具体金额承担举证责任，又会消解违约金避免证明困难的功能。② 按照法定利息一揽子计算利息损失的理由在于：债务人如果将款项支付给债权人，这些款项的用途往往会各不相同，因此，债务人若未支付款项，给债权人造成的损失也是各不相同的。为避免在审查损失时过于复杂，同时避免由此而生的争议，承认一项统一的规则，并且将欠款的利息作为对债权人的损害赔偿，是最简单的方法。③

当事人通过事先约定救济条款，订立具有分配风险的协议，对交易的履行提供保障。约定的违约金是否过高、是否合理往往需要以实际损失作为判断标准，而实际损失的判断往往较为困难。如前所述，我国在民法典第 584 条、《民法典合同编通则解释》第 63 条确定了损失的完全赔偿原则，但对损失的具体计算方法并没有作出详细的规定，原因即在于用统一规则规范每个案件的实际损失难以实现。例如，在美国统一商法典关于买卖合同的救济规定了买卖各方在对方违约后的救济尤其是各种损害的计算方法，如货物为半成品状态下的赔偿（第 704 条）、买方不接受交付或毁约时卖方损失的计算（第 708 条）、价款与附带损失（第 709 条、第 710 条）、卖方未能交付或作出毁约时买方损失的计算（第 713 条）等。对损失的计算，有用差额方法计算卖方损失或利润方法计算卖方损失的方法。④

---

① 参见王泽鉴：《债法原理》（第 2 版），北京大学出版社 2022 年版，第 384 页。
② 参见王洪亮：《违约金酌减规则论》，载《法学家》2015 年第 3 期。
③ 参见［法］弗朗索瓦·泰雷等：《法国债法：契约篇》，罗结珍译，中国法制出版社 2018 年版，第 1162-1163 页。
④ 参见潘琪：《美国〈统一商法典〉解读》，法律出版社 2020 年版，第 181-185 页。

美国合同理论中还有确定损害赔偿额区分缔约时（time-of-contract approach）或违约时（time-of-breach approach）的观点，[1] 即分别从缔约时或违约时确定约定违约金的金额是否合理。因此，尽管各种损失规定非常详细，美国统一商法典第 718 条还是规定了约定或限制损害赔偿的方法，即约定违约金。约定违约金可以免去烦琐的损失证明程序，大大提高纠纷解决的效率。但是，在普通法系的合同法实践中，当合同中约定的违约金畸高时，并没有由法院削减违约金的做法。普通法系国家区分违约赔偿金（liquidated damages）与违约罚金（penalty），约定损害赔偿的金额与预计损害或实际损害相比应当具有合理性，当约定赔偿金额被法院判定因不合理而被认定为罚金时，将无法得以执行。是否合理、合比例及公平是法院判断是否构成罚金的标准。[2] 普通法系采用了全有或全无的方案，但当约定损害赔偿条款被认定无效时，债权人并非完全丧失救济途径，而是需要根据一般规定提起损害赔偿之诉。[3]

由于在缔约时几乎不可能精准确定将来造成的损失，为避免复杂的违约损失计算及举证的困难，当事人通常约定违约金条款。约定违约金条款节省了合同当事人确定该数额的费用和难度，提高纠纷解决的效率。法院在审查既定的违约金条款时，更应当注重审查缔约时当事人是否系在意思表示真实的情况下订立违约金条款，是否正确理解约定违约金的目的、意义与最终结果，是否存在欺诈、胁迫或不当影响而导致意思表示不真实。如果法院确信当事人在缔约时已经过深思熟虑、权衡利弊，约定违约金的

---

[1] 参见 [美] 梅尔文·A. 艾森伯格：《合同法基础原理》，孙良国、王怡聪译，北京大学出版社 2023 年版，第 358 页。

[2] 在邓禄普轮胎案（Dunlop Pneumatic Tyre Co., Ltd. v. New Garage and Motor Co., Ltd.）中，法院提出判断罚金的四个标准：与违约受到损失比是否过度（extravagant）和/或不公平（unconscionable）；违约支付的金钱数额是否较履约更大；约定多种严重违约的情形，而其违约应支付的金钱数额是否都相同；违约的损失是否可以进行事先准确预估。违约赔偿金是对真正损失的预估，而违约罚金的目的则是震慑违约方。

[3] Cummings Properties, L. L. C. v. Hines, 102 Mass. App. Ct. 28.

目的即是保证合同的履行，意在约定发生实际违约时适用该条款，自愿承担超过带有惩罚性的违约金所带来的后果，即便约定的损失与实际损失存在差异，但只要差异尚在合理范围，法院亦应当执行该条款，不宜裁量酌减违约金。此时，如果当事人约定将民间借贷利率上限作为约定违约金的标准系出于真实意思表示，这便是对违约所造成损失的预先定位，也是能让法院最有效率地对案件进行裁判的预定。

在某材料公司诉某板业公司买卖合同纠纷案①中，法院认为违约金的调整标准应当以民法典第 585 条第 2 款规定的实际损失作为基础，买卖合同中违约方逾期付款给非违约方所造成的损失体现为违约方占用货款资金期间的利息损失以及非违约方为实现债权而支付的合理费用等，这与民间借贷合同中借款方逾期归还借款造成的占有借款资金的利息损失以及实现债权支出的合理费用的损失是相类似的。违约方请求法院调减违约金，非违约方无法证明实际损失时，参照《民间借贷规定》第 29 条关于在约定逾期利率、违约金及其他费用的情况下，超过民间借贷利息保护上限的，人民法院不予支持的规定，以民间借贷利率上限作为违约金调整的标准，既可以弥补当事人的损失，又可以起到对违约方惩罚的作用，相对较为公平。民间借贷利率上限标准规定清晰明确，若当事人以其作为约定违约金标准，彼此间对违约的后果将有明确的预期，这可以敦促当事人履行合同义务，从而约定违约金的压力功能以及降低成本、提高效率的功能皆可得以实现。

四、民间借贷利率上限规则在违约金酌减案件中适用的路径优化

现代合同法在合同法是否应当保障当事人优先权的行使，国家是否可以基于公平、平等、道德、效率等因素对合同进行干预的争论中，达成合

---

① 参见国家法官学院、最高人民法院司法案例研究院：《合同纠纷裁判规则理解与适用》，中国法制出版社 2023 年版，第 487-493 页。

同自由原则与干预主义原则共同成为合同法原则的共识。大多数的场景是在遵循合同自由及鼓励交易的原则下，当事人缔结合同，而诸如公平、诚信等合同原则授权法院调整市场失灵情况下的合同并评价交易的充分性，以确保交易的自愿与公平。① 约定违约金的调整规则，正是在以追求实质公平为目标的合同法思想的引领下，法院通过实质裁量与判断才能适用的规范。这种规范的性质不是对当事人的行为规范，而是法院在裁判中运用的评价规范。为达到合同法上的实质公平，完善违约金酌减的规则显然尤其重要，以下为民间借贷利率上限规则在违约金调整适用中的建议，以优化其适用路径。

（一）充分尊重当事人的约定，不得随意酌减

合同订立之后，当事人应当严守承诺，只要意思表示真实且不违法，公权力不应当随意干涉。当事人约定以民间借贷利率上限作为逾期付款违约金标准时，只要是其真实意思，法院应当给予尊重，不应再行酌减，不得滥用酌减权。

首先，以民间借贷利率上限作为逾期付款违约金标准并不符合酌减条件。民法典第585条第2款以及《民法典合同编通则解释》第64条第2款规定的违约金调减的前提条件是违约方主张约定违约金"过分高于"违约造成的损失，而当事人以民间借贷利率上限作为逾期付款违约金的标准并不能被认定为"过分高于"违约造成的损失。例如，在三亚凯某投资有限公司与张某男、海南碧某园房地产开发有限公司确认合同效力纠纷案中，法院认为在民间借贷利率上限范围内的民间借贷收益是合法的、受保护的。② 在新会区大泽镇龙某轩古典家具厂、马某晓等买卖合同纠纷案中，法院考虑民间资金使用成本，将违约金调整到贷款市场报价利率的4倍。③ 在广东电白某集团有限公司、广州某混凝土有限公司买卖合同纠纷案中，

---

① ［美］罗伯特·A. 希尔曼：《合同法的丰富性：当代合同法理论的分析与批判》，郑云瑞译，北京大学出版社2005年版，第266页。
② 参见最高人民法院（2019）最高法民终960号民事判决书。
③ 参见广东省江门市中级人民法院（2021）粤07民终3071号民事判决书。

法院认为迟延付款所受的损失主要就是资金占用与实现债权的费用。① 金钱债务迟延履行的情形，相当于债务人占用了债权人的资金，在当事人约定了以民间借贷利率上限作为违约金时，其意思表示的真意可以解释为这部分款项等同于借款故而采用民间借贷利率上限作为计算损失的标准，这是法定的利息限额，是受到保护的，难以认定其"过分高于"违约造成的损失。

其次，民间借贷利率上限作为迟延付款违约金标准符合可预见标准，结果公平。约定违约金条款实际上隐含了当事人之间对风险的分配，这种风险分配对合同的价格往往会有实质性影响。为保护当事人对交易的预期、维护法律的确定性，对违约金酌减提供确定的规则并非完全不可能。② 当事人约定以民间借贷利率上限作为约定违约金的标准，其在缔约时即可预见到违约所带来的影响，是否将其订入合同、是否履行合同、违约有何后果，当事人对己方的缔约风险通常会作出判断。根据《民法典合同编通则解释》第65条第1款的规定，法院在当事人主张违约金过分高时，应当先以民法典第584条规定的损失计算依据为基础计算出损失，然后再判断约定的违约金是否过高。民法典第584条及《民法典合同编通则解释》第63条规定了损失的确定方法，可预见性判定规则是确定损害赔偿范围的首要标准。确定损害赔偿时，不可预见的损害应当从赔偿中扣除，损害赔偿以可预见的损害作为责任限制，这对确定交易风险、鼓励交易、维护当事人利益，具有重要作用。③ 可预见性规则要求当事人以理性人的视角判断行为的后果，明白行为的意义，通过合同的履行实现自己的预期，避免合同履行的不确定性。任何一个理性人都能预见以民间借贷利率上限作为违约金标准时，一旦将来违约所产生的后果。在当事人已就违约金标准进行约定且这一约定的金额实质上并不过分高的情况下，应当充分尊重当事人的意思，不宜随意再行调整，这既合乎约定违约金的效率功能，又可降低

---

① 参见广东省广州市中级人民法院（2021）粤01民终3569号民事判决书。
② 参见许德风：《违约金司法酌减的依据及其限度》，载《法学》2024年第4期。
③ 参见王利明：《违约责任论》（修订版），中国政法大学出版社2000年版，第497页。

裁判者的负担。

最后，对约定违约金排除民间借贷利率上限标准的适用没有依据。目前并没有法律、法规排除民间借贷利率上限规则在违约金责任中的适用。当事人双方在缔约时即约定了以民间借贷利率上限作为违约金的标准时，当事人对自己违约后应当承担的责任范围已事先进行了界定，对责任也有了明确的预测，裁判者不宜随意介入。民法典第585条第2款以及《民法典合同编通则解释》第64条第2款规定，当事人提出酌减过高违约金的，人民法院或仲裁机构可以酌减也可不酌减，以民间借贷利率上限作为违约金标准当属不必酌减的情形。违约金的酌减应当在充分尊重当事人意思自治的前提下充分克制，要避免出现只要当事人在诉讼中提出酌减，法院就进行酌减的现象。否则，凡是约定违约金，当事人必借口过高要求酌减，将徒增法院讼累。

（二）确立多元、综合的违约金酌定标准

尽管前文运用了大量的篇幅论证民间借贷利率上限规则在约定违约金酌减中的适用，但在此特别强调，本文绝非旨在论证民间借贷的利率上限规定是违约金调整的唯一标准，而是认为应当综合考虑其他违约金调整因素，决定违约金是否应当酌减及酌减的适用标准。在司法实践中，违约情形各异，民间借贷利率上限只是金钱债务迟延履行时违约金酌减的参照标准之一。不少学者就违约金酌减提出过相关理论与观点。例如，姚明斌教授主张违约金司法酌减属强制性规范，其价值旨在平衡自治与公平，① 王洪亮教授认为对违约金过高的判断应采用综合衡量的"灵活模式"，② 王雷教授提出违约金酌减中的利益衡量+动态系统论的方法，③ 屈茂辉教授用计量分析方法预测在违约金酌减的案件中影响判决的因素及其影响力。④ 学

---

① 参见姚明斌：《违约金司法酌减的规范构成》，载《法学》2014年第1期。
② 参见王洪亮：《违约金酌减规则论》，载《法学家》2015年第3期。
③ 参见王雷：《违约金酌减中的利益动态衡量》，载《暨南学报（哲学社会科学版）》2018年第11期。
④ 参见屈茂辉：《违约金酌减预测研究》，载《中国社会科学》2020年第5期。

术观点纷纭，各有特点，不一一而论。在学者及司法实务工作者的共同促成下，《民法典合同编通则解释》第 65 条吸收《最高人民法院关于适用〈中华人民共和国合同法〉若干问题的解释（二）》第 29 条及《全国法院贯彻实施民法典工作会议纪要》第 11 条的规定，要求违约金酌减不能采用固定标准"一刀切"的方法，要综合考虑合同主体、违约方的过错程度、违约金金额的约定是否基于高风险和高回报的交易类型、履约程度、履约背景以及违约的后果等因素，依据公平原则与诚信原则进行裁判。

违约金酌减标准还应当考虑违约金系属赔偿性或惩罚性的功能而进行差别处理。违约金发展的演进过程中，其功能或属性素有赔偿性与惩罚性之分，这在比较法上已得到确认。① 处理违约金酌减纠纷时，应当对违约金系赔偿性或惩罚性进行甄别。

赔偿性违约金旨在填补非违约方因违约方违约所带来的损失，我国民法典中采用完全赔偿原则，即赔偿包括可得利益在内的损失。

关于违约金惩罚性的判断一直存在争议。早在 20 世纪 80 年代，就有通过违约金与实际损失的比较判断违约金的赔偿性与惩罚性的观点。② 但也有观点认为，违约金的支付并不以非违约方遭受损害为条件，其作用是惩罚性的。③ 随着合同法理论的发展，现在更倾向于以当事人约定违约金的金额与违约造成的损害之间的比较关系作为判断是否构成惩罚性违约金的标准。④ 在当事人约定债务不履行（给付不能或迟延、不完全给付）的违约金时，只要当事人约定的适用条件发生，非违约方即可请求违约方支付违约金，而不以实际发生损害为必要。⑤ 惩罚性违约金在于用高于实际损失的金钱惩罚违约方，并预防违约再次发生。例如，在最高人民法院第 189 号指导案例中，播某游公司与主播李某向熊某公司承诺的 5000 万元违

---

① 参见姚明斌：《违约金双重功能论》，载《清华法学》2016 年第 5 期。
② 参见王作堂等：《民法教程》，北京大学出版社 1983 年版，第 235 页。
③ 参见王家福等：《合同法》，中国社会科学出版社 1986 年版，第 491 页。
④ 参见姚明斌：《违约金论》，中国法制出版社 2018 年版，第 48-49 页。
⑤ 参见王泽鉴：《债法原理》（第 2 版），北京大学出版社 2022 年版，第 389 页。

约金远远高于实际损失，约定的目的在于保证合同的履行。正因为惩罚性违约金的数额可能超过非违约方因违约而遭受的实际损失，惩罚性违约金的适用才会受到限制，不论损害赔偿预定型的违约金还是惩罚性违约金均是酌减的对象。赔偿性违约金主要考量债权人的实际损失，以判断违约金是否过高；惩罚性违约金则应当参酌债务人违约的状况以判断违约金是否过高。① 关于民间借贷利率上限在赔偿性违约金与惩罚性违约金中的区分适用，崔建远教授认为，当约定违约金的性质为赔偿性违约金时，约定违约金可以适用《民间借贷规定》第 29 条规定的 4 倍贷款市场报价利率上限的限制；当违约金的性质为惩罚性违约金时，《民间借贷规定》第 29 条规定的法定利息上限则不适用。②

关于惩罚性违约金的酌减，还应当注意我国民法典第 996 条的规定。③ 在现代社会加强对人格权保护的趋势下，违约精神损害赔偿逐步形成共识并在立法中得以确立。郑永宽教授认为，精神损害赔偿的数额、计算方法及相关的免责事由等可以交由当事人协商，协商的内容只要未触及民事法律行为的无效事由，通常应认可其效力。④ 在此，若非违约方嗣后提出约定的精神损害赔偿金过高，是否有酌减之余地？若还是要比照《最高人民法院关于确定民事侵权精神损害赔偿责任若干问题的解释》第 5 条关于精神损害赔偿数额的确定因素进行酌减，则当事人之间关于精神损害赔偿的约定将失去意义。对此，本文亦赞同以是否违反法律、行政法规的强制性规定以及公序良俗作为精神损害赔偿约定是否有效的判断标准，符合有效标准即赋予其执行力。在涉及人格权严重受到侵害的精神损害赔偿中，以违反金钱债务履行义务为调整对象的民间借贷利率上限规则断然不存在适

---

① 参见吴从周等：《违约金酌减之裁判分析》，我国台湾地区元照出版有限公司 2017 年版，第 3—7 页。
② 参见崔建远：《论利息之债》，载《中州学刊》2022 年第 1 期。
③ 民法典第 996 条规定："因当事人一方的违约行为，损害对方人格权并造成严重精神损害，受损害方选择请求其承担违约责任的，不影响受损害方请求精神损害赔偿。"
④ 参见郑永宽：《违约责任与侵权责任竞合中的精神损害赔偿》，载《中州学刊》2022 年第 11 期。

用空间。

（三）及时调整民间借贷利率上限的适用标准

以民间借贷利率上限规定作为违约金的调整机制并不代表可以机械适用，需要根据民间借贷利率上限规定的变化及时调整适用标准。

依据《民间借贷解释》第29条的规定，贷款市场报价利率4倍的利率上限适用于利息、违约金及其他费用合并计算的情形，也已运用于违约金酌减的司法实践。例如，在中国某建筑有限公司与四川某物流配送有限公司、四川省某房地产开发有限公司建设工程施工合同纠纷案①中，当事人约定逾期付款超过三十日后，按中国人民银行同期同类贷款利率的4倍支付违约金，法院判决2019年8月20日前按照当事人约定，2019年8月20日起按照贷款市场报价利率的4倍计算违约金。又如，在吉林省某建设工程有限公司与文登市某物资有限公司买卖合同纠纷案中，法院在二审中虽然特别强调对违约金的酌减并不是以民间借贷利率上限为依据，但还是维持了一审法院将违约金酌减为按贷款市场报价利率4倍的标准计算违约金的判决。② 因此，基于4倍贷款市场报价利率是我国现行的民间借贷利率的保护上限，现阶段适用民间借贷的利率上限标准应当适用现行的4倍贷款市场报价利率，不再执行年利率24%的规定。

五、结语

利息是货币的价值，民间借贷利率上限规定的意义在于设定借款利息法律保护的最高限额。民间借贷利率上限作为判断及调整过高违约金的标准可以也应当推广至其他金钱债务迟延履行的纠纷中，其扩张适用具有正当性基础。在具体适用过程中，应采用综合、多元的判断标准，同时关注各规则之间的衔接。违约金的酌减规则是提供给裁判者对约定违约金是否公平、合理作出判断的评价规范。在迟延履行的金钱债务中，当事人以民

---

① 参见最高人民法院（2022）最高法民终9号民事判决书。
② 参见山东省威海市中级人民法院（2022）鲁10民终3182号民事判决书。

间借贷利率上限约定违约金时应当尊重当事人的意思自治,在当事人约定更高标准违约金的情况下,法院可将违约金调减至民间借贷利率上限。此等做法符合当事人对该等裁判路径的合理预期与信赖,亦给予裁判者更为全面的参照坐标,更加公平、合理、直观,节约交易成本,不耗费司法资源,这也是打造良好营商环境、保证司法统一、避免自由裁量权滥用、提升司法效率的有效路径,值得提倡并推广。

(本文仅代表作者个人观点)

地理标志保护法律规则适用研究

吕方园*　宋唱畅**

一、问题的提出

地理标志产品因其不可替代的地域性、稀缺性和独特性，将产地特有的自然生态环境与人文历史底蕴转化为增值和溢价效应。地理标志的应用能够将现有以及潜在的资源权利化、市场化，并不断推动产品质量升级，从而成为本土资源开发与知识产权运用相结合的典范，是新质生产力发展的重要命题。① 长期以来，我国地理标志法律保护存在着制度不完善，规则不协调，重叠保护和权利冲突等诸多问题。以"潼关肉夹馍"案为例，2021年，作为集体商标注册的地理标志"潼关肉夹馍"的权利人潼关肉夹馍协会（以下简称协会）以侵害商标权为由，要求全国多个省市的小吃店缴纳"入会费"

---

* 上海政法学院上海司法研究所副教授，海事法研究中心副主任。
** 上海政法学院上海司法研究所海事法研究中心研究员。
① 参见易继明：《知识产权是发展新质生产力的第一要素》，载《知识产权》2024年第5期。

"加盟费"，或索要会费不成而向法院提起诉讼，主张小吃店停止使用含有"潼关肉夹馍"字样的门头招牌和包装袋，并赔偿协会损失。针对协会发起的批量维权，各地法院适用的裁判规则不一，引起理论界和实务界对地理标志法律规则适用的激烈讨论。国家知识产权局介入后，① 协会随即发文道歉并承诺将停止和妥善处理前期维权事宜。② 但是，该案例的处理远没有澄清其背后的法律问题，暴露出地理标志保护尚未形成明确的司法规则。

实际上，潼关肉夹馍是一种商品质量与"潼关县"这一地理来源密切相关的特色小吃。"潼关肉夹馍"的地理标志属性决定了其在诉讼中应当以被诉标识是否符合地理标志的授权条件作为定分止争的依据。然而，尽管判决结果和说理不同，大部分法院几乎都遵循了普通商标的近似和混淆标准，审视被诉商户是否对"潼关肉夹馍"构成商标性使用，进而判断其是否侵害协会的集体商标注册专用权。③ 这种以普通商标法规则为基础的裁判标准忽视了地理标志的特殊性，未能充分体现地理标志法律保护的核心要素，导致司法裁判的示范作用不足，难以从根本上解决权利冲突

---

① 参见《关于"逍遥镇""潼关肉夹馍"商标纠纷答记者问》，载微信公众号"国家知识产权局"，2021年11月26日上传。
② 2021年11月26日，协会发布了《给全国潼关肉夹馍经营者的一封道歉信》，参见《潼关肉夹馍协会道歉：停止"维权行为"！》，载微信公众号"陕西政协"，2021年11月26日上传。
③ 有法院认为被诉小吃店的商品包装和门头招牌仅包含汉字"潼关肉夹馍"，与协会注册的图文组合商标不构成近似。参见河南省商丘市中级人民法院审理的潼关肉夹馍协会诉宁陵县某潼关肉夹馍二店侵害商标权纠纷案。有法院认为小吃店包装袋和店面门头上的"潼关肉夹馍"与协会的注册商标在文字"潼关肉夹馍"上字形相似，读音、含义上完全相同，以相关公众的一般注意力，容易对商品来源产生混淆，构成商标近似。参见中山市三乡镇某小吃店、潼关肉夹馍协会侵害商标权纠纷案，广东省中山市中级人民法院（2022）粤20民终2553号民事判决书。有法院认为，诉争商标"老潼关"的商标注册人并非来自潼关，若其核定使用在类似商品上会造成相关公众对商品产地及品质的误认，具有欺骗性，不属于善意取得情形。参见西安某餐饮管理咨询有限公司与国家知识产权局商标权无效宣告请求行政纠纷案，北京市高级人民法院（2020）京行终6982号行政判决书。

问题。

国家知识产权局正着手加快推进地理标志统一立法，① 自2024年2月1日起施行的《地理标志产品保护办法》（以下简称《办法》），旨在用新规则解决地理标志保护中存在的理论和实践脱节问题，以实现对地理标志产品的保护认定。《办法》的最大亮点在于精准概括了地理标志产品应当具备的四个特性，即"真实性、地域性、特异性和关联性"②，使得法律规定的地理标志实质要件更容易理解和把握③。略显遗憾的是，《办法》秉持"急用先行"的原则出台，虽试图界定地理标志，却仍只是就"产品"这一定性进行规则设计，尚未解决我国特有的"地理标志产品保护"概念与国际上通行的"地理标志保护"概念之间存在的不一致和不协调问题，在具体实务中将带来歧义。④ 地理标志的本体是标志，而《办法》更注重对产品本身的关切。《办法》以专门立法的形式确立地理标志保护规则，虽摆脱了商标法保护范式，但其提供的地理标志产品保护实为一种间接保护，难以完整地实现地理标志制度设立的目的和初衷。

地理标志无论是商标法保护还是产品保护，都存在着规则适用上的桎梏，亟待在立法和实务中进一步寻找出路。地理标志应作为一项独立的知识产权客体，由法律单独进行调整。同时，地理标志的保护不仅涉及标

---

① 《〈地理标志保护办法〉制定说明》，载微信公众号"国家知识产权局"2024年1月2日上传。

② 《办法》第3条规定："地理标志产品应当具备真实性、地域性、特异性和关联性。真实性是地理标志产品的名称经过长期持续使用，被公众普遍知晓。地域性是地理标志产品的全部生产环节或者主要生产环节应当发生在限定的地域范围内。特异性是产品具有较明显的质量特色、特定声誉或者其他特性。关联性是产品的特异性由特定地域的自然因素和人文因素所决定。"

③ 中国社会科学院知识产权研究中心研究员管育鹰认为："《办法》对地理标志产品应具备的四个特性作了精准概括，使得法律规定的地理标志实质要件更容易理解和把握。"参见《如何有效保护地理标志产品？这项〈办法〉全说清楚了》，载微信公众号"农业科技报"，2024年2月22日上传。

④ 参见张伟君：《对〈地理标志产品保护规定〉（征求意见稿）的若干思考和建议》，载微信公众号"知产前沿"，2023年10月10日上传。

本身，还需要考察其所特有的关联性要素在产品上有无实质性的体现。随着产业技术的发展，同质产品的质量存在趋同的可能，而地理标志中产地和声誉这两项重要构成要素决定着对内的产品品质监管和对外的地理标志侵权认定。① 因此，在《办法》确立的"四性"基础上，考察产地和声誉的重要性凸显。在专门立法确立的保护基础上，进一步对地理标志的产地、声誉等要素进行规则适用之构建，以实现地理标志的应然保护水平，成为地理标志保护的一个重要议题。

二、现行立法中地理标志规则适用的具体问题

目前，有关地理标志的立法散见于法律、部门规章和地方性法规，尚未形成完整的保护体系。地理标志或作为集体商标、证明商标，见于商标法及配套法律规范（一般称为商标法保护），或作为产品见于《办法》及《农产品地理标志管理办法》等部门规章中（一般称为专门法保护或产品保护）。然而，如何实现两套保护制度的有机衔接、相融互补一直困扰着我国知识产权工作。立法界定的混乱使地理标志在法律体系中定位不清，多头规范导致实践中司法资源和行政资源的浪费。

（一）地理标志在两套制度中界定为商标抑或产品的定性争议

1. 地理标志适用商标法规则易与其他商标发生逻辑冲突

在审理涉及地理标志的案件时，法院面临的核心问题之一是地理标志与商标在逻辑和功能上的冲突。工商部门曾将地理标志纳入集体商标和证明商标体系，规定满足地理标志含义的标记可以注册为地理标志集体商标或地理标志证明商标，实际上是将地理标志作为一类特殊商标进行保护。商标法为地理标志赋予的是一种私权，当权利人面临未经许可的侵权使用行为时，可以提起商标权侵权之诉寻求救济。但是，商标制度能否有效契合地理标志的保护需求，已成为现实中无法回避的问题。② 地理标志侵权

---

① 参见冯术杰：《论地理标志构成要素的认定》，载《知识产权》2024年第4期。
② 参见易继明、秦洋：《论我国地理标志保护模式》，载《私法》2023年第2期。

关注的是混淆产品的地理来源，从而导致产品品质误认的行为。因此，地理标志侵权案件中并不要求当事人证明诉争标识是否为商标性使用，而须证明地理标志含义上的使用，与一般商标侵权相区分。① 集体商标和证明商标则分别在于指示某商品或服务的经营者是某特定组织的成员，或用以证明商品或服务的某些特质。将地理标志注册为集体商标和证明商标，并非改变集体商标或证明商标的性质与功能，地理标志与集体商标、证明商标存在着法律适用上的不一致。将地理标志继续视作商标的子集②将成为完善地理标志规则适用的瓶颈。

  目前，我国已经逐步脱离"照搬商标的管理体系对地理标志进行管理"的做法。但是，一方面，商标法对侵犯地理标志商标权的构成要件并未作不同于普通商标的规定，在发生地理标志商标侵权案件时，还存在着对裁判标准的争论，即"应当坚持普通商标侵权的混淆标准"抑或"是否会造成相关公众对商品产地及品质的误认"。③ 从"潼关肉夹馍"案不同的裁判结果就可见一斑。另一方面，运用商标法体系对地理标志进行管理，也容易导致地理标志和普通商标之间的逻辑冲突。④ 许多含有地名且作为集体商标和证明商标注册的地理标志，其产品与当地独特的自然因素和人文因素关联并不十分紧密，不符合地理标志特征，本应作为普通商标进行注册。一些以"地名+产品名称"注册的普通商标和一些商标法允许

---

① 参见张迎春：《地理标志场域权利冲突下的专门制度构造》，载《私法》2022年第1期。
② 值得注意的是，如果一个集体商标或证明商标用于保护地理标志，地理标志并不会改变集体商标或证明商标的性质、功能或内容，而只是成为集体商标或证明商标的一个子集。See Shujie Feng, "Geographical Indications: Can China Reconcile the Irreconcilable Intellectual Property Issue between EU and US?," *World Trade Review*, 2020, 19(3): 424–445.
③ 参见浙江省高级人民法院：《关于地理标志商标司法保护的调研报告》，载《人民司法（应用）》2023年第28期。
④ 参见周春峰：《地理标志的若干属性与中国地理标志法律制度完善过程中需要考虑的几个维度》，载《中华商标》2023年第12期。

注册的地名商标也时常与地理标志发生冲突。① 在司法裁判中，若法院简单套用商标法现有规则，则又会陷入"潼关肉夹馍"案的说理窘境，可能无法准确回应地理标志保护的实际需求，进而限制其独特功能属性的实现。

2. 地理标志适用产品保护规则导致其丧失知识产权本质属性

我国的地理标志产品保护借鉴了欧盟的地理标志保护方式。例如，法国、意大利等作为地理标志强势利益主体，其原生专门法制度赋予地理标志独立类型属性，保护对象是产品而非标记。② 我国虽借鉴其专门法制度，却因有商标法的标记保护在先，并未搞清楚"地理标志保护"与"地理标志产品保护"的区别，实际上没有确立起地理标志的知识产权法律规则。地理标志是知识产权的客体，具有无形性的特点。地理标志产品则是享有物权的有形存在的具体产品，是知识产权的权利载体。《办法》通过保护具体的地理标志产品来实现对地理标志的保护，实为一种间接保护。国家知识产权局似乎并未关注到"地理标志产品"和"地理标志"的区分，其在《办法》的制定背景中提到，原先的规章制定时间较早，存在"'权利'保护较弱，侵权行为不够明确"的弊端。③ 这一看似术语使用的问题，实则偏离了地理标志制度保护"标志"的本意。不仅是《办法》，其他规范中也存在表述混淆的问题。在《地理标志专用标志使用管理办法（试行）》的第10条中，出现了"使消费者将该产品误认为地理标志的行为"的表达。从字面上理解，产品就是地理标志。

将地理标志与地理标志产品混为一谈会导致诸多问题：误导审判中对知识产权或物权的法律规则适用；部门规章着重于对地理标志产品的产地

---

① 参见毛禾枫、薛佳琳：《我国地理标志与商标的冲突问题及解决对策》，载微信公众号"知产力"，2022年8月4日上传。

② 参见王笑冰：《真正地理标志保护的实质与我国地理标志统一立法》，载《法学研究》2023年第6期。

③ 参见《〈地理标志产品保护办法〉制定说明》，载微信公众号"国家知识产权局"，2024年1月2日上传。

真实和品质合格进行行政监管，而并非在于打击他人对地理标志本身的侵权行为；生产者、经营者乃至法院对地理标志概念产生误解，实践中的争议仍将持续；社会发展要求将知识产权转化为现实生产力，而物质性的产品在"转化"这一动态过程中缺失。商标法保护和产品保护从各自的逻辑出发，使得地理标志保护的层次和强弱程度不同，导致地理标志在立法体系中定位模糊。因此，要进一步明确地理标志的规则适用，需要深入分析其构成要素及其所体现的独特价值。结合《与贸易有关的知识产权协议》和我国法律中的地理标志定义，地理标志产品的特征与产地有着紧密的关联关系，同时，除拥有必要的特定品质外，产品的声誉考察同样重要。实际上，正是地理标志产品的品质特征赋予了产品相应的市场声誉。① 因此，明确产地和声誉的法律规则适用直接关系地理标志制度目的的实现。但是，在这两项要素上，地理标志与集体商标和证明商标的认定和保护内容并不一致。

（二）地理标志适用集体商标规则难以契合其产地属性

1. 地理标志适用集体商标规则导致"属地性"与"属人性"之间的冲突

地理标志的本质功能在于指示产品的地理来源（产地），而非产品的生产者等其他意义上的来源。② 《办法》第 3 条第 2 款对"地域性"作出直接定义，即"地域性是地理标志产品的全部生产环节或者主要生产环节应当发生在限定的地域范围内"。我国地理标志立法和实务中对产地的界定，应当以此为基础，从而形成对地理标志生产者和经营者有法律约束力的要求。然而，具体规则中，地理标志集体商标并未回应地理标志产地界定的需要。在与《办法》同期发布的《集体商标、证明商标注册和管理规定》中，仅提及注册人应当在申请书件中说明"该地理标志所标示的地区

---

① 参见冯术杰：《论地理标志构成要素的认定》，载《知识产权》2024 年第 4 期。
② 参见王笑冰：《论地理标志的法律保护》，中国人民大学出版社 2006 年版，第 10-12 页。

的范围"，以及标志所标示的商品来源地无须与该地区的现行行政区划名称、范围完全一致。① 这种表述显然过于笼统，给生产者、经营者、申请人和法院在判断真正产地范围时带来了不便。

集体商标的识别来源功能在于指示某种商品或服务的经营者是某特定组织的成员，具有"属人性"的特征。② 集体商标能够用于保护地理标志的原理在于，当一个集体商标只能为来自同一地理来源的成员所使用时，则从某种程度上建立起了该组织成员生产的商品与地理来源的关联。③ 但是，集体商标本质上依靠"人"这一中介建立起产品与产地的关联，大大削弱了地理标志中"产品特性直接得益于产地"的"属地性"含义，进而限制了地理标志发挥其应有的功能。即使申请注册地理标志集体商标的集体组织已经将其成员限定在某产品的特定产区范围内，但消费者在看到该集体商标时，并不会立刻联想到产品的特定产地和得益于产地的产品特征，而是如同普通商标一样联想到特定的经营主体。正如有研究者指出，像协会将"潼关肉夹馍"这样一个地理标志商品的名称注册为集体商标，与其说是集体商标，不如说它是为一个集体机构所控制使用的但同时具有标示特定来源功能的普通商品商标。④ 而当一个地理标志被作为商标使用，并被消费者认知为生产者或经营者的"身份"象征时，它的内在价值就已消失殆尽了。⑤

可见，在法律适用中，集体商标的"属人性"可能导致保护对象的模糊化和功能的异化，不仅影响地理标志权利人的利益，也破坏了法律保护

---

① 参见《集体商标、证明商标注册和管理规定》第5条、第7条。
② 商标法第3条第2款规定："本法所称集体商标，是指以团体、协会或者其他组织名义注册，供该组织成员在商事活动中使用，以表明使用者在该组织中的成员资格的标志。"
③ 参见王晓燕：《论我国地理标志的保护模式》，载《知识产权》2019年第11期。
④ 参见张伟君：《"潼关肉夹馍"商标的问题不在维权而在注册——兼谈我国地理标志保护的异化》，载微信公众号"知识产权与竞争法"，2021年12月11日上传。
⑤ 参见董炳和：《地理标志知识产权制度研究——构建以利益分享为基础的权利体系》，中国政法大学出版社2005年版，第266页。

地理标志设立的初衷。

2. 地理标志适用集体商标规则会模糊产地具体要素

地理标志产品的特征与产地的关联程度越深，其作为地理标志受到保护的可能性和正当性就越大。因此，必须明晰地理标志的地域性要素，科学、严谨地划定产地，使地理标志的确权乃至未来可能面对的退出机制具有依据。集体商标的法律规则并非依据产地来划定，这与地理标志的产地规则适用需求形成了鲜明对比，甚至存在某种程度的矛盾。碍于集体商标本身立法功能的设计，其不能在合乎地理标志含义的层面上界定产地，以至于无法为成员共同来源的地域赋予产地的意义。这将难以保证使用相同地理标志的产品品质具有同一性和稳定性。实践中，不少地理标志集体商标持有组织并没有理解地理标志的使用与管理规则，"会员"与"非会员"的纷争仍在持续。这不仅有损真正地理标志权利人的利益，也不利于公众通过该集体商标识别正宗的地理标志商品。①

综上所述，现行的集体商标制度只照顾到了某同一地理来源的成员产品的共性，而无法照顾到地理标志产品所具有的特性，甚至有使地理标志"去地理化"②的风险。在发生纠纷时，由于地理标志的产地范围划定模糊不清，双方在举证过程中难以找到明确的切入点，如何认定某一使用主体生产的产品通过了地理关联性的考验存在困难。

（三）地理标志适用证明商标保护难以满足声誉要求

声誉在《与贸易有关的知识产权协议》的地理标志概念中是一个新的要素，与质量、其他特征并列，作为地理标志受保护的一个独立、充分条

---

① 参见张伟君：《对〈地理标志产品保护规定〉（征求意见稿）的若干思考和建议》，载微信公众号"知产前沿"，2023年10月10日上传。
② 地理标志保护的制度性困境，使得大量地理标志"去地理化"，沦落为普通商标，无法充分体现应有的市场价值。商标化的地理标志并不能最大限度地保护地理标志权利主体的利益。参见孟祥娟、李晓波：《地理标志保护制度存在的问题及其解决》，载《知识产权》2014年第7期。

件。① 由此，地理标志对声誉的考量被进一步强化了。但实质上，在证明商标的法律定义条款中，② 本就没有声誉这一项内容。因而，地理标志的声誉无法用证明商标加以界定，声誉与产地的关联在证明商标中更无从建立。适用地理标志规则将导致地理标志中的声誉要素缺失，从而在具体实务中出现相关权利人自圆其说、法官自由心证的情形，与《与贸易有关的知识产权协议》对声誉的考量要求相悖。

地理标志的声誉体现了知识产权的无形性和财产性。声誉应当归因于产地，与产地有着紧密的联系。但是，证明商标能够证明的具体对象是选择性的，只有当某证明商标能够同时证明商品的原产地和归因于原产地的声誉时，才可能具有地理标志的功能。因而，证明商标对地理标志的简单规定仅关注到标识的使用权问题，而无法容纳地理标志背后传统知识的积累、保存与发展，③ 以及地理标志主体从声誉中获得的与市场上同类产品相区分的利益，从而直接影响了地理标志制度的设立初衷与独立价值。从消费者的角度而言，良好声誉是消费者对产品的品质和特征形成的普遍认同，证明商标没有传达这一产品信息；从生产者的角度而言，其世代对当地气候、土壤、水文等自然知识形成了深刻认知，从而生产出品质优良、特征稳定的产品，证明商标中没有明确或规范的手段来保证生产者对声誉的合法利益。同时，声誉和地理来源是否具有紧密的关联性是地理标志与商标的重要区分，本应在权利发生冲突时作为定分止争的依据，而证明商标不能满足对产品声誉的保护要求，也即对地理标志没有达到应有的保护水平。

可见，不同于商标，地理标志的构成要件显然更关注产品特性与地

---

① 参见王笑冰：《论地理标志的法律保护》，中国人民大学出版社2006年版，第12页。
② 商标法第3条第3款规定："本法所称证明商标，是指由对某种商品或者服务具有监督能力的组织所控制，而由该组织以外的单位或者个人使用于其商品或者服务，用以证明该商品或者服务的原产地、原料、制造方法、质量或者其他特定品质的标志。"
③ 参见李祖明：《地理标志的保护与管理》，知识产权出版社2009年版，第22页。

理的关联性。商标法中的集体商标和证明商标虽在地理标志保护中发挥作用，但从分析来看，集体商标和证明商标碍于其本身的功能设计，不能准确定义地理标志的产地和声誉构成要素，使得在具体实务中，某一诉争标识是否符合地理标志的授权条件难以判断，甚至在实践中存在"去地理化"的窘境，已经显示了其在地理标志领域的不适用性，容易在维权过程中发生争议或被质疑。站在地理标志保护探索的新起点上，可以考虑将地理标志独立出来，以回归标志保护的初衷，使其获得更高水平的保护。

三、地理标志法律保护的路径选择

（一）地理标志保护的根本路径在于专门立法

1. 现有的专门立法渊源基础

民法典作为先手棋将地理标志与商标并列作为独立的知识产权客体。同时，《知识产权强国建设纲要（2021—2035年）》指出要探索制定地理标志专门法律法规。国家知识产权局相继在《"十四五"国家知识产权保护和运用规划》和《地理标志保护和运用"十四五"规划》中明确提出积极推动地理标志专门立法工作。此外，部分地理标志资源丰厚的省市已经着手制定单行地理标志条例。①

在我国，地理标志同其他知识产权客体一样是"舶来品"。从世界范围来看，地理标志法律保护存在着不同的立法模式和保护路径。与我国同样有着丰富的地理标志资源和悠久人文传统的欧陆国家是倡导地理标志独立的典型代表。欧盟认识到地理标志产品极高的市场价值后，对地理标志实行强保护，形成了保护程度最高、最完善的地理标志制度体系，其葡萄酒、烈酒、食品和农产品等地理标志产品在国际贸易中占据着重要地位。我国疆域辽阔，底蕴深厚，许多具有鲜明地域特色的农副产品与手工艺品

---

① 例如，《广东省地理标志条例》已经颁布施行，重庆市正在着手起草《重庆市地理标志条例》。

代表着各地的自然环境与文化风俗，为我国储备了巨大的地理标志资源潜力。我国与欧盟同样作为地理标志优势国家和地区，在地理标志上有着共同的利益诉求，可以采取相同或相近的地理标志保护立场，将地理标志明确作为独立的知识产权，进行专门立法规定，厘清地理标志的权利边界和使用、保护规则，以回应发挥地理标志资源价值的迫切需要。

2. 具体规范立法的逻辑进路

我国可以顺应思路，整合现有的法律法规及行政规章以形成一部地理标志法，提升立法级别，破除现行法律规范配合度与衔接度不高的弊端。地理标志法首先应当回归标志保护，围绕地理标志的实质性要件进行制度设计，使民事主体能够就地理标志享有专有性的权利。整合后的专门立法既需照顾地理标志作为独立知识产权的价值和特点，同时也要消解现有地理标志产品保护中因部门规章位阶较低，导致在解决权利冲突问题上存在的局限性。现有的关于地理标志产品保护的部门规章可以整合成地理标志法的配套规范，偏重地理标志注册的技术性标准以及产品质量和特色的行政监督。另外，基于我国农业大国的国情，更应当着力保护农产品及农产品加工品，允许使用传统工艺、具有地方特色的手工艺品申请成为地理标志，以配合地理标志国际保护的扩大化趋势。[1] 同时，借鉴《与贸易有关的知识产权协议》第 23 条中对葡萄酒和烈酒的延伸保护规定，[2] 以及欧盟专门立法中对葡萄酒和烈酒给予的特别保护，[3] 结合我国地理标志产品的

---

[1] 在地理标志资源丰厚的国家，地理标志产品的范围不限于传统意义上的农产品、食品等，例如，印度的地理标志产品范围包含制成品、手工艺品。在世界知识产权组织的会议上，有关非农产品的地理标志保护已被提出和讨论。我国《地理标志产品保护规定实施细则（暂行）》第 8 条对地理标志产品的一般类别进行概括，其中包含工艺品。

[2] 参见《与贸易有关的知识产权协议》第 23 条 "对葡萄酒和烈酒地理标志的附加保护" 第 3 款和第 4 款。

[3] 欧盟地理标志细分为葡萄酒和烈酒地理标志与农产品和食品地理标志。其中，葡萄酒和烈酒作为欧陆国家的传统优势商品，有专门针对葡萄酒的第 251/2014 号法规和针对烈酒的第 2019/787 号法规。

比较优势，合理确定核心产品。对中草药、茶、酒等具有鲜明中华传统文化特色的产品提供额外保护，并针对每一类核心产品制定专门的技术标准作为法律制度的支撑。① 同时，在执行主体方面，通过配合国家知识产权局的机构改革，明确相关职能部门在地理标志工作中的职责，减少因地理标志认定和管理程序差异而导致的管理混乱及效率低下等问题，最终构建起更为系统化且有序的地理标志保护体系。

（二）明晰地理标志产地的规则构建路径

地理标志产品只能在特定区域内生产，这要求严谨划定产地，保证使用相同地理标志的产品品质具有同一性和稳定性。如何根据地理标志的含义完善产地中的地域要素，从而清晰界定产地，是一个值得深入思考的问题。

1. 在司法实践中借鉴欧盟经验严谨划定产地范围

实务中，为科学、明晰地划定地理标志产地范围，我国可以借鉴地理标志制度较为成熟的欧盟国家的经验，坚持个案分析原则，将严谨的产地划定作为地理标志保护和管理的核心。在德国，有地理标识的高级优质葡萄酒必须将葡萄的来源精确至 13 个指定的优质葡萄酒大产区中的 40 个村（Bereich）。② 在法国，农业部等相关部门会通过数年的调查、认证，严格按照自然条件的差异划定地理标志产地范围。由于在审议新的产区申请时需要广泛的专业知识，法国国家原产地名称研究院通常还会聘请地质学家、土壤学家、植物学家、人类学家、社会学家和历史学家等各领域的技术顾问指导工作。③ 欧陆国家本身地域范围较小，尤其不同品牌和等级的葡萄酒对葡萄品种的要求各有标准，德国和法国如此精确且严谨地划定原

---

① 参见杨永：《中国地理标志保护制度的完善——基于〈中欧地理标志协定〉的视角》，载《行政与法》2022 年第 11 期。
② 参见《德国葡萄酒分级全析：VDP、GG、TBA、冰酒、贵腐……到底哪个最厉害？》，载微信公众号"夏桑园酒业"，2021 年 9 月 20 日上传。
③ Elizabeth Barham, "Translating Terroir: The Global Challenge of French AOC Labeling," *Journal of Rural Studies*, 2003, 19(1): 127-138.

产地范围有其特殊原因。但其采用的方法、态度值得我国借鉴。

结合我国司法实践，法院在审理涉及地理标志申请注册或权属争议的纠纷时，可以采取以下措施：一是应前置实质审查程序，对地理标志产品与产地的关联性进行严格审查。二是在必要时，可以考虑聘请相关领域的专家提供建议，为产地划定和关联性认定提供专业意见。以此来较为准确地划定产地范围，为地理标志的确权增加公信力。三是加强对相关证据的采集和验证，例如，通过调查报告、地理环境资料、生产过程记录等，确保地理标志与产地的联系具备充分的事实基础。另外，可参考德国和法国的经验及欧盟的原产地名称制度①：一方面，对于初级农产品和养殖产品等品质几乎完全取决于地理环境的产品，其产地范围应当相对精确地划定。另一方面，需要经过深加工程序的食品、手工艺品，其产地范围应当涵盖其生产、经营的全部或主要环节的地理范围。② 这一点在《办法》中已经有所体现。由此，司法实践可在地理标志的产地要素认定上发挥积极作用，为我国地理标志法律保护提供明确的规则指引。

2. 依据地域要素科学划定产地范围

产地的科学划分主要依据地域要素。对地域要素的考察要强调地理标志的地域归因性，可以考虑以下几个方面：其一，相同的自然地理条件。产品品性的区分绝大部分来自自然环境中气候、水文、土壤等因素，相同自然环境所培育出的作物必然具有同质性。产地的划分应当实事求是，而

---

① 原产地名称用来指称农产品或食品的地区名称、确定的地方名称或者在特殊情况下一个国家的名称，而这种农产品或食品来源于该地理区域，并且其质量或特征在本质上或全部地归因于这一地理来源，包括自然因素和人文因素，其生产、改造和制作也在该地理区域进行。参见冯术杰：《论地理标志的法律性质、功能与侵权认定》，载《知识产权》2017年第8期。
② 张志成：《地理标志保护的法理基础及相关问题研究》，载《中国政法大学学报》2022年第6期。

不应囿于行政区划的界限。① 其二，产品的质量、声誉以及其他特征是否能够归因于原产地的自然环境和人文因素。这是某一产品成为地理标志产品所必备的。其三，产品是否已经形成较为稳定的生产标准，也即当地是否已经形成了稳定的习惯。例如，我国"龙井茶"产区内已形成严格的采摘标准，并保持着传统炒制工序，龙井茶每年的年产量基本固定。② 其四，产品是否使用传统制造工艺、技术，承载当地历史文化。这主要是考察产地的人文因素对产品品质的影响。其五，其原产地是否得到公认。例如，"烟台苹果"中的"烟台"是一个纯粹的地区名称，实则涵盖烟台、威海等多个胶东的苹果产区，③ 已为本地区生产者和相关消费者所知悉。

产品与产地的关联性是构建地理标志独立理论的基础，运用地域要素对地理标志的产地进行划定，强调了地理标志产品特性的可归因性，避免过度宽泛或狭隘地划定而损害相关权利人的利益。科学划定产地范围可以使地理标志保护更具稳定性与可操作性，减少因规则不清引发的纠纷和资源浪费。一方面，确定的产地可以有效防止重复保护，保证地理标志产品的真实性和可信度；另一方面，产地的确定有助于维护地理标志的声誉，而产地存在争议或不明确将导致消费者对地理标志产品信任度的降低，从而影响地理标志制度的权威和信誉。

（三）考察地理标志声誉的规则完善路径

证明商标缺乏对地理标志声誉的实质性规定和要求，因而对声誉或产品知名度的具体考察并不充分。《办法》对声誉的界定见于第11条地理标

---

① 即使规章已中有关于跨行政地域范围的产品产地的一般规定，实践中，一般由人民政府提出产地范围的建议，该建议多以一定级别的行政区划为标准，从而可能将实际的地理标志产品产地分割，或涵盖了非产地地域。
② 参见鲁北：《西湖龙井，何以声名鹊起？》，载微信公众号"三联生活周刊"，2022年3月9日上传。
③ 参见冯术杰：《论地理标志的法律性质、功能与侵权认定》，载《知识产权》2017年第8期。

志产品的保护申请材料中，① 依据该条款，在考察地理标志的声誉时需要申请人提交产品名称长期持续使用的文献记载等材料，以及与产品的知名度相关的说明。我国对地理标志的声誉判定采用的是客观标准，可以类比驰名商标的声誉判定标准，即建立在实际使用而产生的声誉状况这一事实上。② 采取客观考察标准的好处在于，我国很多知名度不高、尚在营销孵化和推广阶段的特色农产品有机会通过注册为地理标志受到保护。这一考察标准与美国采取的主观判断标准不同，不为美国消费者所熟知的产品标记难以注册为地理证明商标。③ 我国应当继续采用客观标准，对产品声誉进行考察。

  客观上存在声誉，要求声誉与产地的联系能得到客观证明，不能仅存于公众观念中。实践中，可以采用"官方"与"非官方"相结合的方式，考察地理标志名称在本地区的实际使用历史，当地政府对地理标志给予特别保护的记录，生产者、经营者对该标志的宣传、推广及其持续时间、方式、范围，以及消费群体对地理标志产品的知晓和认可程度等。④ "官方"证明资料，如具体实践中，有法院就商品信誉要求申请人提供相应的佐证材料，如当地的农业志、产品志、历史文献、证明文件等，而不能仅凭主观文字描述。⑤ 借鉴此做法，立法对地理标志的申请材料应当作出要求，如附交相关文献、政府文件、法院判决、公众问卷、地方资料档案等。⑥ 在《办法》中，地理标志产品的保护申请材料就新加入了"产品名称长期

---

① 《办法》第11条规定："……地理标志产品的相关材料，包括：……5. 产品名称长期持续使用的文献记载等材料；6. 产品的知名度，产品生产、销售情况的说明……"
② 参见张伟君：《论我国〈商标法〉驰名商标保护规则的完善》，载《知识产权》2023年第9期。
③ 参见王笑冰：《关联性要素与地理标志法的构造》，载《法学研究》2015年第3期。
④ 参见于波：《地理标志保护制度》，上海人民出版社2018年版，第90页。
⑤ 参见国家工商行政管理总局商标评审委员会与普某某克原产地控制指定保护财团商标裁决纠纷上诉案，北京市高级人民法院（2019）京行终2755号行政判决书。
⑥ 参见王笑冰：《关联性要素与地理标志法的构造》，载《法学研究》2015年第3期。

持续使用的文献记载等资料"。这一新增条文也有实践先例作为支撑。在"湘莲XIANGLIAN及图"商标争议案中，湖南省湘潭县湘莲协会就"'湘莲'称谓自南朝沿用至今，早已与其湖南产地形成相对应的关系"提供证据，对福建某莲子加工企业的"湘莲"商标提起无效宣告申请。商标评审委员会审理后认可该主张，体现了对地理标志及其声誉的存在这种客观事实的保护。① 除较为官方的文书证明外，"非官方"证明资料如大量的广告、代言和政府礼赠也可以作为产品声誉的附带证明依据。例如，"果形端正、色泽艳丽、果肉甜脆、香气浓郁"的烟台苹果久负盛名，已经成为山东的靓丽名片。② 倘若烟台苹果希望申请成为地理标志，申请者可以提供上述资料供相关部门和法院灵活判断。另外，就声誉的举证责任而言，应当主要由地理标志权利主体就声誉作出相应的举证，同时也需要在平衡双方利益的基础上，兼顾地理标志保护的价值导向和举证难易程度。③

将地理标志的声誉单独作为构成要件有着重要意义。一方面，防止某些地区的政府部门或所谓协会操纵人力物力虚构地理标志进行营销和推广，欺骗消费者以获得经济或"政绩"利益，降低地理标志保护的公信力；另一方面，保护声誉也能帮助消费者快速识别"名优土特产品"，提高交易效率，实现高质量发展，适应"人民日益增长的美好生活需要"的要义。

四、结语

先贤晏子曾说，"橘生淮南则为橘，生于淮北则为枳……所以然者何？水土异也"。可以说，从古至今人们都认识到地理来源对于产品品质的决

---

① 参见明星楠、丁金玲：《从保护当地生物资源、促进可持续利用的角度看地理标志》，载《中华商标》2020年第4期。
② 参见杨守勇、张武岳：《山东烟台：苹果再迎发展黄金期》，载《经济参考报》2023年11月16日。
③ 参见浙江省高级人民法院：《关于地理标志商标司法保护的调研报告》，载《人民司法（应用）》2023年第28期。

定作用。地理标志作为区分产品产地和品质的工具而受到保护，是一项达成广泛共识的价值判断结果。当前，面对新一轮国际竞争，我国作为传统农业大国，以培育地理标志优质产品为切入点，深挖其文化价值，推动传统产业提质升级，筑牢我国的自立之基是应有之义，其中，完善地理标志保护的法律规则是应然要求。

《办法》的出台没有完全解决我国地理标志保护在规则适用中存在的不力。在选择地理标志的保护路径时，即便从国际视角出发，这同样是一个复杂且具挑战性的难题。民法典第 123 条将地理标志独立于商标之外，明确列为知识产权的客体之一，这似乎在某种程度上指示了给予地理标志专门立法保护的方向或可能性。在知识产权体系下，地理标志应当回归标志保护，在具体规则适用中对产地和声誉这两项要素进行准确界定，为地理标志的申请和审查提供更加明确的标准，从而有效激发我国地理标志的"长项"优势，①使之与我国知识产权发展利益相协调。

(本文仅代表作者个人观点)

---

① 参见管育鹰：《我国地理标志保护中的疑难问题探讨》，载《知识产权》2022 年第 4 期。

论独立保函独立性原则的新型例外及国内法因应[*]

邵 辉[**]

引 言

作为独立保函单据性交易机制的基础，独立性原则有两个方面的影响：一方面，赋予了独立保函制度生命力，使独立保函作为国际贸易融资结算机制具有便捷、确定、灵活、高效等特点，能够在国际金融市场被大范围使用；[①]另一方面，也给受益人滥用付款请求权实施不法侵害行为留下了较大操作空间，破坏了独立保函内在的公平价值，这也是独立性原则内在的结构性缺陷。为了解决独立性原则的制度漏洞引发的受益人滥用付款

---

[*] 本文系 2024 年度浙江省哲学社会科学规划青年课题"金融制裁非对称反制的司法路径研究"（项目编号：24NDQN198YBM）、2024 年度浙江省科学技术厅软科学研究计划一般项目"美国《芯片与科学法案》对浙江省半导体产业发展的影响及对策研究"（项目编号：2024C35041）的研究成果。

[**] 浙江万里学院法学院讲师，法学博士，硕士研究生导师。

[①] 参见刘斌：《独立担保的商法构造》，法律出版社 2022 年版，第 57 页。

请求权问题,将欺诈例外作为揭开独立性面纱的依据已成为国际通行做法。随着独立保函交易实践的快速发展,欺诈例外的局限性逐渐凸显。外国法院判决开始打破自斯特恩诉亨瑞施罗德银行案①以来,欺诈在全球范围内被确立为独立性原则唯一例外的情形,并主动适应国际贸易发展的实际需要,把违法、无效、显失公平、契约性限制等传统欺诈例外规则无法包括的情形,逐个作为独立保函独立性原则的新型例外。②

纵观独立担保发展史可以发现,每一种新型例外的出现都会对独立性原则造成一定的冲击,每一种独立性原则例外的确立都会对原有司法裁判形成一定的挑战。③目前,关于独立保函违法、无效、显失公平、契约性限制等新型例外的法律本质、适用范围、基本原理以及相关的判例法实践等研究,仍处于初期起步阶段。④《最高人民法院关于审理独立保函纠纷案件若干问题的规定》第12条仅规定了独立保函欺诈例外的情形,故亟须结合上述新型例外进行类型化的比较研究,并作出其在我国民商事法律体系中的可适用性分析,以降低我国商事主体使用独立保函机制参与国际贸易的交易风险。

一、独立保函独立性原则的新型例外之一:违法例外

独立保函三方交易结构决定其违法包括本身违法和关联基础交易合同违法两种情形。前者将使独立保函丧失执行效力,实际上与独立性原则并无关涉。只有当与独立保函相关联的基础交易合同存在违法时,才需要探讨违法是否构成独立性原则例外的可能,即独立保函是否可能因关联基础

---

① Sztejn v. J. Henry Schroder Banking Corporation, (1941) 31 NYS (2d) 631.
② Hamed Alavi, "Illegality as an Exception to Principle of Autonomy in Documentary Letters of Credit: A Comparative Approach," *Korea University Law Review*, Vol. 20, Issue 3 (2016), p. 3.
③ 参见陆璐:《保函独立性的司法认定困局及思路修正》,载《商业经济与管理》2019年第10期。
④ 参见刘斌:《独立担保欺诈例外的类型化——兼评我国独立保函司法解释征求意见稿》,载《比较法研究》2014年第5期。

交易合同违法而无效。英国法院对基础交易合同违法的裁判路径表明，基础交易合同违法可以作为独立性原则的新型例外，① 但也面临着许多争议。

(一) 违法例外的本质

违法（illegality）一般指不法行为因违反法律的禁止性规定或者违背公共政策而产生的不利法律后果。② 首先，就违反法律的禁止性规定而言，包括违反明示禁止性规定和违反默示禁止性规定两种，两者产生交易违法的相同效果，具体又可细分为以下四种类型：第一，交易的内容为法律所禁止；第二，交易本身为法律所禁止；第三，交易本身合法但交易目的为法律所禁止；第四，交易本身合法但交易履行方式为法律所禁止。③ 其次，违反公共政策是一个全球范围内都不易界定的问题，因为公共政策的概念具有灵活性、差异性和不确定性。英国司法体系为了防止法官产生对公共政策的主观臆断，创设出限定公共利益范围的"实质性损害（substantial harm）"判断标准。最后，不管是违反法律的禁止性规定抑或违背社会公共政策，都可能产生交易无效且丧失执行力的不利法律后果。

关于违法例外的法理基础，不同学者的观点存在显著差异。欺诈损害的是私人利益，而违法损害的是公共利益，作为欺诈的法理基础——"违背道德之对价不产生诉权"，是否能够同样适用于违法情形呢？有学者认为，虽然两者存在相似之处，但违法例外比欺诈例外涉及更复杂的法律关

---

① Johns, Roger J., Blodgett, Mark S., "Fairness at the Expense of Commercial Certainty: The International Emergence of Unconscionability and Illegality as Exceptions to the Independence Principle of Letters of Credit and Bank Guarantees," *Northern Illinois University Law Review*, Vol. 31, Issue 2 (Spring 2011), p. 297.
② Chumah Amaefule, "The Exceptions to the Principle of Autonomy of Documentary Credits," *Doctor Thesis of the University of Birmingham*, August 2011, p. 183.
③ Hamed Alavi, "Illegality as an Exception to Principle of Autonomy in Documentary Letters of Credit: A Comparative Approach," *Korea University Law Review*, Vol. 20, Issue 3 (2016), p. 7.

系。① 还有学者认为，没有必要生硬地把欺诈例外的规则挪用于违法例外抗辩之中，因为独立担保法律体系中无须通过违法例外再建立一个一般性的例外抗辩事由。② 但是，主流观点仍认为既然损害私人利益的欺诈都可以作为独立性原则的例外情形，那么损害比私人利益更严重的公共利益的违法行为，当然也可以作为独立性原则的例外。③

从国外法院判例来看，十大功劳有限责任公司诉美国摩根大通银行案(第2号)④ 即是涉及违法例外的典型判例。该案中，原告十大功劳有限责任公司以基础交易合同违法为由向法院起诉，因该公司的账户被摩根大通银行人为操纵用来向外提供贷款，摩根大通银行的行为明显违反了美国证券法的监管规定，在该案简易判决形成期间，科尔曼法官驳回了原告请求认定违法例外的诉求。在该案审理过程中，库克法官认为独立性原则不能阻止基础交易合同违法风险传导至独立保函或信用证的可能。不过，由于库克法官的观点只是作为该案的附带意见，该案判决并没有成为对后续类似案件具有既判力的主要判例。⑤

基础交易合同违法能否作为独立保函独立性原则的例外，不同的司法管辖区法院态度和裁判路径不同。国际商会制定的《跟单信用证统一惯

---

① Michelle Kelly-Louw, "Illegality as an Exception to the Autonomy Principle of Bank Demand Guarantees," *Comparative and International Law Journal of Southern Africa*, Vol. 42, Issue 3 (2009), p. 386.
② Turner, Paul S., "Mahonia Ltd. v. J. P. Morgan Chase Bank—The Enron L/C and the Issuing Bank's Defense of Illegality," *Journal of Payment Systems Law*, Vol. 1, Issue 8 (January 2006), p. 734.
③ Hamed Alavi, "Illegality as an Exception to Principle of Autonomy in Documentary Letters of Credit: A Comparative Approach," *Korea University Law Review*, Vol. 20, Issue 3 (2016), p. 22.
④ Mahonia Ltd. v. J. P. Morgan Chase Bank (No 2), (2004) EWHC 1938(Comn).
⑤ Hamed Alavi, "Exceptions to Principle of Autonomy in Documentary Letters of Credit: A Comparative View," *Actual Problems of Economics and Law*, Vol. 10, Issue 3 (2016), p. 134.

例》第500号和第600号出版物（以下简称UCP500和UCP600）①持沉默态度进行回避，均未对此作出任何规定。美国、澳大利亚、加拿大、新加坡等普通法国家，也没有实际采纳违法例外。②目前，在成文法层面，只有联合国国际贸易法委员会（United Nations Commission on International Trade Law, UNCITRAL）制定的《联合国独立保函和备用信用证公约》对违法例外持认可态度，将违法作为无效的先决条件，规定在其第19条第2款b项，但并未明确在何种情形下，申请人可以向法院寻求中间禁令救济，从而阻止银行向受益人进行支付。③

（二）违法例外的适用要件

鉴于承认基础交易合同违法会引起独立保函无效，将严重动摇独立保函独立性原则，故必须把违法例外的适用限制在有限的范围之内。④申请人欲适用违法例外抗辩，必须符合一系列严苛的条件，包括证明标准和举证时间、违法性的严重程度、受益人知情、基础交易合同违法与独立保函之间的关联性以及独立保函中的排除条款等。只有严格满足违法例外的上述适用要件，才能将其适用对独立担保制度带来的不确定性影响降到最低。⑤具体而言：一是在证明标准上，申请人不能仅仅主观怀疑可能存在违法，还必须能够清楚地举证证明违法行为客观存在，在案件的审理过程中提交相应的证据，否则便无法获得禁令救济。二是在违法性的严重程度上，申请人必须能够证明已达到严重违法，至于严重违法的判断标准，目

---

① Uniform Customs and Practice of Documentary Credit, ICC Publication No. 500, No. 600.
② Liao, Zhixiong, "Illegality in the Underlying Transaction: A Defence to Dishonouring Letters of Credit," *Waikato Law Review*, Vol. 23, Issue 1(2015), p. 54.
③ Hamed Alavi, "Illegality as an Exception to Principle of Autonomy in Documentary Letters of Credit: A Comparative Approach," *Korea University Law Review*, Vol. 20, Issue 3 (2016), p. 20.
④ Nelson Enchong, "The Autonomy Principle of Letters of Credit: An Illegal Exception?" *Lloyd's Maritime and Commercial Law Quartely*, 2006, p. 404.
⑤ Nelson Enchong, "The Autonomy Principle of Letters of Credit: An Illegal Exception?" *Lloyd's Maritime and Commercial Law Quartely*, 2006, p. 404.

前还没有清晰的解决方案。三是只有当受益人明知关联基础交易合同存在违法才能构成违法例外，若受益人不知情，即使关联基础交易合同客观存在严重违法，银行也不能拒绝其索赔请求。四是基础交易合同违法与独立保函之间存在紧密关联，才能突破独立性原则的保护，否则不能轻易揭开独立性原则的面纱。关联性的判断目前主要存在"依赖标准（reliance test）"与"十大功劳公司（Mahonia）标准"两种判断依据。① 五是当事人可以在保函中约定基础交易合同违法不影响保函效力的限制性条款，用来排除关联基础交易违法产生的风险传导，但该条款原则上不能对抗保函的受让人和不知情的善意第三人。

（三）违法例外在我国的可适用性分析

违法例外要求作为担保人的银行在进行单据审查时若发现基础交易合同违法，则负有拒绝付款的法定义务。有学者认为，违法例外的认定既可能会动摇独立性原则，也会给作为独立担保人的银行额外施加一种主动调查基础交易合同是否合法的义务。② 毕竟银行作为独立担保人，在独立性原则之下并不负有审核基础交易是否合法的义务。

为了维护社会公共利益，我国法院可以在有限范围内承认违法例外的存在，作为对基础交易合同中可能发生的违法行为的事前威胁机制。因为法律最大的可信威胁即来自事前威胁（ex ante menace），③ 承认违法例外可以从规范层面增加不法行为人的预期违法成本。而且，在我国承认违法例外存在明确法律依据。我国民法典第 8 条明确规定"民事主体从事民事活动，不得违反法律，不得违背公序良俗"。该规定不仅适用于独立保函和

---

① Nelson Enchong, "The Autonomy Principle of Letters of Credit: An Illegal Exception?" *Lloyd's Maritime and Commercial Law Quartely*, 2006, p. 422.

② Michelle Kelly-Louw, "Illegality as an Exception to the Autonomy Principle of Bank Demand Guarantees," *Comparative and International Law Journal of Southern Africa*, Vol. 42, Issue 3 (2009), pp. 339-386.

③ Matthew Harding, "Equity and the Value of Certainty in Commercial Life," in Peter Devonshire, Rohan Havelock, *The Impact of Equity and Restitution in Commerce*, Bloomsbury Publishing, 2018, pp. 147-164.

信用证交易，对基础交易合同同样具有拘束力，故可据此合理界定独立担保人在违法例外情形下应当承担何种具体义务及其触发条件，例如，基础交易合同中的违法行为必须清晰存在、达到相当严重程度、受益人主观明知以及与独立担保存在密切关联等。

二、独立保函独立性原则的新型例外之二：无效例外

与欺诈例外中受益人主观上明知单据伪造或者不真实不同，无效（nullity）源于受益人对其持有单据性质的不知情，尤其是因第三人通过伪造的数据、虚假陈述、事实虚构等伪造单据致使无效的情形。

（一）无效例外的本质

无效例外之所以难于认定，症结在于其缺乏明确的法律概念。[1] 英国法院认为如果把无效纳入独立性原则的例外范畴，无疑会损害独立担保当事人的意思自治基础，削弱独立保函作为贸易融资机制在国际商事交易中的流通性和可转让性。[2] 不过，英国法院同时指出，如果因受益人的疏忽（recklessness），本已认识到第三方单据造假，却故意漠视可能发生的实质性欺诈风险，属于严重偏离理性行为人的标准，可以被视为新型例外。

例如，在蒙特德有限责任公司诉昆克奥特集团案[3]中，波特法官认为一份不真实的文件不构成无效，遂依据英国法上的"合理的政策考量"标准拒绝承认一般性的无效例外。在科维泰克诉英国承运人案[4]中，法院认为提单上的日期错误虽然导致提单无价值，但并不足以引起提单全部无

---

[1] Hamed Alavi, "Exceptions to Principle of Autonomy in Documentary Letters of Credit: A Comparative View," *Actual Problems of Economics and Law*, Vol. 10, Issue 3 (2016), p. 129.

[2] John Odgers QC, Paget's Law of Banking (15th edition), LexisNexis Butterworths, 2018, pp. 1033-1034.

[3] Montrod Ltd. v. Guundk Otter Fleichvertrebs Gmbh, (2002) 1 WLR 1975.

[4] Kwei Tek Chao v. British Traders and Shippers, (1954) 2 QB 459 (QB).

效。随后,在联合城市商人(投资)有限公司诉加拿大皇家银行案①中,法院却又认为一份不法的倒签提单会导致独立保函无效。由此可见,英国法上的无效认定结论始终不确定。

新加坡法院在新加坡光束技术有限责任公司诉英国渣打银行案②中认可了无效例外存在,但将其限定在极其有限的范围之内。法院在该案中认为,伪造的单据不可能构成单据相符,其效力对作为独立担保人的银行而言,与一张毫无价值的废纸无异,因此议付行有权拒付。无效例外适用条件如下:一是单据系伪造的;二是单据系实质性的;三是单据无效,但需结合案件其他事实综合判断;四是受益人对单据无效知情。

(二)关于无效例外的理论争议

无效例外的支持理由主要包括以下几点:第一,无效单据内容不真实,不存在任何价值,无法构成单据相符;第二,银行持有提单实际上构成申请人开立信用证的可信担保,银行基于履行自己审查单据的审慎合理义务,不会接受知情范围内受益人故意提交的无价值单据并向其付款;③第三,拒绝承认无效例外可能会被视为容忍国际贸易市场上伪造单据流通的信号;④ 第四,银行只应向形式相符单据付款,不应当向形式不相符单据付款,若银行坚持为无效单据付款,违背其合理的审查义务,则付款后不得要求申请人赔偿损害。

就反对无效例外的观点来看,主要集中在无效例外的不确定性问题上:首先,缺乏关于无效例外的清晰概念,无法准确界定何种单据构成无

---

① United City Merchants (Investments) Ltd. v. Royal Bank of Canada, (1983) 1 AC 168 (HL).
② Beam Technology(MFG) PTE Ltd. v. Standard Chartered Bank, (2003) 1 SLR 597.
③ Neo, Dora S. S, "A Nullity Exception in Letter of Credit Transactions," *Singapore Journal of Legal Studies*, Vol. 2004, Issue 1 (2004), p. 60.
④ Hamed Alavi, "Exceptions to Principle of Autonomy in Documentary Letters of Credit: A Comparative View," *Actual Problems of Economics and Law*, Vol. 10, Issue 3 (2016), p. 129.

效；其次，缺乏权威性法律渊源支持，① 即无效例外既未被 UCP500 或 UCP600 规定，也难以在各国及地区判例法中寻找到踪迹，缺乏具有法律约束力的依据；再次，无效例外对受益人不公平，会使其处于不利的劣势法律地位；最后，承认无效例外将会使银行被动陷入窘境。

（三）无效例外在我国的可适用性分析

无效例外的出现一定程度上可以矫正独立性原则下的当事人权利失衡格局，纾解申请人的权利保护不足困境。在独立保函的法律结构中，银行对受益人负有偿付义务。在银行向受益人付款之后，无论受益人提交的书面单据是否构成实质无效，银行都可以基于担保关系行使自己对申请人的追索求偿权，使自己的权益不受损失，最后由申请人依据基础交易合同向受益人索赔。国际贸易实践中，有的受益人通过无效单据实现自己的不法目的后即无影无踪，只能由申请人独自承担最终的损害结果。

在无效例外之下，可以把申请人独自承担的单据无效后果，部分转移给受益人和银行，表面上看好像对受益人和银行不公平，② 但考虑受益人对单据的熟悉程度和银行对单据审核的专业性，实际上并未增加受益人的义务和银行的额外工作。同时，考虑无效例外会对独立性原则产生冲击，故需对无效例外进行严格的范围限定。《联合国独立保函和备用信用证公约》在第 19 条所规定的"可以不付款的例外情况"中，即通过第 2 款 b 项规定，"法院或仲裁庭已宣布委托人/申请人的基本义务无效，除非承保书表明这类意外属于承保的风险范围之内"，则构成索款要求即无任何可能根据。就我国现行民商事法律体系而言，民法典第 146 条第 1 款和第

---

① Neo, Dora S. S., "A Nullity Exception in Letter of Credit Transactions," *Singapore Journal of Legal Studies*, Vol. 2004, Issue 1 (2004), p. 54.
② 参见刘斌：《论独立担保的修正类型谱系——兼评最高人民法院独立保函司法解释》，载《法学杂志》2017 年第 12 期。

148 条可以作为认定无效例外的法律依据。① 而且，我国法院之前审理的交通银行股份有限公司某省分行、中国银行股份有限公司某省分行与湖北省某进出口公司保证合同纠纷案已认可信用证无效例外存在。②

三、独立保函独立性原则的新型例外之三：显失公平例外

显失公平制度（unconscionability）的出现是衡平法追求公平和良知的结果，独立性原则的显失公平例外即是依据衡平法原则产生的法律救济制度。③ 显失公平制度能够使法律快速适应瞬息万变的实际情况，摆脱规则常滞后于现实的困境，保障双方当事人对合同公平结果的追求。不过，显失公平的定义往往因难以名状、关键要素含糊不清而充满不确定性和不可预测性。

（一）显失公平例外的本质

显失公平制度主要通过司法介入来抑制受益人滥用请求权，防止受益人利用自身地位优势获利，其权利外观与禁止权利滥用原则接近。实践

---

① 民法典第 146 条第 1 款规定："行为人与相对人以虚假的意思表示实施的民事法律行为无效。"第 148 条规定："一方以欺诈手段，使对方在违背真实意思的情况下实施的民事法律行为，受欺诈方有权请求人民法院或者仲裁机构予以撤销。"第 146 条对双方的虚假意思表示直接认定无效的原因在于，虚假的意思表示并非双方当事人的真实意思表示，与双方共同作假一样，法律会给予明确否定的回答，认定其无效主要是涉及公共秩序的问题。参见最高人民法院民法典贯彻实施工作领导小组主编：《中华人民共和国民法典总则编理解与适用》，人民法院出版社 2020 年版，第 304 页。
② 最高人民法院在再审判决书中认为，湖北省某进出口公司作为货物进口方，在没有真实货物进口情况下，向中国银行某省分行申请开立信用证；在信用证项下单据均系伪造的情况下，在承付进口单据确认书上明确表示"同意承兑，并同意到期付款"，构成民事欺诈行为，故湖北省某进出口公司申请开立信用证的民事行为无效。参见最高人民法院（2018）最高法民再 401 号民事判决书。
③ John Mcghee QC, Steven Elliott QC, *Snell's Equity* (34th Edition), Sweet & Maxwell, 2020.

中，只有当显失公平的适用范围被清晰地界定，接受度才会逐渐提升。①显失公平作为独立性原则的例外，存在两大法理支持：一是显失公平例外可填补欺诈例外和其他例外不能覆盖的情形；二是显失公平例外可以较大缓解欺诈例外的扩大适用压力，避免欺诈例外为了管辖越来越多的滥用请求权行为，不得不脱离原意延展其外延。②

同时，也要看到将显失公平作为独立性原则的新型例外，可能会面临双重风险：一是因显失公平概念的不确定性，诱使独立保函运行中形成大量针对受益人请求权的诉讼，出现司法活动干预私法交易的风险，侵蚀独立保函作为国际贸易融资工具的商事吸引力；二是因显失公平的内涵与外延均无明确界定，法院滥用自由裁量权的任意性风险增加。③申请人会较为容易地获得法院的禁止支付令，损害银行作为独立担保人的独立地位。

（二）显失公平的域外裁判

新加坡法院在皇家设计工作室有限公司诉京基开发有限公司案④中，首次以默示方式认可了显失公平例外的存在。该案中，受益人以建筑施工延期为由，主张履约保函项下付款请求权，而建筑施工延期的原因则是源于受益人未能遵守基础交易合同中相关条款的过失，法院于是颁布了限制担保人付款的禁令。该案扭转了新加坡法院奉行的传统不干预主义路径，即把欺诈作为独立性原则的唯一例外，除非出现欺诈，否则无论受益人的请求权是否存在不公平或不诚信，法院都不会选择主动介入的态度。此

---

① Ioanna Tolia, *Recognized Exceptions to the Autonomy Principle in Documentary Letters of Credit: A Global Analysis*, Master Thesis of International Hellenic University, February 2018, p. 39.

② Nelson Enonchong, "The Problem of Abusive Calls on Demand Guarantees," *Lloyd's Maritime and Commercial Law Quarterly*, 2007, p. 104.

③ Hamed Alavi, "Comparative Study of Unconscionability Exception to the Principle of Autonomy in Law of Letter of Credits," *Acta Universitatis Danubius Juridica*, Vol. 2016, Issue 2 (2016), p. 133.

④ Royal Design Studio Pte Ltd. v. Change Development Pte Ltd. (1990) 1 SLR 1116.

后,在道芬海洋工程贸易有限公司诉纳赫扬私人事务所①案中,显失公平作为新型例外被新加坡法院明示认可。

英国法上仅存一例将显失公平作为独立性例外的判例,即创科国际电信有限责任公司诉英国哈钦森3G有限责任公司案②。在该案中,桑顿法官把与显失公平例外相似的不诚信例外（bad faith exception）作为法院司法介入的法律依据,并进一步指出,除非出现不诚信行为,否则法院不会授予禁令来限制受益人的见索即付请求权。该案后来受到了大量的负面评价。

（三）显失公平例外在我国的可接受性分析

独立担保制度源于普通法国家③,具有明显的实用主义倾向、适用灵活性以及促进市场交易的特点④。显失公平例外运用衡平法上的救济,维持独立担保交易的商事正当秩序,⑤是独立担保实现私法正义的重要途径。我国虽然是一个商事制度继受型的法治国家,但从独立担保制度移植到我国至今的运行实践来看,我国并未出现普通法国家关于确定性与公平性二元分立的争论,而是经过反复调适逐渐适应了我国商事实践,不断追求基于实用主义的确定性价值与基于道德主义的公平性价值的多元互动。

显失公平制度背后的合同确定性价值与公平性价值的理论争议,主要

---

① Dauphin Offshore Engineering & Trading Pte. Ltd. v. The Private Office of HRH Sheikh Sultan bin Khalifa bin Zayed AI Nahyan, (2000) 1 SLR 657.
② TTI Team Telecom International Ltd. v. Hutchinson 3G U. K. Ltd. (2003) 1 All ER (Comm), 762.
③ 关于普通法国家合同法制度特征的分析,论述英美合同法的著作中有详细分析,主要参见杨桢:《英美契约法论》（第4版）,北京大学出版社2007年版;[美]托马斯·格雷:《美国法的形式主义与实用主义》,田雷译,法律出版社2014年版;[美] P. S. 阿蒂亚:《英国法中的实用主义与理论》,刘承韪、刘毅译,清华大学出版社2008年版;[美]詹姆斯·戈德雷:《现代合同理论的哲学起源》,张家勇译,法律出版社2006年版。
④ 参见刘承韪:《论英美合同法的精神及其对中国民法典合同编的启示》,载《广东社会科学》2020年第3期。
⑤ Michael Barnes QC, *The Law of Estoppel*, Hart Publishing, 2020, pp. 22-27.

表现为法院在进行司法裁判时总是会或多或少地考虑一定的道德性因素，其方式如下：一是通过权衡涉案争议焦点的道德性因素，预判整个案件的裁判方向和裁判结果；二是将涉案争议焦点的法律伦理原则，主动作为裁判的主要依据；三是纳入涉案争议焦点的道德理由，作为裁判正当性基础的强化。①

随着社会主义核心价值观深度融入民商法之中，我国法院的法官在审理独立保函显失公平纠纷时，可根据民法典第 6 条"民事主体从事民事活动，应当遵循公平原则，合理确定各方的权利和义务"的规定，亦考虑纳入一定的道德性因素，毕竟公平概念本身和显失公平赖以存在的意思瑕疵原理及给付失衡原理，② 均包含明显的道德性判断。

四、独立保函独立性原则的新型例外之四：契约性限制例外

契约性限制条款是基础交易合同的买卖双方对受益人在独立保函项下的见索即付请求权约定限制性条件的条款，又称为基础交易合同例外（underlying contract exception），③ 其实质是在私法层面通过当事人意思自治约定的独立性原则例外情形，从而实现私主体之间对违约风险的自主分配。

（一）契约性限制例外的本质

从独立保函三方法律结构的实际运行状况看，若受益人完满地履行了基础交易合同中的约定义务并且得到了相应的对价，则独立保函即不存在适用的可能。只有当受益人与申请人因关联基础交易合同的履行发生了违约争议或者导致了自己明显受损，才会根据独立保函条款中所要求的条件和单据向担保人提交表面严格相符的单据并发起索赔，请求担保人按保函约定支付款项。

---

① 参见孙海波：《论道德对法官裁判的影响》，载《法制与社会发展》2022 年第 5 期。
② 参见王磊：《论显失公平的规范形态与解释方案》，载《北方法学》2022 年第 4 期。
③ Hamed Alavi, "Contractual Restrictions on Right of Beneficiary to Draw on a Letter of Credit: Possible Exception to Principle of Autonomy," *International and Comparative Law Review*, Vol. 16, Issue 2(2016), p. 85.

由于独立性原则将基础交易合同与独立保函相分离，单据性原则也仅要求受益人提交与独立保函条款表面严格相符的单据。申请人不可避免地会担心受益人实施欺诈、违法、显失公平等行为使自己的经济利益遭受侵害。为了防止受益人侵害或不法行为的发生，有效地预防风险议价能力较强的申请人在维持与受益人商业往来关系的同时，便会主动提出在基础交易合同中加入对受益人部分权利进行限制的自愿条款，也就是契约性限制条款。在特定情形下，受益人出于更长远的利益考量，比如，受益人为了后续与基础交易合同当事人签订更重要的交易合同或者受益人与申请人所签署的交易合同属于长期复杂合同需要分若干批次履行，便会同意对自己行使独立保函的部分权利进行一定限制或附加相应的条件，在约定条件成就前，受益人不行使或不全部行使自己在独立保函项下的特定权利。当然，这种限制必须建立在双方当事人协商一致的基础之上。

契约性限制主要存在两种表现形式：一是在独立保函中约定对受益人的特定限制；二是在基础交易合同中约定对受益人的限制。前者是受益人与担保人在独立保函这一特殊合同中的双方意思自治，不存在独立性原则例外的判断问题。后者是受益人与基础交易合同当事人在关联基础交易合同中表示自愿受限制性承诺的约束。此时，尽管受益人明知独立保函具有独立性，独立于基础交易合同之外，仍然与关联基础交易合同当事人签署限制性条款，自然会产生该条款的效力判断问题。因此，契约性限制例外更多关注的是后一种情况，尤其是当受益人违反限制性条款时，是否产生对独立性原则的约束。① 或者说，受益人能否根据独立性原则主张否认限制性条款的效力。问题的关键即在于限制性条款的法律效力是否能够获得法律认可。

(二) 外国法院关于契约性限制例外的裁判

在早期判例中，英国法院对待契约性限制的态度并不明确。例如，在

---

① Hamed Alavi, "Contractual Restrictions on Right of Beneficiary to Draw on a Letter of Credit: Possible Exception to Principle of Autonomy," *International and Comparative Law Review*, Vol. 16, Issue 2(2016), p. 67.

哈伯特商业公司诉威斯敏斯特国家银行案①中，法院认为只要没有出现欺诈例外，法院不应干涉当事人的正常权利。此后，在菲尔普主题有限公司诉威斯特等人案②中，法院基于受益人欺诈颁布了禁令，但是上诉法庭的韦特法官认为，授予禁令的依据应当是受益人违反了基础交易合同中的约定条件而非契约性限制。英国法院在最近的案例中有承认契约性限制例外的迹象，③在天狼星国际保险有限责任公司诉固定资产财产保险有限责任公司案④中，法院明确天狼星公司不得违反其与劳埃德财团的基础交易合同中的契约性限制条款，不得主张索赔请求权。

澳大利亚法院对契约性限制例外的态度较为积极，除澳大利亚高等法院外的其他法院，目前基本都已接受了契约性限制例外。⑤例如，在皮尔逊桥梁有限责任公司诉新南威尔士州铁路局案⑥中，关联基础交易合同为建筑工程合同，该合同第 15.5 条约定为保证合同履行订立保证条款，法官认为第 15.5 条构成禁止条款，颁布禁令禁止受益人进行索赔。与此案相反的是澳大利亚高等法院对伍德霍尔有限公司诉管道管理局案⑦的判决。在该案中，当受益人依据保函规定向担保人索赔时，申请人主张受益人不得提起保函项下的请求权，因为申请人并未违反基础交易合同。澳大利亚高等法院判决支持了受益人的请求权，认为法院不能干预受益人在独立保函

---

① RD Harbottle (Mercantile) v. National Westminster Bank, (1978) QB 146.
② Themephelp Ltd. v. West and Others, (1996) QB 84.
③ Hamed Alavi, "Contractual Restrictions on Right of Beneficiary to Draw on a Letter of Credit: Possible Exception to Principle of Autonomy," *International and Comparative Law Review*, Vol. 16, Issue 2(2016), p. 72.
④ Sirius Insurance International Ltd. v. FAI General Insurance Co., Ltd. (2003) 1WLR 87.
⑤ Hamed Alavi, "Contractual Restrictions on Right of Beneficiary to Draw on a Letter of Credit: Possible Exception to Principle of Autonomy," *International and Comparative Law Review*, Vol. 16, Issue 2(2016), p. 78.
⑥ Pearson Bridge Pty Ltd. v. State Rail Authority of New South Wales, (1982) 1 Aug. Construction LR 81.
⑦ Wood Hall Ltd. v. Pipeline Authority, (1979) 141 CLR 443.

中所享有的见索即付请求权和银行无条件付款的义务。①

(三) 契约性限制例外的理论争议

契约性限制例外能否作为法院介入独立保函交易的依据，目前仍存在较大争议。② 支持者往往认为，契约性限制例外可以弥补其他例外情形缺位的不足，反映了基础交易合同当事人的合理期待，而且允诺型不容否认存在禁止性合同的先例。对于独立保函基础交易合同当事人而言，最大的希望即是对方能够诚实守信地履行合同，国内法院不应直接否定体现当事人意思自治的契约性限制条款，而应根据条款订立时的具体环境对条款进行判断，一旦受益人作出愿意受其承诺约束的明确意思表示，法院应不再行使自由裁量权，而是最大程度地尊重当事人意愿。③

不难看出，限制性条款的效力与独立性原则两者之间产生了根本冲突，毕竟UCP600第4条明确规定独立保函中任何对基础合同条款的援引，与担保人无关，担保人不受其约束。若将银行兑付独立保函与基础交易相关联，会让本来已经变幻莫测的独立性例外增加更多的不确定性。这种不确定性不仅增加了当事人对于独立性例外规则的国内政策担忧，还会降低独立保函制度的国际商业价值，削弱独立保函在国际贸易融资实践中的吸引力。④

(四) 契约性限制例外在我国的可适用性分析

契约性限制例外的法理基础，主要为衡平法中的允诺型不容否认（es-

---

① Nelson Enonchong, *The Independence Principle of Letters and Demand Guarantees*, Oxford University Press, 2011, p. 219.
② Hamed Alavi, "Contractual Restrictions on Right of Beneficiary to Draw on a Letter of Credit: Possible Exception to Principle of Autonomy," *International and Comparative Law Review*, Vol. 16, Issue 2 (2016), p. 82.
③ Hamed Alavi, "Contractual Restrictions on Right of Beneficiary to Draw on a Letter of Credit: Possible Exception to Principle of Autonomy," *International and Comparative Law Review*, Vol. 16, Issue 2 (2016), p. 84.
④ Nelson Enonchong, "*The Independence Principle of Letters and Demand Guarantees*," Oxford University Press, 2011, p. 266.

toppel by contract）① 以及禁止反言原则（equitable estoppel）。根据禁止反言原则，在具有独立担保性质的独立保函交易中，一旦受益人在基础交易合同中已经作出愿意受其承诺约束的明确意思表示，则契约性限制条款即可转化为禁止性合同内容，② 受益人需要在该禁止性内容之下承担应允的信义义务，而且普通法国家的司法实践中，法院对于禁止性合同中的权利限制条款，几乎没有行使自由裁量权的空间。③

我国法院可以根据禁止反言原则或诚信原则纳入契约性限制例外。禁止反言原则源于衡平法中的法律救济，本质上是对承诺的法律保障，属于通过法律建构的信任机制。虽然禁止反言原则与诚信原则法律渊源不同，但二者具有同等功能。我国的司法实践中并不排斥对禁止反言原则的司法适用，而且往往会根据我国民法典第 7 条"民事主体从事民事活动，应当遵循诚信原则，秉持诚实，恪守承诺"之规定，认定当事人应对特定法律关系之中的言行负责，信守承诺，不能出尔反尔，不得随意否定自己的在先言词、言论或行为。因此，契约性限制例外在我国司法实践中存在理论上的适用可能。

结　　语

独立保函独立性原则新型例外的持续出现，说明独立性原则例外的范围和界限仍存在不确定性。外国法院对不同新型例外情形的差异化裁判，

---

① 允诺型不容否认（estoppel by contract），是指禁止当事人作出与已达成合意并通过合同缔结而确定的事实或所作的陈述或声明的真实性相矛盾的反悔或否认。参见薛波主编：《元照英美法词典》，北京大学出版社 2013 年版，第 495 页。
② 参见齐湘泉、姜劲蕾：《允诺禁止反言原则在涉外合同中的适用》，载《比较法研究》2004 年第 5 期。
③ Hamed Alavi, "Contractual Restrictions on Right of Beneficiary to Draw on a Letter of Credit: Possible Exception to Principle of Autonomy," *International and Comparative Law Review*, Vol. 16, Issue 2(2016), p. 84.

反映了国家司法在独立担保公平价值与效率价值之间的取舍。① 尤其是在英美法系国家，违法例外、无效例外、显失公平例外以及契约性限制例外的出现，弥补了独立保函实践快速发展中传统欺诈例外规则无法适用的空白，引领了国际独立保函独立性原则例外规则持续扩张的新趋势。独立性原则的例外体系不断向外扩张，表面上似乎国家司法干预了当事人之间的意思自治空间，但究其实质可以看出独立性原则的例外体现了衡平法上的法律救济。而商事法律救济范围的扩大，非但没有削弱独立保函作为国际贸易融资工具的担保功能，反而通过给当事人提供基于国家司法保障机制的多元化救济路径，强化了商事主体使用独立保函的信心。对我国法院而言，适时为独立保函独立性原则新型例外扩容，通过国家司法救济强化当事人对国际融资结算机制的信任、信赖和信心，是我国独立保函制度未来发展必须思考的问题。

（本文仅代表作者个人观点）

---

① 参见刘斌：《论独立担保的修正类型谱系——兼评最高人民法院独立保函司法解释》，载《法学杂志》2017 年第 12 期。

破产衍生诉讼中管理人诉讼地位的困境与重塑*

杜若薇**

破产案件具有非讼属性，管理人在破产案件与衍生诉讼中的角色和地位不同，但相互联系，彼此影响。破产法的基本理论认为，管理人以自己的名义参与衍生诉讼，是管理人履职中立性和独立性在衍生诉讼中的进一步延伸。但是，破产衍生诉讼是破产各方主体利益矛盾的深层次体现，管理人在衍生诉讼中处于何种地位，是否具有独立的诉讼主体资格，应当在什么时间、以何种方式和身份参与到衍生诉讼中，个案情况之不同增加了管理人履职的不确定性。企业破产法第25条第1款第7项仅对管理人的职责范围作出较为笼统的界定，管理人的法律地位尚缺乏明确认定，职权界限仍有待进一步明晰。

---

* 本文是山东省社科规划研究专项"山东省破产审判机制数字化改革研究"（项目编号：24CFZJ25）、国家社科基金一般项目"强制执行法与破产法衔接的体系化研究"（项目编号：24BFX100）的阶段性研究成果之一。

** 烟台大学法学院讲师，法律经济学博士。

一、管理人诉讼地位困境的具体表征

破产衍生诉讼是解决与破产程序相关的实体权利义务纠纷的基本方式。管理人依法享有独立诉讼地位,是其区别于一般民事案件律师作为代理人参与诉讼的一项权利。赋予管理人独立的诉讼地位,是因为破产案件中管理人的法定职权特殊,部分职责的履行必须通过诉讼来实现,即管理人需要以自己的名义起诉或应诉,并且承担相应的法律后果。因此,此项权利具有专属性,是管理人独立性的表现之一。

(一) 管理人与债务人诉权冲突

一般而言,管理人主动发起的破产衍生诉讼,管理人自身应当作为原告,① 但是,实务中债务人在此类诉讼中的原告身份也得到了司法裁判的确认,这就导致行使诉权适格主体应当是管理人还是债务人的争论。

例如破产撤销权,一般被认为是在破产程序开始后,管理人请求对破产债务人在破产程序开始前法律规定的期限内实施的有害于破产关系人另一方的行为予以撤销,并使因此而转让的财产或利益回归破产债务人的权利。② 破产撤销权行使的对象,既包括明显转移财产行为的撤销,也包括偏颇性清偿行为的撤销。但是,提起破产撤销之诉时,管理人与债务人谁应当是适格原告,在司法实践中并没有形成一致意见。对管理人诉讼地位的不同认定,造成了管理人、债权人和债务人对相关财产行使权利的无序状态。

(二) 管理人法定职权行使困难

管理人的职责和法律地位决定,其应通过提起确认无效行为之诉追回

---

① 比如,企业破产法第 32 条赋予管理人行使破产撤销权,以及《最高人民法院关于适用〈中华人民共和国企业破产法〉若干问题的规定(二)》[以下简称《企业破产法规定(二)》] 第 41 条赋予管理人对债权人抵销行为提出异议的权利,均需要以诉讼方式进行。

② 参见李永军:《破产法律制度》,中国法制出版社 2000 年版,第 255 页。

属于债务人的财产,① 以实现债务人财产最大化,维护债权人和债务人的利益。但是,破产无效行为之诉的特殊性会导致管理人成为被告而难以履行法定职权:其一,无效行为主体具有开放性。债务人、管理人或者其他破产财产的保管人,都有可能实施法律规定的无效行为,因此,管理人可能会成为相关诉讼的被告。其二,确认行为无效的法律后果是自始无效。破产撤销之诉可能会产生财产追回的法律后果,如撤销在财产上设立担保的情形,债务人行为无效一定是已经实施了财产转移或隐匿的行为,第三人需要将因法律规定的行为而取得的财产返还给债务人。企业破产法第34条赋予管理人追回被非法处置的债务人财产的权利,而一旦管理人怠于行使权利,或者在取回过程中造成财产损失,则可能会成为管理人责任之诉的被告。

当然,管理人依法对债务人隐匿、转移财产和虚构承认债务的行为提起确认无效的诉讼,其作为原告诉讼地位在理论上和实务上的认识比较统一,本文不再赘述。

(三) 管理人履职利益冲突加剧

在破产债权确认纠纷中,管理人职权干预客观上会影响合同相对性原理的实现,管理人履职行为与债务人利益实现之间存在冲突,造成管理人在破产衍生诉讼中的履职风险有所增加。

例如,企业破产法第58条赋予了债权人或债务人,在对管理人编制的债权表有异议时,可以提起诉讼的权利。根据《最高人民法院关于适用〈中华人民共和国企业破产法〉若干问题的规定(三)》[以下简称《企业破产法规定(三)》]第8条的规定,在债权人或债务人表达异议之后,管理人不予调整时,债权人和债务人都具有原告的诉讼地位。如果债务人是原告,《人民法院破产程序法律文书样式(试行)》(以下简称

---

① 参见最高人民法院民事审判第二庭编著:《最高人民法院关于企业破产法司法解释理解与适用:破产法解释(一)·破产法解释(二)》,人民法院出版社2017年版,第249页。

《文书样式》）说明了此时被告应当是相关债权人，管理人是债务人的诉讼代表人。在破产程序中，债权人申报的债权本就是由管理人审查确认的，此时管理人作为诉讼代表人参与诉讼，需要对自己编制的债权表进行审查，债务人与管理人之间会出现利益矛盾。

在债权人确认己方债权的诉讼中，对于被告的选择存在三种可能：其一，债务人为被告。管理人作为债务人企业的诉讼代表人参与诉讼。理由是债权人提出异议的债权发生在债权人与债务人之间，是二者之间的实体权利争议，根据合同相对性原理，债务人为适格被告。其二，管理人为被告。因为债权人提出债权异议之诉针对的是管理人的登记和确认行为，债权人的相关债权是实体权利，而债权能否成为破产债权的初步确认是由管理人审核完成的，管理人的职务行为干预了原本的债权债务关系。其三，将债务人与管理人列为共同被告。这是一种在起诉时较为保险的做法，因为债权债务关系的实际当事人是债务人，而确认债权的主体是管理人，所以一并列为被告。目前，在司法实践中多采用的是第一种方案①，偶尔会有管理人与债务人为共同被告的情形出现②。确认破产债权的诉讼是企业破产法创设的制度，可是无论是债务人起诉、管理人作为诉讼代表人，还是债权人提起诉讼、债务人作为被告，管理人履职都存在一定的问题。一方面，管理人作为破产程序中独立履职的中立一方，其职责包括审查确认债权、代表债务人参加诉讼，故债务人一般不适宜作为诉讼主体；另一方面，在破产程序中，如债务人作为诉讼主体，当管理人与债务人一同被列为被告时，为了维护自身利益，管理人可能会与债权人分割为两个阵营，其履职中立性会遭到冲击。

---

① 参见广东省广州市增城区人民法院（2021）粤0118民初3520号民事判决书、贵州省高级人民法院（2020）黔民终1160号民事判决书、贵州省高级人民法院（2020）黔民终768号民事判决书、四川省高级人民法院（2021）川民终765号民事判决书。

② 参见河南省高级人民法院（2021）豫民终1114号民事裁定书。

二、管理人诉讼地位困境的成因分析

当事人适格是诉讼得以进行的前提，司法实践中管理人诉讼地位认识尚未统一的重要原因是管理人制度的理论体系较为薄弱，比如，对管理人应居于何种法律地位和管理人是否应当享有诉权等问题研究不够透彻。

（一）管理人法律地位不明

理论界对管理人法律地位的研究不够重视，但也认同其对诉讼中当事人身份和实体法会产生影响。[1] 管理人的法律地位，是指管理人在破产法律关系中所处的位置，是管理人职责、权利、义务和责任在理论上升华的表现。只有明确管理人的法律地位，才能明确管理人与破产程序中其他利益主体之间的关系。[2] 企业破产法及《最高人民法院关于审理企业破产案件指定管理人的规定》制定时留下的空白产生的两个问题是管理人与债务人关系不明以及管理人职责边界模糊，而这两个问题又影响了破产衍生诉讼中管理人诉讼地位如何确定。

域外理论对管理人法律地位的认识主要有两种。在机构说模式之下，管理人作为破产财团的机关行事，财团作为自身具有权利能力的主体，具有诉讼主体地位；管理人作为机关代表破产财团参与诉讼。在职务说模式之下，管理人作为私人职务的承担者，以自己的名义为破产财团行事。破产衍生诉讼中的当事人并不是管理人所代理的债务人，而是管理人本身，管理人为了破产财团而诉讼，败诉时的诉讼费用由破产财团支付。如果其他当事人针对破产财团行使请求权，管理人应当是适格被告。如果参考上述两种观点之一，那么管理人在破产衍生诉讼中的诉讼代表人地位认定可被采纳。

---

[1] 参见［德］莱因哈德·波克：《德国破产法导论》，王艳柯译，北京大学出版社2014年版，第29页。
[2] 参见姚彬、孟伟：《破产程序中管理人制度实证研究》，中国法制出版社2013年版，第37页。

（二）管理人作为诉讼当事人正当性基础不明

《民事案件案由规定》将管理人确定为案件的诉讼主体，但是诉权行使主体需要具有一定的资格，即诉讼要件中的"直接利害关系"。除管理人责任之诉外，管理人并不是衍生诉讼的当事人，不是实体权利义务的主体，诉讼结果不归于管理人。因此，管理人法律地位的不同学说会影响诉权资格的认定。如果依据机构说，财产集合不能成为权利主体，还需要一个权利主体作为权利持有人，管理人作为机关是法律主体，不能再成为权利主体的财产集合的代表部门。如果依据职务说，管理人为破产财团履行职责，根据权利义务相统一的原则，管理人自己承担败诉风险，也应当能够行使诉权，具有诉讼主体地位。基于民事诉讼法理论，诉权的设置是对当事人程序主体性原则的肯定，是为了均衡和"限制"审判权。管理人作为受托人，尤其是我国管理人大多由法院选任，其诉权取得和行使可能存在矛盾。因此，如果不能将破产财产与管理人、债务人与管理人的关系处理好，管理人的诉讼资格问题会一直存在。

（三）法律、司法解释、司法文件兼容性较弱

造成管理人诉讼地位困境的最直接原因是企业破产法及相关司法解释缺少明确规定，而《民事案件案由规定》将破产衍生诉讼的诉讼主体统一规定为管理人，《文书样式》却又区别了各类衍生诉讼的原告和被告。管理人的诉讼地位争议是因为"代表"债务人参加诉讼的表述过于笼统，如果将企业破产法和相关司法解释与《文书样式》《民事案件案由规定》中的衍生诉讼类别一一对应，可发现债务人与管理人的诉讼地位在规则与实践中比较混乱（见表1）。

表 1　法律、司法解释、司法文件规定的破产衍生诉讼当事人

企业破产法规定的诉讼当事人	司法解释规定的诉讼当事人	《民事案件案由规定》破产衍生诉讼类别	《文书样式》规定的诉讼当事人
第31条、第32条：原告为管理人	《企业破产法规定（二）》第9条：原告为管理人	299.破产撤销权纠纷	95.破产撤销权诉讼 原告：管理人 被告：受益人
第40条：无明确规定	《企业破产法规定（二）》第41条：管理人不得主动抵销	297.破产抵销权纠纷	95.破产抵销权诉讼 原告：行使抵销权人 被告：债务人
第58条：无明确规定	《企业破产法规定（三）》第8条：原告为异议债权人；被告无明确规定	295.破产债权确认纠纷	97.破产债权确认诉讼 原告：债权确认权利人 被告：债务人
第38条、第39条：无明确规定	《企业破产法规定（二）》第27条：被告无明确规定	296.取回权纠纷	98.破产债权确认诉讼 原告：债权确认权利人 被告：债务人
第109条：无明确规定	—	298.别除权纠纷	99.别除权纠纷 原告：行使别除权人 被告：债务人
第33条、第34条：无明确规定，管理人可以追回财产	《企业破产法规定（二）》第17条、第18条：原告为管理人	290.请求确认债务人行为无效纠纷	100.确认债务人行为无效诉讼 原告：管理人 被告：受益人
第130条：被告为管理人	《企业破产法规定（二）》第9条、第33条：原告为债权人；被告为管理人	301.管理人责任纠纷	105.管理人承担赔偿责任诉讼 原告：利益受损方 被告：管理人

三、管理人诉讼地位的理论修正

在缺乏单独破产程序规则的情境下，要解决管理人在破产衍生案件中的诉讼地位困境，首先要从民事诉讼制度中寻求理论支持。根据企业破产法第 25 条的表述，可以认定管理人在我国是典型的法定诉讼担当——我国现行民事诉讼法中没有诉讼担当这一词语，但具体条文所表述的意思就是诉讼担当制度。我国对诉讼担当理解与域外理论不完全一致，但是对破产衍生诉讼中管理人的法定诉讼担当地位同样是确认的，因为"就与破产债权人的关系而言，破产财产管理人属于职务上的诉讼担当，即为了权利义务归属主体的法定诉讼担当"①。在破产衍生诉讼中赋予管理人诉讼主体资格，其重要内涵是赋予管理人诉讼实施权。虽然实体法上的管理权和处分权在民事主体之间的配置很大程度上能够决定诉讼实施权的配置，但是实际的诉讼实施权要满足程序法的基本价值。② 民事诉讼当事人理论的基础是实体利益的直接归属，而破产衍生诉讼的实体权利义务归属主体在很多情况下未被赋予诉讼实施权，破产衍生诉讼处理结果的实体利益可能归属于债务人，也可能归属于管理人（管理人责任纠纷），后者不会出现诉讼主体争议，但是管理人在前一类纠纷中的履职情况会对后一类纠纷发生与否产生极大影响。

（一）管理人享有诉讼实施权

对于实体利益归于债务人的衍生诉讼，实质当事人（债务人）与形式当事人（管理人）分离，此时允许管理人作为原告参与诉讼，诉讼实施权不再遵循实体法上的民事权益配置原理，因为在破产撤销权之诉、破产抵销权之诉和请求确认债务人行为无效之诉中，如果缺失此种配置，债务人与债权人的实体纠纷无法得到解决，债权人的利益无法得到司法救济。为

---

① ［日］高桥宏志：《民事诉讼法制度与理论的深层分析》，林剑锋译，法律出版社 2003 年版，第 254 页。转引自张晓茹：《再论诉讼担当——以担当人和被担当人在实体法和程序法上的关系为视角》，载《法学杂志》2012 年第 2 期。
② 参见黄忠顺：《诉讼实施权配置的基本范畴研究》，载《政法论坛》2016 年第 3 期。

了发挥诉讼程序的最大效用、保护债权人最大利益和最大化债务人财产，管理人作为原告主动提起诉讼，是其作为法定诉讼担当的职责。

破产衍生诉讼中，一方面，根据法律规定，除了重整 DIP 模式下的破产企业具有完全的民事行为能力，清算程序中和重整接管模式下的破产企业都不具备起诉和应诉的能力；另一方面，破产企业作为实质当事人，在破产撤销权纠纷和请求确认债务人行为无效纠纷中天然地缺乏积极性，而诉讼当事人缺少诉讼动力会严重影响诉讼效率价值的实现。管理人作为法定诉讼担当，赋权模式不以实质当事人授权为必要，而是应当依据其独特的法律地位、履职性质和职责范围而获得诉讼实施权，与此同时则需要对实质当事人的诉讼实施权进行必要限制，[1] 也就是在前述的破产衍生诉讼中，不应当以债务人为原告或被告而管理人只能作为诉讼代表人参与诉讼。

相较于一般的民商事案件，破产衍生案件的判决效力看似归于债务人，但最终结果作用于债务人财产，进而保障所有债权人获得公平、及时且充分的清偿。这种特殊性来自债权人与债务人并非一般民事诉讼中的对抗主体，虽然破产衍生诉讼与其他民商事纠纷别无二致，但衍生案件的裁判结果首先要推进破产程序进行，帮助确认和扩大债务人财产，这也是管理人履职中立性的重要原因。因此，管理人作为一类特殊的法定诉讼担当，是为了保护全体债权人和债务人的利益而被赋予诉讼请求权，享有了实体请求权主体的法定权利，以自己的名义提起民事诉讼。[2]

（二）管理人诉讼实施权具有排他性

对管理人进行法定诉讼担当赋权时还需要考虑固有诉讼实施权与新设诉讼实施权的关系，也就是在破产衍生纠纷中，管理人享有原告主体资格提起相关诉讼时，是否完全剥夺了债务人的诉讼主体地位。管理人根据企业破产法的规定而享有法定的诉讼实施权，而依据诉讼担当理论，其又可

---

[1] 参见黄忠顺：《法定诉讼担当的基本范畴研究》，载《法治研究》2012 年第 2 期。
[2] 参见黄忠顺：《诉讼实施权配置的基本范畴研究》，载《政法论坛》2016 年第 3 期。

细分为替代性诉讼实施权和共享性诉讼实施权。前者是指管理人取代债务人成为破产衍生诉讼的固有适格当事人,而后者则并未完全剥夺债务人提起相关诉讼的资格,债务人在一定程度上保留固有的诉讼实施权。①

考察我国目前破产衍生诉讼中诉讼主体认定模式发现,对管理人是否具有独立诉讼地位的回应看似纷繁杂糅,但比较接近于承认管理人的诉讼实施权是共享性诉讼实施权。依据法定诉讼担当理论,如果债务人的固有诉讼实施权未被剥夺,可能会出现针对相同标的的复数诉讼实施权,使得对方当事人面临卷入重复诉讼和承担重复责任的风险。

如果遵循管理人共享诉讼实施权模式,会出现三种可能的结果:其一,债务人的固有诉讼实施权优先于管理人的新设诉讼实施权;其二,债务人的固有诉讼实施权与管理人的新设诉讼实施权二者平行;其三,管理人新设诉讼实施权优先于债务人的固有诉讼实施权。② 这也符合实践中管理人在同类案件中时而作为诉讼代表人、时而作为当事人的现状。但不可否认的是,诉讼实施权配置不明确给管理人履职造成了极大困难,尤其是在管理人法律地位不明、责任范围不清的情况下,管理人对于何时应当提起诉讼、何时只需要作为债务人诉讼代表人参与诉讼无法形成正确判断,而错失诉讼机会给债务人或债权人造成损失之后,管理人则面临被提起责任之诉的风险。

四、巩固管理人独立诉讼地位的具体措施

为了解决管理人在衍生诉讼中的困境而对管理人诉讼地位逐案进行认定和释明,一定程度上是司法资源浪费,纠正和重塑管理人的独立诉讼地位,要将破产制度基本理论与立法目的、司法实践统一起来。首先,从理论上明确管理人应有的独特法律地位,正确认识管理人在破产衍生诉讼中被赋予独立诉讼地位的重要意义;其次,从立法上强化具体诉讼中的管理

---

① 参见[德]罗森贝克、施瓦布、戈特瓦尔德:《德国民事诉讼法》,李大雪译,中国法制出版社2007年版,第295页。
② 参见黄忠顺:《诉讼实施权配置的模式构建》,载《比较法研究》2016年第4期。

人原告资格,弱化诉讼代表人身份适用;最后,协调现有法律、司法解释和规范性文件对管理人履职提出的不同要求,保证管理人履职确定性和统一性。

(一)明确管理人法律地位

目前来说,在我国管理人中心主义改革的背景下,理解并确立管理人法律地位的选择主要有两种路径。

第一,赋予管理人受托人地位。笔者认为,借鉴英美破产案件审理的经验,能够解决管理人诉权与法律责任来源的问题。首先,在价值追求上,信托制度与管理人制度都是为了实现财产的转移与财产管理,且都是为了委托人的利益而不是为了自己的利益进行财产管理。其次,信托财产与破产财产的利益都和财产所有权主体相分离。最后,信托制度能够保证管理人的中立性。管理人不是任何一方利益的代表,其存在是在一定程度接管债务人的破产财产后,忠实勤勉地履行自己的法定职责、承担法定义务,实现破产财产的最大化。故采纳信托说,在某种程度可以解决管理人法定义务来源问题。一般认为,管理人的忠实义务来源于信托理论,要求管理人必须在工作中竭尽忠诚为相关利益主体的最大利益毫无保留地工作,自身利益与其发生冲突时,应以相关利益主体的利益为重。[1] 如果将管理人视为受托人,可以弥补企业破产法中管理人信义义务的缺失。同时,管理人如果违反忠实义务,所需要承担的民事责任具有侵权责任的性质,除了承担赔偿责任之外,还要将所得利益归还于委托人。

第二,让管理人成为独立专门机构。管理人履职行为具有独立性和专

---

[1] 参见孙创前主编:《破产管理人实务操作指引》(第2版),法律出版社2018年版,第20页;张天民:《论信托财产上权利义务的冲突与平衡——信托合同的基础与中国继受信托法》,载梁慧星主编:《民商法论丛》第9卷,法律出版社1998年版,第613页。

业性，应赋予其专门机构地位的建议一直存在。① 我国的管理人履职具有综合性，其既是破产清算程序的清算人，也是重整程序的重整人和执行重整计划的监督主体，还是破产财产的接管人，管理人融合了受托人、"公职主体"、财团代理人等多种身份的职责范围，只有将其独立为专门机构，才能符合管理人为独立行使法律赋予的各项权利而提起诉讼的主体资格，也才能优化在我国破产审判专业化改革中对管理人职权范围的理解。这种专门机构与德国法中的"机构"不同。首先，其不是破产财产的代表机关，而是具有完全独立意识与行为能力的主体；其次，其不依赖其他学说来界定职权范围，而是将应由管理人行使的各项权利、履行的各类职责进行整合；最后，其以自身的独立财产对外独立承担责任。基于独立主体与债务人和破产财产的关系，可以被看作存在一种契约，从民法角度来看，一般认为可适用违约责任规制管理人责任。②

（二）正确认识管理人独立诉讼地位

明确管理人法律地位是巩固管理人独立诉讼地位的根本前提，而解决破产管理人在破产衍生诉讼中的困境需要运用破产审判的思维，对管理人的独立诉讼地位形成正确认识。管理人能够成为独立的诉讼主体，是因为作为社会中介机构，无论是机构管理人还是个人管理人，能够以自己的财产独立承担民事责任，加上管理人执业责任保险制度的完善，能够分担管理人履职风险。

诉讼中的适格当事人不以实体法上的权利能力为必要条件，某些主体因为法律规定或当事人授权而享有诉讼实施权，在特定诉讼中以自己的名

---

① 参见韩长印主编：《破产疑难案例研习报告（2021年卷）》，法律出版社2022年版，第61页；王欣新：《破产法》（第2版），中国人民大学出版社2007年版，第87页。

② 善良管理人的注意义务，是指行为人在从事为他人利益的管理活动时所承担的最低限度的注意，即以管理自己事务相同的注意来从事为他人利益的管理活动。参见邹海林：《破产法——程序理念与制度结构解析》，中国社会科学出版社2016年版，第187页。

义成为当事人。由于企业破产法和民事诉讼法将管理人纳入法定诉讼担当范畴，管理人在破产衍生诉讼（管理人责任之诉除外）中作为职务上的当事人，为了权利义务归属主体（债权人和债务人）利益而参与诉讼，尤其是清算程序中和管理人接管模式下的债务人主体资格受限，从理论和实践层面都不应为债务人以诉讼主体身份进行诉讼。

（三）强化管理人原告资格

适格原告提起的诉讼才具有裁判价值，这是裁判拘束力正当性的来源。美国通过案例明确了破产撤销权之诉只能由管理人提起，否认了债权人的原告地位。[1]依据英美法系的受托人理论，管理人得以提起破产撤销权之诉是因为：其一，管理人被授予拟制代表人、申请执行债权人或善意买受人的权利。[2]这种对秘密担保和秘密买受的规制，不要求具有未登记状态损害的无担保债权人，而管理人拥有拟制的不知情债权人权利。其二，来源于实际债权人撤销权的继承，管理人为破产财团的整体利益继受了债权人对债务人给付行为的撤销权。[3] 管理人在破产程序中行使破产管理权，其因法定诉讼担当身份而拥有诉讼实施权，因此无论管理人作为原告起诉还是作为被告应诉，都影响到破产管理权行使。由于涉及管理人自身权限与履职行为，所以管理人有诉的资格和诉的利益，享有诉权，在相关破产衍生诉讼中应当不断强化其原告身份。

强化管理人诉讼主体地位，并非完全否认债务人的诉讼地位，只是非必要尽量避免管理人以诉讼代表人身份参与诉讼。在管理人责任之诉中，债务人也可以提起诉讼。对于二者关系的协调，可以通过破产程序终结后企业注销之前衍生诉讼当事人的认定窥见一斑。虽然从法理上来说，此时债务人企业具备完全的诉讼行为能力，但是从维护交易安全的角度，法院

---

[1] See Keith Sharfman, "Derivative Suits in Bankruptcy," 10 *Stan. J. L. Bus. & FIN.* (2004), p. 1.

[2] 11 U.S.C. § § 544 (a).

[3] 11 U.S.C. § § 544 (b). 参见［美］查尔斯·J. 泰步：《美国破产法新论》（第3版），韩长印、何欢、王之洲译，中国政法大学出版社2017年版，第527页。

还是鼓励管理人提起诉讼。这其实以一种实践做法反向肯定并强化了管理人的诉讼主体地位。

管理人作为债务人的诉讼代表人参加诉讼的做法方便诉讼进行，但潜在的利益冲突可能提高管理人履职难度，危害债权人和债务人利益。管理人作为诉讼代表人，与共同诉讼中的诉讼代表人有一定区别。共同诉讼中，诉讼代表人是由人数众多一方推举实施诉讼行为的人，① 而破产案件中的债务人是单一主体；诉讼代表人既是当事人，也是代表人，而管理人作为诉讼代表人时，其不代表自身利益。因此，应当减少管理人作为诉讼代表人的情形，强化管理人诉讼主体地位。如果债务人对债权表有异议，应当由其股东、董事等提起诉讼。如果债权人对其他债权人的登记债权有异议，应以被异议债权人作为被告；而如果债权人对管理人登记、审查自身债权的行为有异议，不应当将债务人列为被告，而是直接针对管理人的行为提起诉讼。

（四）协调实践中的规范文件

破产衍生案件起诉和应诉过程中，理论研究、立法规定和司法实践的习惯做法三者之间无法调和，导致管理人面临诉讼地位困境，履职风险加剧。一方面，法官破产审判理念没有及时更新，民事诉讼与破产程序的分界没有被明确提出，法官审理破产案件倾向于采用民法理论；另一方面，管理人出于自身执业风险的考量，以诉讼代表人的身份参与诉讼，能够减少因没有履行合理注意义务、怠于提起诉讼而承担责任的可能性。因此，为减少破产审判的不确定性，应当依托管理人中心主义理论，在立法层面统一法律和相关文件的规定，同时通过司法裁判来鼓励支持管理人独立起诉或应诉，是督促管理人在破产程序勤勉尽责的方式，能够避免管理人推诿和怠于行使权利的情形出现。审理破产案件的法院应及时调整不符合管理人制度精神和司法实践，在不同的衍生诉讼中认定适格当事人，在衍生诉讼中鼓励支持管理人直接以自己的名义起诉和应诉，并通过案例予以公示。

---

① 参见张卫平：《民事诉讼法》（第4版），法律出版社2016年版，第153页。

结　　语

由于司法业务文件对管理人参与破产衍生诉讼的资格规定与企业破产法和司法解释存在矛盾，管理人制度被引入我国后始终未能从法律层面明确管理人法律地位，管理人职权范围不清晰，衍生诉讼中管理人履职行为与债务人固有权利行使可能存在冲突，管理人作为衍生诉讼当事人的正当性基础模糊，造成管理人在履职过程中一旦涉及衍生诉讼就难以确定自身诉讼地位的困境，影响破产衍生诉讼和破产案件审理质量和效率。

诉讼担当理论能够对实践中无法统一管理人诉讼地位的情况予以修正，企业破产法第 25 条规定的管理人基于管理债务人财产的权利而衍生的代表债务人参加诉讼、仲裁或者其他法律程序的权利应定性为法定的诉讼担当。管理人是衍生诉讼所涉法律关系主体之外的第三人，但由于对债务人财产或破产企业有管理权，因而以当事人的地位就该法律关系所产生的纠纷行使诉讼实施权，判决的效力及于原民事法律关系。并且，就我国目前破产清算程序与重整程序的运行状况来说，赋予管理人排他的诉讼实施权更为合适，可以减少管理人与债务人的利益冲突，强化管理人对债务人企业的监督，减少管理人履职不确定性，从而降低管理人责任纠纷的风险。重塑管理人的独立诉讼地位，既要从立法层面纠正现有规则的偏差，更要从理论上明确我国管理人独立专门机构的法律地位，并通过典型案例释放出不断强化管理人诉讼主体身份的信号。

（本文仅代表作者个人观点）

论自甘冒险规则中"一定风险的文体活动"的规范内涵*

李洪健**

民法典第1176条第1款"自愿参加具有一定风险的文体活动,因其他参加者的行为受到损害的,受害人不得请求其他参加者承担侵权责任"规定了自甘冒险规则。① 相较于其在侵权责任编草案二审稿中的前身而言,这一规则的适用范围从最初的"具有危险性的活动"被

---

* 本文系2023年度国家社科基金青年项目"再类型化视阈下民法漏洞填补研究"(项目编号:23CFX006)的阶段性成果。

** 湖南大学法学院助理教授。湖南大学法学院秦梓萌同学为本文的写作提供了文献检索与裁判文书梳理等方面的帮助,在此一并致谢。

① 一般而言,学术界与实务界在侵权责任领域所讨论的自甘冒险大多以自甘冒险活动直接参与者间的责任承担为内容。就此而言,民法典第1176条第2款虽然同时规定了组织者的责任承担问题,但因其系以指示组织者责任认定所应适用的规范为内容,故而与直接参与者的责任认定无关。因此,本文对自甘冒险的讨论集中于民法典第1176条第1款所指向的直接参与者间的责任认定问题。同时,为行文方便考虑,如无其他特殊说明,本文分别以"文体自甘冒险"与"参与者"指称自甘冒险规则中的"具有一定风险的文体活动"与"直接参与者"。

限缩到"具有一定风险的文体活动"。① 立法者借此表达了以"一定风险的文体活动"区分不同场域下受害人自甘冒险活动效果的规范目的。因此，正确地理解和界定"一定风险的文体活动"的规范内涵便成为妥当适用自甘冒险规则的前提。然而遗憾的是，时至今日，理论与实务在对"一定风险的文体活动"的范围解读上仍然存在诸多分歧。② 这种分歧虽然看似一种文义解释差异，但结合自甘冒险规则的责任效果不难发现，这种认识分歧实质上是理论和实务在受害人自甘冒险参与文体活动在当事人责任评价中具有何种规范性意义这一根本问题上存在不同理解所导致的。因此，为明晰"一定风险的文体活动"的规范内涵，需首先厘清文体自甘冒险行为在当事人责任评价中的规范性意义，并以此为基础合理划定受害人自甘冒险中各当事人的责任边界。

一、理论和实务对"一定风险的文体活动"的认识分歧

（一）裁判者对"一定风险的文体活动"的不同理解

结合民法典施行后的裁判实践来看，裁判者普遍认为诸如篮球、足球

---

① 侵权责任编草案二审稿于第954条第1款确立了自甘冒险规则，最初规定为"自愿参加具有危险性的活动受到损害的，受害人不得请求他人承担侵权责任，但是他人对损害的发生有故意或者重大过失的除外"。

② 在对"一定风险的文体活动"的解读上，主要存在两种对立观点。第一种观点认为自甘冒险规则的适用范围过窄，应当进行类推适用。相关讨论可参见杨立新：《自甘风险：本土化的概念定义、类型结构与法律适用——以白银山地马拉松越野赛体育事故为视角》，载《东方法学》2021年第4期；李鼎：《论自甘风险的适用范围——与过失相抵、受害人同意的关系》，载《甘肃政法大学学报》2021年第1期；曹巧峤、赵韶峰：《民法典自甘风险规则的解释论研究》，载《河北法学》2023年第1期。第二种观点则主张应当对"一定风险的文体活动"进行严格解释，不过，在此立场基础之上，自甘冒险规则能否适用于文体教学培训活动、非竞技性活动等问题仍然存在较大争议。相关讨论可参见谭佐财：《论〈民法典〉中自甘冒险规则的司法适用》，载《太原理工大学学报（社会科学版）》2021年第1期；石记伟：《自甘风险的法教义学构造》，载《北方法学》2022年第1期；赵峰、刘忠伟：《论体育活动中自甘风险的适用范围》，载《法律适用》2021年第11期。

以及拳击运动等具有明显对抗性与竞技性的体育活动属于自甘冒险规则所指向的"一定风险的文体活动",对于此类活动可以适用自甘冒险规则并无争议。不过,当受害人所参与的体育活动并不具有明显的对抗性与竞技性等特点时,裁判者对其能否适用自甘冒险规则存在不同观点。例如,就滑雪而言,多数法院在裁判说理中认为其"系竞速类体育运动项目,因其自身特点,属于国家体育行政管理部门确定的高危险性体育项目""专业性强、危险性高""本身存在固有风险,属于'一定风险的文体活动'范围"。① 因而,在由滑雪者碰撞所引发的纠纷中,多数法院认为被告在无重大过失的情况下无须承担侵权责任。② 但也有法院认为,尽管滑雪运动确属一项高风险运动,但滑雪运动不存在身体对抗性,其他活动参与者所带来的风险不属于滑雪活动的固有风险,因此不宜适用自甘冒险规则。③ 在游泳、滑冰等非对抗性体育活动中,也存在类似的争议。更进一步,倘若系争自甘冒险行为并非体育活动,而是娱乐性更为突出的文化娱乐活动,裁判者对此类活动能否适用自甘冒险规则的认识分歧更大。以密室逃脱游戏为例,有的法院以该活动具有一定风险性为由,将其归入民法典第1176条所调整的"具有一定风险的文体活动"④,而有的法院则认为该活动是商业休闲娱乐活动、经营性活动,有别于具有风险的对抗性文体活动,据此

---

① 参见吉林省吉林市中级人民法院(2021)吉02民终2060号民事判决书、新疆维吾尔自治区阿勒泰地区中级人民法院(2022)新43民终372号民事判决书、吉林省吉林市丰满区人民法院(2022)吉0211民初545号民事判决书、北京市怀柔区人民法院(2022)京0116民初1780号民事判决书、北京市平谷区人民法院(2024)京0117民初4871号民事判决书。

② 参见北京市昌平区人民法院(2021)京0114民初12575号民事判决书、河南省郑州市金水区人民法院(2021)豫0105民初5804号民事判决书、北京市平谷区人民法院(2023)京0117民初1889号民事判决书。

③ 参见北京市密云区人民法院(2022)京0118民初7738号民事判决书。

④ 参见广东省广州市番禺区人民法院(2021)粤0113民初23037号民事判决书、青海省西宁市城西区人民法院(2023)青0104民初1739号民事判决书。

便排除自甘冒险规则的适用①。又如，对于如跳大绳、手拉手转圈跳舞等一般观念中并无较大风险的活动，能否适用自甘冒险规则的问题也存在分歧，部分法院认为上述活动同样属于"一定风险的文体活动"②，而也有的法院则以活动风险程度较低，相关人员尽到安全注意义务便可有效避免事故发生为由否定自甘冒险规则的适用③。

（二）"一定风险的文体活动"在学理层面的不同表达

自民法典颁布后，学术界对于"一定风险的文体活动"一向存在不同解读。有学者主张"一定风险的文体活动"这一适用范围过于狭窄，无法有力地解决实践问题，必要时应当对其予以类推适用。④ 不过，更多学者认为自甘冒险规则的适用范围还是应当从其规范目的角度予以界定，但具体到"一定风险的文体活动"的解释时，学者间依旧存在较大分歧。例如，有观点主张应将民法典第1176条的适用范围严格限缩在具有竞技性质的文体活动内，排除健身、休闲、娱乐等性质的文体活动。⑤ 与之相对，有研究则指出应当以"大体育"观来理解自甘冒险规则所指向的文体活动，并指出其不仅可以适用于有组织的体育竞赛活动，也可以适用于各种带有风险性的以健身、休闲、娱乐为目的的身体活动。⑥ 在上述两种对立

---

① 参见广东省深圳市福田区人民法院（2021）粤0304民初47953号民事判决书、湖南省长沙市开福区人民法院（2022）湘0105民初6227号民事判决书、陕西省西安市碑林区人民法院（2022）陕0103民初20145号民事判决书。
② 参见吉林省长春市绿园区人民法院（2021）吉0106民初4459号民事判决书、贵州省遵义市中级人民法院（2021）黔03民终6791号民事判决书、湖南省怀化市鹤城区人民法院（2022）湘1202民初5001号民事判决书。
③ 参见湖南省长沙市岳麓区人民法院（2021）湘0104民初23073号民事判决书、广东省广州市天河区人民法院（2021）粤0106民初19404号民事判决书、山东省聊城市茌平区人民法院（2021）鲁1523民初3574号民事判决书。
④ 参见杨立新：《自甘风险：本土化的概念定义、类型结构与法律适用》，载《东方法学》2021年第4期。
⑤ 参见谭佐财：《论〈民法典〉中自甘冒险规则的司法适用》，载《太原理工大学学报（社会科学版）》2021年第1期。
⑥ 参见韩勇：《〈民法典〉中的体育自甘风险》，载《体育与科学》2020年第4期。

的观点之间，也有学者采取了折中的立场，认为应在综合考虑运动项目、损害后果等因素的基础之上在体育休闲活动领域内限制适用自甘冒险规则。① 此外，学术界对于处于"一定风险的文体活动"可能的文义范围之内的活动是否需要具备明确的规则、参与者之间是否必须存在身体协同或对抗等诸多问题也存在争议。一类观点认为"一定风险的文体活动"必须具有一定的规则、存在由身体对抗所引发的较高人身危险性，② 而另一类观点则认为无论是诸如羽毛球、乒乓球等非身体接触性体育项目，还是非正式的、具有较强娱乐性质的文体活动，都可以在符合法政策考量的前提下，认定其属于具有"一定风险的文体活动"。③

（三）争议的根源

通过上文的梳理不难发现，在对何为"一定风险"的理解上，理论和实务除对因具有对抗性、竞技性等明显隶属于"一定风险"核心文义范围内的高风险文体活动可适用自甘冒险规则达成共识外，在对诸如游泳、滑冰、跳舞等对抗性、竞技性较弱的活动是否属于自甘冒险规则所谓"一定风险"的判断上依旧存在较多的分歧。在"文体活动"的理解上，有学者从风险角度强调"文体活动"主要指向体育活动，但主张自甘冒险规则同样可以适用于具有风险的文化娱乐活动的观点也不在少数。诚然，从规范概念层面而言，无论是"一定风险"还是"文体活动"，都并非内涵确定的法律概念，而是与重大理由、显失公平等概念相似，同属法律规范中的"不确定的法律概念"。④ 两者在文义上的不确定性与模糊性固然在一定程度上影响了理论和实务对于"一定风险的文体活动"的解读，但对"不确定的法律概念"必须结合相应规则的规范目的给予评价性解释而非单纯

---

① 参见赵峰、刘忠伟：《论体育活动中自甘风险的适用范围》，载《法律适用》2021年第11期。
② 参见张素华、顾红松：《自甘冒险规则的适用范围与责任构成》，载《三峡大学学报（人文社会科学版）》2020年第6期。
③ 参见曹权之：《民法典"自甘风险"条文研究》，载《东方法学》2021年第4期。
④ 参见梁慧星：《民法解释学》，法律出版社2015年版，第293-294页。

从文本本身予以确定的性质表明,① 理论和实务对于"一定风险的文体活动"的认识分歧实际上仍然主要存在于对其主观的价值评价而非客观解释上。结合自甘冒险规则的责任效果而言,这种主观性评价分歧便聚焦于:当受害人所参与的文体活动达到何种程度的风险时,参与者方才可以仅对因其故意或重大过失行为导致的损害承担责任?这一问题实质上又是对受害人参与文体自甘冒险活动在当事人责任评价中具有何种规范性意义的具象化表达。换言之,如何理解受害人文体自甘冒险行为在当事人责任评价中的规范性意义直接决定了"一定风险的文体活动"在裁判者与学者眼中的文义射程。结合前文对民法典施行后裁判实践与学术界观点的梳理不难发现,理论与实务在这一问题上远未形成共识,而这也是其在"一定风险的文体活动"的解释上依旧存在极大偏差的根本原因。因此,正确地理解并界定"一定风险的文体活动"的规范内涵,必须首先厘清文体自甘冒险行为在当事人责任评价中的规范性意义。

二、自甘冒险行为在当事人责任评价中的规范性意义

从现象层面而言,无论当事人是因自愿参与体育活动,抑或因爬树摘杨梅、冰面遛狗、过量饮酒等行为而遭受损害,都可以因其存在"受害人明知风险而自愿介入其中"的事实被统称为受害人自甘冒险行为,然而,正如自甘冒险规则通过"一定风险的文体活动"这一表述对文体自甘冒险与其他自甘冒险行为予以区分的现实所示,作为一种现象意义上的自甘冒险行为在侵权责任的规范性评价上并不能一概而论。

(一)文体自甘冒险在参与者过错评价中的规范性意义

1. 文体自甘冒险活动参与者注意义务标准弱化

受害人自甘冒险虽然不能像受害人故意、受害人同意一般直接免除行为人的责任,但正如自甘冒险规则所规定的,受害人自甘冒险参与文体活

---

① 参见毋国平:《含义不确定的分类法律概念之解释》,载《法制与社会发展》2014年第5期。

动这一事实仍然可以通过降低参与者注意义务的方式,免除参与者对因一般过失引起的损害承担侵权责任。具体而言,无论是在英美法系还是大陆法系中,注意义务都是过失判定的基准。[1] 加害人是否违反注意义务,依赖于"交往上必要的注意"之确定,即根据职业领域和危险领域处于行为人位置者所应尽到的注意。[2] 就文体活动尤其是体育活动而言,诸如篮球、足球、滑雪等体育活动无一不伴随着一定的固有风险,这种风险是由体育活动形式所决定的,是不可避免、不可消除的。换言之,体育活动与固有风险具有同一性,只要参与体育活动,就不可避免地需要承担这种潜在的风险。[3] 不仅如此,与一般社会活动以及其他自甘冒险活动所不同的是,体育活动本质上是一种自原始狩猎和战争演变而来的社会活动,它实质上是一种维持人类生存本能与释放动物天性的手段,因而具有无法避免的暴力属性。[4] 在活动进行过程中,各参与者的现实状态与一般生活中的理性人相去甚远,此时,若仍要求其在肾上腺素强烈作用的冲动下作出合理的保护决定且每一个动作都合乎规范,显然是不现实的。[5] 如果以一般社会交往语境中注意义务的标准要求参与者彼此间负有防范固有风险发生的义务,那么任何体育活动都将与侵权活动无异。正是基于这一现实,体育活动参与者所负的注意义务明显较其参与一般社会交往活动更为宽松。对此,美国学术界还特别对此类注意义务的判断发展出了固有风险理论与故

---

[1] 参见屈茂辉:《论民法上的注意义务》,载《北方法学》2007年第1期。
[2] 参见王泽鉴:《侵权行为》,北京大学出版社2016年版,第298-300页。
[3] 参见汪传才:《自冒风险规则研究》,载《法律科学(西北政法大学学报)》2009年第4期。
[4] 参见刘桂海:《体育,如何而来:一个文明史观的考察》,载《北京体育大学学报》2016年第1期。
[5] 参见李智:《体育赛场暴力侵权的民事诉求途径》,载《法学评论》2010年第1期。

意和鲁莽理论两种主流观点。① 两种观点虽然对注意义务标准的表述存有差异，但均认为体育活动参与者并不负有积极防范固有风险发生的注意义务，而仅对因其故意或重大过失不当触发或放大的固有风险所导致的损害承担侵权责任。就此而言，在我国侵权法理论与实定法将对注意义务违反与否的判断隐藏于过错评价的现实语境中，民法典第1176条仅要求对损害的发生存在故意或重大过失的参与者承担责任的做法实际上正是采纳了上述注意义务标准的体现。②

2. 文体自甘冒险行为本身并非受害人的当然过错

文体自甘冒险除具备降低参与者注意义务标准的规范性意义外，其在当事人责任评价中也一般性地否定了"受害人自愿介入风险活动"应被视为受害人对损害发生存在过错这一常识性观点。原因在于，体育活动的风险是由体育活动形式所决定的不可避免、不可消除的固有风险，这种固有风险本身就是体育活动魅力的一部分。受害人固然可以通过不参加体育活动来规避该风险，但与其他自甘冒险所不同的是，体育活动在实现人的自然化、保障身心健康方面具有不可替代的重要价值，活动中的固有风险在某种意义上是由人类自身有意设计与创造的，以期通过参与此类风险活动

---

① 固有风险理论源自 Murphy v. Steeplechase Amusement Co. 一案，该理论认为当事人自愿参加体育活动的行为应被视为自愿承担活动的固有风险，体育活动当事人并不负有保护彼此免于遭受活动中显而易见而又无法避免的风险损害的注意义务。故意与鲁莽理论在 Knight v. Jewett 案中被首先提出，这一观点强调体育活动参与者只有在因故意侵害他人或者其鲁莽行为超出活动通常范围时方才被视为对注意义务的违反。所谓的鲁莽是指当事人意识到或应当意识到其行为会给他人造成损害但仍放任其发生的心理状态，与大陆法系所采用的重大过失基本相同，其在实践中通常表现为超出体育活动普通预期范围的有意的（willful）或放纵的（wanton）行为。

② 民法典第1176条虽然并未言明固有风险，但通说认为对于"故意或重大过失所导致的损害"的解读应以固有风险所导致的损害为限，相关讨论可参见申海恩：《文体活动自甘冒险的风险分配与范围划定》，载《法学研究》2023年第4期；杨立新：《自甘冒险：本土化的概念定义、类型结构与法律适用》，载《东方法学》2021年第4期。

激发身体潜能、增进社交情谊。这背后实质上蕴含着一种人类所普遍认可、共同追求的社会层面的正向精神价值需求，就此意义而言，体育活动固有风险的存在具有天然的社会妥当性。尽管从表面上看这背离了现代社会所普遍追求的稳定与安全，但对于人类自身的发展进步而言，这种风险是不可或缺的，人类必须面对和承受。基于此，在一般的社会观念中，参与体育活动非但不受禁止，反而值得鼓励和推崇。因此，即便体育活动的风险明显高于一般社会交往活动，但无论是从体育活动自身的性质抑或是人类生存本能与社会交往需求而言，参与体育活动行为本身都不应被评价为当事人疏于对自身安全注意的过失，否则任何体育活动参与者都将背负一项"原罪"。

（二）作为受害人过失相抵抗辩的其他自甘冒险

反观文体自甘冒险之外的其他自甘冒险活动，诸如擅入险境、过量饮酒等行为固然也存在一定的风险，而且有的活动风险甚至还明显高于体育活动，但风险正当性等要素的缺失决定了其他自甘冒险行为这一事实在当事人责任认定中仅具有明确受害人对损害发生存在过失的规范性意义。首先，对于其他自甘冒险行为而言，当事人自愿介入的风险虽然也在一定程度上表现出无法消除的"固有"性，但与当事人参与文体活动不同的是，受害人自愿介入此类风险活动本身在一般社会观念中并不会如前者一般被认定为是必要或妥当的，毕竟当事人完全可以而且也应当通过不参与此类风险活动避免可能损害的发生，其明知风险存在而仍自愿介入并不符合社会一般观念中的理性期望，这种冒险行为在受害人的责任认定中应被给予否定性评价。其次，体育活动中的固有风险具有共同性或聚合性，而其他自甘冒险活动的风险往往仅具有单方性特征。具体而言，体育活动的固有风险内生于体育活动本身，诸如拳击、踢足球等体育动作本质上都是一种可能造成损害的"加害行为"，这种加害风险虽然表面上系由参与者一方施加于他人，但其实际上是由各参与者依照体育活动方式所共同创造的，每一个活动的直接参与者既是风险的创造者也是风险的承受者。① 为了确保体育活动的正常进行，参与者必须在一定范畴内分担此类固有风险。也正因此，理论和实务便不再要求体育活动参与者对活动中显而易见而又无法避免的风险负担过重的注意义务，其仅对因故意或重大过失行为导致的损害承担责任。与之相对的是，其他自甘冒险活动中通常并不存在积极的加害行为，受害人往往是单方面的风险承担者，同时由于受害人自愿介入此种风险在一般社会观念中并不具有合理性，因此，在受害人与加害人之间便不存在从风险分配层面对当事人注意义务予以特别调整的可能与必要。而这也意味着，当其他自甘冒险活动中的加害人需要对受害人承担侵权责任时，其他自甘冒险行为在当事人责任的规范性评价过程中通常是以"受害人自愿介入风险的行为应被评价为其对损害的发生存在过失"这一受害人与有过失的抗辩事由而被援引，而这便与文体自甘冒险迥然不同。

（三）以风险分配为核心的文体自甘冒险规则

综上所述，文体自甘冒险在当事人责任规范性评价中的意义集中在行为人与受害人过错评价标准的特殊性当中，而立法者之所以特别将之同其他自甘冒险行为隔离开来，其根本原因在于文体活动风险的特殊性与受害人自愿承担该风险的主观意图，这种主客观因素的结合要求参与者必须在一定范围内承担由此类风险所导致的不良后果。结合民法典第1176条的规定与比较法上的共识而言，此处所谓的一定范围便表现为，受害人不得对其他参加者的一般过失行为所导致的损害主张侵权责任。就此而言，自甘冒险规则实质上也是一种风险分配规则，即除非固有风险是因参与者的故意或重大过失行为触发或放大，否则参与者必须独自承受其他参与者在一般过失范畴内所触发的固有风险，不得以行使损害赔偿请求权的方式对此种风险予以转嫁。与此同时，由于文体自甘冒险同其他自甘冒险在受害人明知风险存在而仍自愿介入其中的事实构成上完全相同，因此，文体活动

---

① 参见申海恩：《文体活动自甘冒险的风险分配与范围划定》，载《法学研究》2023年第4期。

中的风险特性以及对此类风险的正当性评价是区分文体自甘冒险与其他自甘冒险规范性意义的核心要素。

由此，结合前文关于文体自甘冒险与其他自甘冒险活动在当事人责任评价中规范性意义差异的讨论可知，"一定风险的文体活动"规范内涵主要集中在两方面：一方面，"文体活动"这一概念强调自甘冒险规则所调整的风险活动必须同时满足风险的固有性、聚合性与正当性的特征，上述风险特性使得自甘冒险规则的适用范围可以通过文体自甘冒险同其他自甘冒险进行有效的类型化区分。另一方面，"一定风险"在前者的基础上要求适用自甘冒险规则的风险活动必须具有足以影响参与者注意义务标准调整的强度，即必须相对于一般社会交往活动风险而言具有异常性，从而可以在注意义务标准的实质判断层面将与一般社会交往活动风险相近的"文体活动"从自甘冒险规则的适用范围中剔除。因此，在因受害人自甘冒险而引发的侵权纠纷中，应当从系争风险活动的表现形式与实质强度两方面出发判断其是否属于"一定风险的文体活动"以及能否适用自甘冒险规则。

三、"一定风险的文体活动"的要素化解构

（一）风险的正当性

"一定风险的文体活动"首先应当是存在正当风险的活动。正当性意味着活动风险本身不会遭受社会观念以及法律的否定性评价，此类风险的诞生与存续在一定程度上是社会所普遍认可的，受害人介入风险的行为具有相应的社会妥当性，正当风险的制造者也不必为此承担责任。在此要素上，文体自甘冒险与其他自甘冒险存在本质不同，尽管活动风险本身都是由当事人的行为所造就的，但由于风险正当性的缺失，后者不具有纳入自甘冒险规则规制范围的必要与可能。具体而言，活动本身应具有正向的积极意义，其在社会评价中通常是合理的，尽管活动难免产生损害，但由于其来自为维持活动正常进行而无法避免的合理行为，如足球中的铲球、篮

球中的"盖帽"等，所以并未逾越社会观念的容忍限度。据此，诸如带有赌博因素的地下拳击、飙车、高压线下钓鱼一类的活动不能归于文体自甘冒险的范畴，当活动所涉的风险缺乏正当性时，各方应当根据各自的过错程度承担侵权责任，而不能适用自甘冒险规则，这在实务中也不乏案例加以佐证。例如，在由"摩托车跑车"所引发的侵权纠纷中，有关法院认为"由于摩托车跑车活动往往会出现超速、机动车改装、利用摩托车在道路上追逐、飙车等违反道路交通安全法律法规的违法行为，故摩托车跑车活动不是法律和道德所倡导和鼓励的活动，不属于正常的文体活动"[1]，因此不应适用自甘冒险规则。又如，在社会一般观念中，在野外水域游泳是被明确否定的行为，因此，有关法院同样认为该活动并非通常意义上的文体活动，其活动风险也并未被社会认可，不应适用自甘冒险规则。[2] 此外值得注意的是，在文体自甘冒险中，若加害人基于较大的主观恶性不当地开启或者放大了活动原本的正当风险而导致损害，则其同样不能适用自甘冒险规则，毕竟此时其主观上已经具有了较强的可谴责性，某种程度上说，其实质上是借由文体活动之形式有意制造或是放任损害产生，[3] 在此情况下，风险的正当性已经丧失。不过，就风险正当性有无的具体判断而言，不应当机械地以是否违反活动规则为准。活动规则是文体领域内的行为规范，并不全都具有侵权法上的规范意义，除非存在重大犯规或严重违反体育道德之类的情况，否则因一般犯规行为所产生的风险不应当被视为不正当的风险。

（二）风险的固有性

文体自甘冒险所指向的活动风险应是依活动自身运行规律所产生的固有风险。对于风险固有性的理解和鉴别，主要包括以下几个方面。其一，固有风险贯穿活动始终，在时空上与活动本身紧密相关。固有风险仅存在

---

[1] 参见湖南省长沙市开福区人民法院（2021）湘0105民初8077号民事判决书。
[2] 参见江西省鹰潭市余江区人民法院（2021）赣0603民初1221号民事判决书。
[3] 参见曹权之：《民法典"自甘风险"条文研究》，载《东方法学》2021年第4期。

于活动进行过程当中，并以一定的活动场地为限，因此，若是退出拳击游戏后被击飞的手把砸伤，则不能认为损害是由固有风险导致的。[1] 其二，固有风险具有无法排除的特性，是活动不可或缺的一部分，一旦消除风险，活动的根本属性也将发生改变。例如，只要参与橄榄球比赛，就开启了因身体碰撞、抢夺球权或被对手擒抱摔倒导致人身伤害的风险，而这种高强度的身体对抗不仅是橄榄球运动的核心内容，更是其自身的魅力所在，如果试图通过减少身体碰撞和抱摔来消除风险，现有的竞技水平和观赏价值将大打折扣，橄榄球活动本身也将丧失本质属性。其三，固有风险是显而易见和可以预见的，但最终发生与否无法确定。固有风险应为活动的常见风险，对于极为罕见的风险而言，无论是在理论上还是在司法实践中，均难以被认定为固有风险。[2] 例如，在足球、篮球等群体性运动中，参与者之间不可避免地要产生身体接触，因疏忽撞倒、绊倒彼此产生损害的情形十分常见且已被社会大众普遍接受，此类风险也因此成为活动中的固有风险。

基于文体自甘冒险中风险固有性的规范内涵，在其他自甘冒险行为中，尽管部分活动中的风险在某种程度上也表现出了无法消除的"固有"性，但其并非自甘冒险规则意图分配的风险。原因在于，此类风险对于活动开展而言并非不可或缺，其存在于个案之中并由受害人自身过失所触发，而不是同文体自甘冒险中的固有风险一般，于同类活动中普遍存在且具备产生与维系的必要性，此种客观现实的差异使得其他自甘冒险行为在规范性评价中不具有影响参与者注意义务的效果。与之不同的是，对文体自甘冒险中的固有风险而言，其与活动本身具有内在的同一性，无论措施合理与否，都是参与者所无法控制、必须承受的，制造风险的相对人也因此仅负有较低程度的注意义务。

---

[1] 参见江西省宜丰县人民法院（2023）赣0924民初3号民事判决书。
[2] 参见张罡：《体育侵权中自甘风险规则的规范解释——以〈中华人民共和国民法典〉第1176条为中心》，载《时代法学》2023年第6期。

风险的固有性关系过失侵权责任能否成立的问题，是判断能否适用自甘冒险规则的核心因素之一。具体而言，文体自甘冒险弱化参与者注意义务标准的这一规范性意义决定了受害人所承受的损害以固有风险为限，若损害是源于非固有风险，即使发生于文体活动当中，加害者也不得以自甘冒险为由进行抗辩。例如，观众冲上百米跑赛场并非跑步比赛的固有风险，被掉下的篮筐砸伤并非篮球活动的固有风险，乘坐缆车上行到滑雪道顶端下缆车时不慎摔倒受伤亦非滑雪活动的固有风险。对于文体活动中的非固有风险而言，其通常能够通过一般注意义务的履行得到消除，这种防控上的可行性使得相对人应当保持谨慎避免额外损害的发生，否则需承担侵权责任。

（三）风险的聚合性

文体自甘冒险中的风险并非同擅入险境、爬树摘杨梅等一般自甘冒险活动中的风险那样呈现出单向性，而是具有聚合的特征。这种聚合性体现在活动风险的生成机制与分配路径上。具体而言，在文体活动中，各参与者在一定的时空条件下作为风险共同体存在，在共同体内部，每一个参与者都是风险的制造者，亦是风险的承担者，这意味着每一个参与者所实施的行为都有可能触发活动固有风险而对他人造成损害，而由具体一方施加于另一方的侵害行为不过是这种聚合性风险的特定化。因此，所有参加者都是潜在的加害人或受害人，都有可能成为侵权关系中的法律主体。与之不同的是，在上述爬树摘杨梅等一般的自甘冒险情形中，受害人往往是独自一人奔赴风险场域，损害通常来自其自身的不理智行为或者非人力的自然因素，而不是由其与其他参与者所造就的共同风险。基于风险聚合性的缺失，类似的案件中往往并不存在直接的加害人，受害人固然可以向有关的安全保障义务人请求赔偿，但这更多涉及安全保障义务违反与否的问题，与自甘冒险规则所意图调整的情形无关。

不可否认的是，风险的聚合性客观上凸显出了对抗性竞技体育这一对于自甘冒险规则而言最为典型的适用领域。竞技体育本身以攀登运动技高峰和创造优异运动成绩为主要目的，而由于对抗机制的存在，风险的聚合性在这一场域表现得尤为明显，也正是基于此，多数学理观点主张"一定风险的文体活动"必须具有对抗性或竞技性。不过，结合前文对于风险聚合性内涵的分析不难发现，对抗或竞技虽然客观上拔高了活动的风险程度与损害发生的可能性，但并非"一定风险的文体活动"的必备要件，与聚合性的认定之间也不存在必然联系，这在民法典时代的司法裁判案例或是比较法上都不难找到依据。例如，就滑雪这一运动而言，尽管参与者彼此之间不存在直接的身体对抗或协同，但活动自身所具有的高速与高难度的特性客观上也造就了活动的高风险性，加之此类活动往往由多位参与者在特定的时空条件下同时进行，这种活动特性与时空条件的结合客观上在各参与者之间制造了无法消除的碰撞风险，而这种固有风险无疑是每一个滑雪参与者都必须承受的。① 就域外对此类活动的态度而言，美国有 26 个州以特别立法的形式对应该由滑雪者承担的固有风险进行了列举，其中就包括滑雪者之间的碰撞。② 可见，滑雪者之间非基于故意或重大过失的碰撞本就属于滑雪活动的固有风险，尽管这种风险并非来自对抗或是竞技，但是同样呈现出聚合性特征。这也客观上说明，即使是诸如滑雪、赛车等通常情况下以个人为单位进行的活动，在满足自甘冒险规则所要求的风险特性的前提下，也应归于"一定风险的文体活动"。

另外，风险的聚合性要求侵权案件中的当事人必须是活动风险共同体的成员，即当事人在风险的制造与分配上居于平等地位。如果风险客观上仅可能由一方单向施加于另一方，则不属于文体自甘冒险规则的规制范围。据此，诸如路过篮球场被活动参与者不慎撞伤③、在散打课休息期间

---

① 参见河南省郑州市金水区人民法院（2021）豫 0105 民初 5804 号民事判决书、辽宁省沈阳市沈河区人民法院（2021）辽 0103 民初 11540 号民事判决书。
② 参见雷婉璐：《体育活动自甘风险司法适用的递进模式研究》，载《法律适用》2023 年第 9 期。
③ 参见辽宁省鞍山市中级人民法院（2022）辽 03 民终 307 号民事判决书。

被他人不慎踩伤①、挥杆打高尔夫的同时将他人击伤②等情形都不能认定为受害人构成文体自甘冒险，文体活动的观众、教练、场外服务人员等主体原则上也不应被认定为民法典第 1176 条所规定的参与者。

（四）风险的异常性

基于前文所述的正当性、固有性、聚合性特征，"文体活动"中的受害人自甘冒险在规范性评价上与其他场域的受害人自甘冒险存在显著不同，而"一定风险"则明确强调了文体活动的风险属性，只有当活动风险达到异于日常生活的程度时，参与者方能适用"仅就故意或重大过失承担责任"的"免责条款"。

具体而言，"一定风险"表明风险内容是特定的而非抽象的，且程度上异常高于社会生活中人们应当承受的一般风险，③ 如此才使得活动本身具有一定的人身危险性以及致损可能性，从而进入自甘冒险规则的规制领域。民法典第 1176 条在一般过失范围内产生免责效果的法理基础在于，基于"一定风险的文体活动"所具有的风险特性，参与者在活动进行过程中不可避免地会因疏忽而伤及他人，而这种损害实质上是活动本身难以剔除的附属品，基于此，为避免过于严格的行为准则造成侵权责任泛滥，需要在一定范围内降低参与者对于活动固有风险的注意义务。而对于风险并未达到"一定"程度的文体活动而言，损害通常极少发生，这意味着参与者在活动中可以通过恰当的注意力投入和相应的预防措施有效控制风险，同时维持活动的正常开展。在这种情况下，活动的安全性和可控性相对较高，因此，对于这类活动，适用普通的注意义务标准即可，无须调整为更宽松的重大过失标准。风险异常性的判断可以参考场地条件、活动目的等

---

① 参见辽宁省大连市甘井子区人民法院（2022）辽 0211 民初 5886 号民事判决书。
② 参见吴志正：《运动参与者于运动中对他人人身侵害之民事责任》，载我国台湾地区《台大法学论丛》第 42 卷第 1 期。
③ 参见杨立新、佘孟卿：《〈民法典〉规定的自甘风险规则及其适用》，载《河南财经政法大学学报》2020 年第 4 期。

因素，即使是在教学、培训活动中，也有可能基于活动自身必然的运行规律而在参与者之间产生程度异常高于一般社交场域的固有风险，不能仅因活动的外在形式特点而否认其客观存在的危险性，而对于诸如保龄球、棋类比赛、打麻将、瑜伽等通常不具有危险性的活动而言，则不应被归于"一定风险的文体活动"。

（五）"文体活动"中的文化娱乐活动

不可否认的是，同时满足上述风险特性的活动通常表现为体育活动，但正如"一定风险的文体活动"这一表述的文义所示，自甘冒险规则的适用范围同样包含文化娱乐活动——只要它具备了前述的"一定风险"。随着社会的发展与人们运动休闲方式的多样化，诸如飞盘、沙漠冲沙、"大转盘"等新型文化娱乐活动逐渐进入社会大众的视野，而这些文化娱乐活动本身也带有一定的固有风险，有的甚至是某些体育活动项目的变形，"文体活动"这一弹性规定能够预留一定的法律解释空间，以便应对实务中的复杂情况。对于实践中的文化娱乐活动能否认定为"一定风险的文体活动"，需要在明确其活动开展形式的基础上结合文体自甘冒险的规范性意义进行具体分析。例如，在"大转盘"娱乐项目中，处于"大转盘"之内的参与者由于"大转盘"的不规则转动和抖动而难以保持身体平衡，因而极易自行摔倒、磕碰甚至与他人相撞，而此种固有风险是参与者所不能控制和排除的，也是活动自身的娱乐性和吸引力所在，因此，不宜对参与者课以过高的注意义务，自甘冒险规则可以在此类活动中进行适用。①又如，对于实践中所存在的手拉手转圈跳舞②、广场舞③、荡秋千④、"老鹰抓小鸡"⑤等文化娱乐活动，由于活动风险聚合性或是异常性的缺失，则

---

① 参见山东省沂南县人民法院（2022）鲁1321民初3182号民事判决书。
② 参见湖南省怀化市鹤城区人民法院（2022）湘1202民初5001号民事判决书。
③ 参见浙江省临海市人民法院（2023）浙1082民初3330号民事判决书。
④ 参见贵州省黔南布依族苗族自治州中级人民法院（2021）黔27民终3203号民事判决书。
⑤ 参见黑龙江省齐齐哈尔市铁锋区人民法院（2022）黑0204民初261号民事判决书。

一般不宜认定其属于"一定风险的文体活动"。总而言之，就"一定风险的文体活动"所具有的规范性内涵而言，其并未排除文化娱乐活动适用自甘冒险的可能性。当文化娱乐活动在活动风险层面上同时满足正当性、固有性、聚合性以及异常性的情况下，便具有"一定风险"的属性，因而同样可以适用自甘冒险规则。

四、对自甘冒险规则适用范围扩张论的回应

传统侵权法一般认为，自甘冒险指的是行为人对于可能发生但不确定发生之损害，表示有意赌其不发生，并于损害不幸发生时，愿意承受其不利益。① 相较于这一传统概念而言，我国的自甘冒险规则在适用范围上极其有限。也正因此，学术界不乏主张自甘冒险规则应当予以类推或扩张适用的观点，以此处理实务中其他因受害人自甘冒险而导致的纠纷。然而，结合类推适用的正当性基础与文体自甘冒险在规范性评价上的特殊性不难发现，此种扩张论并不可取。

具体而言，规范的类推适用以存在法律漏洞为前提，即制定法存在违反计划的不圆满性，② 但结合自甘冒险规则的立法历程可知，立法者将其适用范围限定于"一定风险的文体活动"本身就是立法计划的体现。在侵权责任编草案一审稿征求意见的过程中，有观点曾提出，参加对抗性较强的体育等活动容易发生受伤的情况，实践中常常就责任承担产生纠纷，建议对此作出明确规定，③ 立法机关经过研究采纳了该意见，并在侵权责任编草案二审稿中增设自甘冒险规则，规定"自愿参加具有危险性的活动受到损害的，受害人不得请求他人承担侵权责任……"不过自甘冒险规则的适用范围在侵权责任编三审稿中便被限缩为"一定风险的文体活动"，并

---

① 参见曾世雄：《损害赔偿法原理》，中国政法大学出版社2001年版，第261页。
② 参见钱炜江：《论民事司法中的类推适用》，载《法制与社会发展》2016年第5期。
③ 参见《民法典立法背景与观点全集》编写组编：《民法典立法背景与观点全集》，法律出版社2020年版，第33页。

且未用"等"字预留扩张的空间。① 由此可见，立法者显然有意将民法典第 1176 条塑造为文体自甘冒险的特殊规则而非所有自甘冒险行为的一般规则。换言之，至少在规范目的层面，立法者原本就没有借自甘冒险规则调整所有自甘冒险行为之意，所谓违反法律计划的法律漏洞因而也并不存在。再就事实构成而言，两类自甘冒险行为虽然在受害人明知风险存在而仍自愿介入其中这一事实上相同，但两者在活动风险特性与规范性评价上存在天壤之别。对于文体自甘冒险而言，受风险的固有性、正当性等特性影响，不仅冒险行为本身不宜被评价为受害人过错，而且各参与者彼此之间所负有的注意义务程度也低于一般社会活动，这使得参与者在一般过失范围内无须对因固有风险造成的损害承担责任。与之相对的是，在诸如擅入险境、冰面遛狗等其他受害人自甘冒险情境中，尽管此类活动也存有一定的风险，但诸如正当性等核心风险要素的缺失使得其无法对参与者的过错评定标准产生影响，"受害人自甘冒险"这一事实在此情形中仅具有明确受害人对损害的发生存有过失的规范性意义。因此，文体自甘冒险与其他自甘冒险行为在自甘冒险规则的规范目的语境下也并不存在事实构成上的相似性。

结　语

通过对文体自甘冒险活动特性以及一般自甘冒险活动的比较讨论不难发现，理论与实务在自甘冒险规则适用范围问题上的分歧实质上是因并未充分认识到文体自甘冒险活动在当事人责任评价中的规范性意义所导致的。文体自甘冒险活动的规范性意义主要体现在弱化参与者注意义务标准与否认冒险行为构成受害者的当然过错两个方面，这与一般自甘冒险行为判然有别。因此，民法典第 1176 条并非自甘冒险活动的一般规则，而是文体自甘冒险活动的特殊规则，这也就决定了对"一定风险的文体活动"应

---

① 参见张新宝：《中国民法典释评·侵权责任编》，中国人民大学出版社 2020 年版，第 46 页。

当从严解释，理论与实务中的扩张论并不妥当。在系争行为是否属于"一定风险的文体活动"的认定上，应当从系争行为的风险属性出发，通过风险的正当性、聚合性、固有性与异常性等因素判断其是否具有实质性影响文体活动参与者过错评价标准的规范性意义。如果该行为确实对参与者的过错评价产生相应的规范性效果，那么不论该行为是典型的体育活动还是文化娱乐活动，都在自甘冒险规则的适用范围之列。

（本文仅代表作者个人观点）

——编辑后语——

　　法典化的时代中，法律体系的整合与精构如同经纬交织的图谱，既需宏观层面的体系性构建，亦离不开微观规则的精准落地。本辑所载文章，试图于规范维度着力法典条文的教义学阐释，于实践维度直面司法场域的争点解构，于创新维度探索传统制度与新兴议题的平衡支点，力求在法典的安定性与社会的流变性之间构筑动态调适的规范桥梁。

　　聚焦侵权责任领域，杨立新教授撰写的《民法典侵权责任编解释（一）的深度理解与适用》一文以侵权责任类型为锚点，探讨了九种侵权责任的认定标准、归责原则、损害赔偿等核心问题，通过条文解释与案例剖析的双向校验，精准划定司法解释的适用边界，彰显了法典解释的严谨与衡平，为司法裁判提供了兼具原则性与灵活性的方法论指引。陈现杰教授进一步着力研究监护人责任制度，从三维主体和三种模式切入，勾勒出我国监护人责任的法律特征与制度特色，探究其中蕴含的平衡利益、充分救济的立法意旨，为读者提供了一条颇具人文关照的思考路径。

　　消弭法典体系整合与司法实践张力的分歧，已然成为民法典公布后的核心命题。本辑特别呈现第十八届法官与学者对话论坛的观点摘录，力求将百余名法律人齐聚岳麓山下的智识碰撞充分还原。与会者以民法典文本为基点，无论是基础理论构建、合同精进空间、商事规范表达，抑或对侵权责任的前沿探索、婚姻家庭领域的价值重塑，无不体现着法律共同体对于"纸面规则"向"活法秩序"转化的殷殷期许和执着追寻。

　　本辑在公司治理领域有《公司司法解散问题研究》与《非破产情形股东出资加速到期制度的审判实务研究》两篇文章与读者分享。前者从缺乏量化标准的司法困境出发，通过 200 余个案例样本呈现现有司法的规律性特征，为探寻公司解散纠纷的优化路径注入理性基因。后者立足股东出资认缴逐步收紧、股东出资加速到期的适用门槛同步降低的立法背景，对 2023 年公司法视域下非破产情形的股东出资加速到期规则进行制度研究，提出衡平公司、股东、债权人等各市场主体合法权益的逻辑基点和适用要点。上述两篇文章在规范解释与价值衡平的辩证统一中完成了理论研究与实务需求的深度互动及智识反哺。此外，本辑文章在个人信息、知识产权、商事特殊规则等领域亦有探讨，此间有直击公权力与私权保护的交叉地带，有探究地理标志保护的规则冲突与解困路径，亦有发现管理人制度引入后对破产程序效率的制约与修正等多元话题，希望凡此种种能为读者带来些许思考空间。

回望本辑文章所涉议题，从微观解释到宏观重构，从传统民事权利到新兴数字权益，法律人始终在确定性与流变性之间探寻平衡之道。这种智识努力既是对民法典时代命题的深切回应，更是对未来法治图景的理性描摹——在规范解释与价值判断的辩证运动中，在制度理性与实践智慧的良性互动里，雕琢属于时代的法治刻度。谨以本辑文字为舟楫，与诸位同道共赴法治理想的智识之约，在变革的激流中锚定永恒的法治理性。

——征稿启事——

《判解研究》系由教育部人文社会科学重点研究基地——中国人民大学民商事法律科学研究中心主办、《判解研究》编辑部编辑、人民法院出版社出版,面向海内外公开发行的全国性法律专业连续性出版物,连续十年入选中文社会科学引文索引(CSSCI)来源集刊,已成为法学理论与实务交流的主要平台。本丛书秉持"加强判解研究,推进司法改革"的宗旨,以裁判实践以及相关法律、司法解释的研究为基本关注,设有法学专论、司法解释之窗、法官论坛、判例评析、公报案例评析、焦点笔谈、调查与研究、海外判例选介等多个栏目,力图多视角、全方位地追踪和展示中国的案例、司法解释及相关研究之全貌,总结司法经验,探求法治精神,积极推动国家法制建设与法学研究的发展。

本丛书恪守求实、严谨、公正的理念,弘扬兼容并蓄的学术传统,诚邀法学理论及实务工作者惠赐佳作。来稿要求:

1. 来稿应属未以任何形式公开发表过的作品。本丛书不接受一稿多投,因此类行为给本丛书造成不良影响和损失的,将予以严肃追究。

2. 本丛书对来稿的篇幅原则上不作限定,但对于全文低于八千字或超过二万字(含注释部分文字)的稿件,适用更为谨慎的编审程序。

3. 来稿应遵守本丛书注释体例,注释以必要和合理为原则,不使用尾注;标点符号、数字的使用应遵守国家有关规定。

4. 案件评析的稿件应包含案情概要、裁判要旨以及学理评析三部分,且前两部分所占篇幅应限制在全文的五分之一以内;所评须为真实案例,并附注裁判文书文号。

5. 本丛书用稿实行匿名评审制度,请作者将姓名、出生年月、性别、工作单位、职称、学位、职务、通信地址、联系电话、电子邮箱等个人信息,单独放在首页,稿件正文不要体现上述信息。

6. 本丛书不退来稿，稿件采用后，编辑部会及时与作者联系；稿件寄出后两个月未收到用稿通知的，作者可另作处理。

7. 凡本丛书所发表的文章，自发表之日起一年内，由本丛书享有专有版权和使用权，任何转载、摘登、翻译或结集出版等事宜，均须事先得到本丛书编辑部的书面许可。

8. 来稿请寄：北京市海淀区中关村大街59号中国人民大学明德法学楼1015室《判解研究》编辑部（100872），或发送邮箱：panjieyanjiu@163.com。

《判解研究》编辑部

附：《判解研究》注释体例

1. 无摘要、关键词及相应英文；标题为黑体加粗，三号；正文为宋体，小四号，行间距为固定值20磅；作者信息的标注方式为：一作者＊，二作者＊＊。

2. 文中注释一律采用页下脚注，每页独立注码，引注符号使用带圆圈的阿拉伯数字；如文章受到基金资助，以脚注形式标注于文章标题后。

3. 引注符号的位置。对全句的引用，引注符号置于句号、问号等标点之后。对句子部分内容的引用，引注符号置于该部分之后；对句中字词的直接引用，引注符号应当紧接引号，置于其他标点之前。例如：

在《行政诉讼法》起草过程中，关于受案范围问题曾有热烈的讨论。① 尽管多数学者主张概括规定法院应当受理的案件范围，以使受案范围尽量宽泛，② 立法最终采取了逐项列举的方式。比起此前各个单行法，《行政诉讼法》规定的受案范围"有所扩大"③ 但与概括规定的主张还相距很远。

4. 引领词使用，非直接引用原文时，注释前使用"参见"引领；直接引用原文时，不加"参见"及任何引领词；引用非原始资料时，即并未找到原初文献并予以核实，只是转引他人的，请注明"转引自"；文章来源于期刊、报纸、网络以及来源于独立作品组成的文集，文献来源前标注"载"。

5. 请规范数字用法，包括正文在内非直接引用法条的序号用阿拉伯数字。

6. 鉴于网络信息易失效、来源真实性不易查证等特点，建议慎重引用网络资料。

7. 注释及参考文献范例

（1）专著

中文示例1：《马克思恩格斯选集》（第4卷），人民出版社1972年版，第24页。

中文示例2：龙卫球：《网络信息法：基础与前沿问题》，中国法制出版社2022年版，第3-4页。

英文示例：Lon L. Fuller, *The Morality of Law*,（New York：Yale University Press, 1969）, p. 143.

（2）编著作品

中文示例1：佟柔主编：《中国民法》，法律出版社1990年版，第67页。

中文示例2：王利明主编：《民法》（第8版上册），中国人民大学出版社2020年版，第20页。

英文示例：Robert J. Beck, Anthony Clark Arend and Robert D. Vander Lugt (eds.), *International Rules: Approaches from International Law and International Relations*(New York: Oxford University Press, 1996).

（3）期刊

中文示例：王利明：《数据的民法保护》，载《数字法治》2023年第1期。

英文示例：Charles A. Reich, "The New Property," *Yale Law Journal* 733, No. 73(1964)：737-738.

（4）章、节或者文集中的文章

中文示例：龚祥瑞：《比较宪法学的研究方法》，载《比较宪法研究论文集》第1集，南京大学出版社1993年版，第3页。

英文示例：Glenn Gould, "Streisand as Schwarzkopf," in *The Glenn Gould Reader*, ed. Tim Page (New York: Vintage, 1984), p. 310.

（5）译作

中文示例1：［古希腊］亚里士多德：《政治学》，吴寿彭译，商务印书馆1983年版，第54页。

中文示例2：［英］科林·斯科特：《规制、治理与法律：前沿问题研究》，安永康译，宋华琳校，清华大学出版社2018年版，第79-80页。

英文示例：Richmond Lattimore trans/eds., *The Iliad of Homer* (Chicago: University of Chicago Press, 1951).

（6）报纸和大众杂志中的文章

中文示例：龙飞：《大数据时代纠纷解决模式之变革》，载《人民法院报》2016年11月2日第8版。

英文示例：Daniel Mendelsohn, "But Enough about Me," *New Yorker*, January 25, 2010, p.68.

（7）数字出版物、网页文章等

中文示例1：郑成思：《"入世"、知识产权保护与民商法的现代化》，载中国法学网，http://www.iolaw.org.cn/showNews.asp?id=243，访问日期：2017年4月29日。

中文示例2：任容庆：《借名买房执行异议诉讼中的价值衡量与规范选择》，载微信公众号"判解研究编辑部"，2021年2月27日上传。

英文示例：Stephen McDonell, "When China Began Streaming Trials Online," *BBC NEWS*, September 30, 2016, accessed February 2, 2020, https://www.bbc.com/news/blogs-china-blog-37515399.

（8）学位论文

中文示例：徐周鹏：《论无权代理人对相对人赔偿责任的范围》，博士学位论文，吉林大学法学院，2023，第13页。

英文示例：Mihwa Choi, "Contesting Imaginaires in Death Rituals during the Northern Song Dynasty" (PhD diss., University of Chicago, 2008).

（9）会议论文

中文示例：姜明安：《新时代中国行政法学的转型与使命》，中国法学会行政法学研究会2018年年会论文，西安，第16页。

英文示例：Rachel Adelman, "'Such Stuff as Dreams Are Made On': God's Footstool in the Aramaic Targumim and Midrashic Tradition" (paper presented at the annual meeting for the Society of Biblical Literature, New Orleans, Louisiana, November 21-24, 2009).

（10）英文以外的外文文种

西文体例比照英文，日文体例比照中文。